日本心理学会　心理学叢書

アニメーションの心理学

日本心理学会 監修

横田正夫 編

日本心理学会
心理学叢書

誠信書房

心理学叢書刊行にあたって

日本心理学会では，二〇一一年の公益社団法人化を契機として，公開シンポジウムの実施を拡充してまいりました。現在は，次の三つのシリーズを企画し，全国各地で公開シンポジウムを開催するに至っています。

・教育や医療，司法等の現場における心理学の貢献を紹介する「社会のための心理学シリーズ」
・心理学の科学としての側面を中心に紹介する「科学としての心理学シリーズ」
・高校生や教員の方を対象として，様々な分野の心理学を紹介する「高校生のための心理学講座」

いずれのシンポジウムも大変なご好評を頂いており，参加できなかった方々からも，講演の内容を知ることができないか，といったご要望を数多く頂戴しています。そうした声にお応えして，二〇一四年から心理学叢書を上梓することとなりました。本叢書は，シンポジウムでお話しした内容をさらに充実させ，わかりやすくご紹介することを目的として，刊行されるものです。

編者や執筆者の方々はもちろんのこと，シンポジウムの企画・運営にお骨折り頂いた教育研究委員会，とりわけ，講演・出版等企画小委員会の皆様に厚く感謝申し上げます。

二〇一九年八月吉日

公益社団法人日本心理学会
理事長　坂上貴之

編者はじめに

本書は、公益社団法人日本心理学会の一般公開のシンポジウムとして企画され、大好評を博した「アニメの心理学」をもとにした書籍です。

アニメーションの心理学に関しては、二つの学会の研究会で研究者と制作者が話題提供をともに行う形式でこれまで長く検討されてきました。ひとつは日本映像学会のアニメーション研究会と映像心理学研究会であり、もうひとつは日本アニメーション学会の心理研究部会でした。ともに、テーマの比重が心理学よりであったりアニメーションよりであったりの違いはありましたが、ほぼ同様な参加者によって行われてきた研究会でした。こうしたなか『この世界の片隅に』の片渕須直監督と話す機会があり、アニメーションの業界の用語の整理を行いたいといった話があり、動きの言語表現についての提案がありました。例えば「ぬめぬめした」動きといったようにアニメーションの動きについて表現することがあるとのことでした。アニメーションの動きのぬめり感とはいったいどういうものなのだろうといった疑問でした。この提案を受け、本書で取り上げたような知覚心理学サイドからの動きについての話題提供が行われました。それに対して監督からも、『この世界の片隅に』の実例を含めたさまざまな話題提供がありました。さらには現場のアニメーターからの動きのつくり方についての話題提供もあり、制作サイドと研究サイドの相互交流が深められてきました。こうした相互交流をさらに一般に広く知っていただくことは意義あることだと思い、一般公開のシンポジウム「アニメの心理学」を企画し、公益社団法人日本心理学会のシンポジウムが実現したのでした。

本書をお読みいただければおわかりになるかと思いますが、研究サイドからの動きの説明と制作サイドからの動きのつくり方において、相互交流を通じてさらに議論を深めることは可能なように思います。とはいうものの、本書においてその一定の成果が紹介されています。さらなる展開を次の機会に望みたいところです。

さて、本書の内容について少し触れてみたいと思います。

アニメーションを心理学的に捉えようとするときには、さまざまな側面から捉えることが可能です。そうした試みを全体的に展望しているのが、本書の第1章です。導入として、第1章をお読みいただければ、アニメーションを心理学からどのように捉えることができるのかについて、大枠をつかむことができるでしょう。そうした大枠の中に位置づけて第2章以降の知覚心理学からの動きの理解を読むと、アニメーションの観客が、アニメーションの動きをどのように取り入れているのかを知ることができ、その後のアニメーションを受容して楽しむといった過程に至るまでに、すでに複雑な過程を経ていることが理解されます。動きを捉える際にポイントとなるのが第2章では「不気味の谷」、第3章では脳内過程、第4章では生き物らしさといったように異なっています。これに対して第5章では、作り手が何を手がかりにして動きをつくりあげているかが解説されています。動きの「原理」についての話は、心理学的に見ても興味深いものがあります。知覚心理学の各章と合わせて読むと、動きについて制作サイドと研究サイドからの歩み寄りを立体的に捉えることができると思います。

ところで先述の片渕須直監督もシンポジウム「アニメの心理学」の話題提供者であり、多くの話題を提供してくれたのは上記のとおりです。『この世界の片隅に』の初めのところに、主人公のすずさんが海苔を届けに行くシーンがあります。すずさんが船着き場に降りて、海苔の荷物を背中に担ぎ上げる一連の動作の動画を重ね合わせて提示してくれたことがありました。日常のありふれた動作を再現するために、非常に動きの幅の小さい絵を膨大に描いていることがよくわかるプレゼンテーションでした。この動きの幅の小さな絵の積み重ねが、片渕監督のこのときの問題意識の核心でした。つまり、この時代の主人公のゆったりした動きをいかにつくりあげることができるのか、ということでした。日本のアニメーションでは動きのテンポは速く、大きな動きが特徴的ななか、日常的な、しかもゆっくりした動きの生成は、新しい試みであり、その動きの理論的な裏づけもほしいといった希望もあるようでした。研究会での心理サイドからの話題提供を受け、その辺の納得は、ある程度得られたもののようでしたが、この点についての片渕監督からの話題は、次の機会に、可能ならばまとめていただきたいと思っています。

片渕監督のアニメーション制作が独特な点は他にもあります。それはとことん調べつくすという姿勢にあります。上記のすずさんは船着き場を上がって、その後街に出て行きますが、その街中の商店の外観や、そこで暮らしていた住人、その名前あるいは身につけていた衣服についてまで監督は調べています。このことは、二〇一九年六月一日に開催された日本映像学会のシンポジウムで片渕監督が行った話題提供の中で語られていたことでした。ひとつの商店の看板がわからなかったのだが、それが最近わかったので、それを描き直している、ということも語っていました。ここまで時代の再現にこだわるのは一体どうしてなのだろうかと不思議に感じました。それは、上記のすずさんのゆっくりとした動きの探求と同様に、まさにその時代のものだからなのでしょう。つまり時代の再現にこだわるのは、監督の頭の中に生きているすずさんが居り、そのすずさんの生活している空間は、何歩あるいたらどこにたどり着くといったことをリアルに体験できるようにつくりあげていないと、「生きた」すずさんとして描けないということなのでしょう。第5章では、アニメーターのなかには動きのイメージを頭の中に完全につくりあげている人がいると紹介されています。これと同様に、片渕監督の中にはすずさんを含めた全体の生きたイメージが出来上がっているのでしょう。そうした「生きた」すずさんを描く工夫のひとつに、動きの問題があったと思えるのです。その意味で、現実のゆっくりした動きの生成は切実なテーマであったのだと理解できます。

ところで『この世界の片隅に』のすずさんは，絵を描くことで日常の苦難を乗り越えていました。同様な試みが別のアニメーション作品でも描かれています。それを紹介しているのが第6章と第7章です。第6章では人形アニメーションを取り上げ，物をつくりあげる行為に人々の心をポジティブにしていく作用があることが示されています。第7章では実際に心の病を体験したアニメーション作家が，自身の体験を作品化することによって，心の病を乗り越えたことを紹介しました。これらでは，創造することが，治療的な効果をもつことを示唆しています。

以上のように，本書で扱われている心理学テーマの主なものは知覚心理学と臨床心理学からのものであり，第1章で示している多くの心理学の下位分野は抜け落ちています。それは単純にここで紹介した研究会のメンバー構成によるものであって，他意があるわけではありません。社会心理学や犯罪心理学などからのアニメーション研究があってもよいと思います。そうした心理学から研究があると，アニメーションの理解がより深まることでしょう。

ただし，個人の趣味としてアニメーションに関心をもつ人は多いのでしょうが，それを研究テーマに据えることに対してはいささかためらいがあるのかもしれません。実をいうと私の中にもありました。しかし，大学時代にアニメーションを学び，アニメーションをつくりたいと思っていたことを思い出し，つくるのは無理だが研究することは可能であると思うようになりました。そういうときに日本映像学会に参加し，アニメーションの研究者に出会い，上記のような研究会に参加し，やがては主催するようになりました。このような経緯がありますので，研究会の当初から研究者と制作者がともに語り合う場をつくりたいと思っていました。その思いのひとつの実現が本書ということになります。本書をひとつの手がかりとして多くの研究が進められ，研究と制作の両サイドからの歩み寄りが起こり，アニメーションの技術的発展やその原理の心理学的理解がさらに深まることを期待したいと思います。

二〇一九年六月吉日

編者　横田正夫

目次

第2章 アニメーションの動き　30

第3章 仮現運動 62

第5章 動きの造形論 130

第1章 アニメーションの心理学的研究

【野村康治】

1 アニメーションとアニメーション研究の多様性

A アニメーションの多様性

「アニメ（anime）」という言葉は、英語の animation の略語ではなく、外来語の「アニメーション」を略した和製語です。日本では、「アニメ」を「アニメーション」とほぼ同義に用いていますが、海外では（そして、国内でもアニメーション研究では）、日本の商業アニメーションによく見られる外見的特徴をもつ作品を指す言葉として用いられることが多いです。

「アニメ」の外見的特徴を語るうえで欠かせないのが「セル・アニメーション」のような平面的で色をベタ塗りした絵柄でしょう。「セル」というのは紙のように薄いセルロイドのことです。透明なセルロイドに絵（動画）

を描いてアニメーションを作成したことから「セル・アニメーション」と呼ばれます。透明なセルに動かしたい絵を描き、それを背景に重ねるというジョン・ランドルフ・ブレイやアール・ハードによって開発された技法[1]は、その後の商業アニメーションで最も一般的なものとなりました。セルロイドは可燃性が高く危険なため、現在「セル・アニメーション」といわれるものは、セルロイドではなくアセテートといった透明の樹脂素材を使用しています。この章でも材質の区別をせず、セル・アニメーションで用いられる透明樹脂全般を「セル」と呼ぶことにします。

ただし、現在の日本の商業アニメーションでは、セルは用いられておらず、コンピュータ・グラフィックス（ＣＧ）によって描画や彩色などが行われています。その絵柄は前述のように平面的で、色はベタ塗りといったセル・アニメーションのような特徴をもつことが多いです。これは、セル・アニメーションに慣れ親しんだ視聴者を意識したものでしょう。このセル・アニメーションのような外見をもつＣＧアニメーションを「セルルック・アニメーション」と呼んだりします。

「アニメ」に関心があるという人の多くが、「アニメーション」と聞いて思い浮かべるのは、おそらくこのセル・アニメーションやセルルック・アニメーションでしょう。しかし、セル・アニメーションにせよセルルック・アニメーションにせよ、それは多様な表現や制作技法をもつアニメーションの一部にすぎません。

たとえば、セルではなく紙に動画を描いたもの（ペーパー・アニメーション）、切り絵を動かすもの（切り絵アニメーション）、ガラスにまいた砂やビーズで絵を描いて、それを動画とするもの（ペイント・オン・グラス・アニメーション）、などがあります。これらは素材の厚みはあるものの、基本的に平面の対象をカメラで写すアニメーションといえます。一方、人形を動かすもの（人形アニメーション）、粘土の形を変化させていくもの（クレイ・アニメーション）、さらには人間を素材にし、動作の過程をコマ撮りしたもの（ピクシレーション）もあります。これらは、立体的な対象をカメラで写すアニメーションといえます。以上はいずれもカメラを用いた作品ですが、カメラを用いないで作られたアニメーションもあります。フィルムに直接絵を描く作品（シネカリグラフィ）や、現在ではおなじみとなったCGアニメーションもカメラを使用しないでアニメーションを作成するものです。

技術的な面からの分類だけでなく、内容的な面から分類することもできます。商業アニメーションにはたいていストーリーがありますが（ストーリー・アニメーション）、明確なストーリーをもたない抽象的な作品（アブストラクト・アニメーション）も存在します。

観点を変えれば、他にもさまざまな分類が可能かもしれません。アニメーションは多様であり、アニメーションの分類自体が研究となるほどです[2・3]。

このようにアニメーションにはさまざまな種類がありますから、その定義も非常に難しいものになります。小出は伝統的な定義を、「一コマ撮りという技法を重視するもの」と「animation の語源である animo（生命づける、活かす、蘇生させる）をアニメーションの本質と見なすもの」とに大別しています[2]。しかし、現時点でアニメーションの定義が確立しているとはいいがたいと述べています。津堅も、その多様性から、「アニメーションを完全に定義することは不可能ではないか」と考察しています[3]。定義が困難なくらいアニメーションが多様であるということ、それ自体がアニメーションの一つの特徴といえるでしょう。

B　アニメーションに関する心理学研究の多様性

多様なアニメーションに対する研究もまた多様です。理論的研究（アニメーションの定義や分類など、アニメーションとはいかなるものかに関する考察を行います）、歴史的研究、作品批評的研究、制作や制作教育に関する研究、そして心理学的な研究など、さまざまな観点からの研究が行われています。

「アニメーション研究のための論文と書籍のデータベースサイト」というサイトがあります[4]。日本アニメーション学会が平成二五年度より進めている「アニメーション研究のマッピング・プロジェクト」の成果の一環として制作されたものです。アニメーション研究に関する国内外の優れた文献（論文および書籍）に関する情報が収集されています。アニメーションについての研究にはどのようなものがあるのか、興味のある方はぜひアクセスしてみてください。実にさまざまな観点から研究が行われていることがわかると思います。

このデータベースには、心理学的な研究もいくつか紹介されています。ただし、心理学という学問も多様な領域、方法、観点をもつ学問ですから、アニメーションに対する心理学的研究にもさまざまなものがあるのです。

心理学の研究領域は、その研究対象によって分類されます。この章でも、感覚・知覚心理学、認知心理学、発達心理学、臨床心理学、社会心理学というように研究領域ごとにアニメーションに対する心理学的な研究を取り上げています。この章で取り上げられている領域だけでなく、心理学には他にもさまざまな研究領域があります。この広範囲にわたる心理学の研究領域を大きく基礎と応用に分けることがあります。基礎心理学とは、感覚や知覚、記憶や認知といったまさに基礎的な心的活動に関する研究や、心理学研究の方法や原理といった心理学という学問のあり方に関する検討を行う領域です。一方、応用心理学は、生活場面におけるさまざまな心理的問題を取り扱う領域です。どのような学問にも基礎領域と応用領域というものはあり、基礎領域の研究知見を基盤に応用領域の研究がなされますが、心理学における両者の関係は複雑です。アニメーション研究を例にとりましょう。私たちは生活の中でアニメーションに接していますから、アニメーションに関する心理学的研究は応用領域に分類されます。しかしその一方で、本書でも取り上げられる仮現運動に関する研究は、基礎的な知覚研究でもあります。また、後述するように心理学には心の問題を捉える観点や立場にも多様性があります。観点や立場が異なれば、何を心の問題の基礎とするかも変わってきます。

心理学の研究方法には、数値データをもとに検討を行う量的研究と、行動や言説などをそのまま分析しようとする質的研究とがあります。アニメーション研究でいえば、作中の動きや色彩を物理的に計測したり、カット数をカウントしたりして得られた数値データを分析するのが量的研究です。一方、アニメーション作品を見た人の感想や印象をその人の言葉をもとに検討したり、作品に対して心理学的知識をもとに研究者が論理的な考察を行うのが質的研究です。ただし実際には、アニメーション研究にかぎらず心理学研究の多くが、量的研究と質的研究の両側面を併せもっています。

心理学研究は、心理的問題を検討するとき、何を重視するか、つまり研究の観点によっても分類することが可能です。心理学における代表的な研究の観点には、認知・行動科学的観点、人間性心理学的観点、無意識論的観点があります。

認知・行動科学的観点とは、観察可能な行動、もしくはその行動から論理的に推察される認知過程を検討することで、人間を含む生体のメカニズムを明らかにしていこう、というものです。この立場では、できるかぎり客観的に行動を捉えることが重視されます。アニメーションにおける形態や動き、ストーリーを理解する心の働きが、どのようなメカニズムによって成立するかといった研究は、この観点に基づくものといえるでしょう。

認知・行動科学的観点が「メカニズム」という言葉に表されるように、やや機械論的な人間観をもつのに対し、人間性心理学的観点では、意志や意欲、価値観といった「人間らしさ」を生み出すものが重視されます。どのようなアニメーション作品に感動するかは、その人の価値観によって異なるでしょう。また、その感動はその人の意志や意欲に影響を与えるかもしれません。こうした研究は人間性心理学的研究といえるでしょう。

無意識論的観点とは、人間の意識化されない心の働きを解釈していこうとするものです。最も代表的な無意識論は精神分析理論です。精神分析は精神的な障害や疾患に対する治療法としてS・フロイトによって創始され、彼の後継者や彼と同様に無意識過程を重視する研究者たちによって発展させられてきました。アニメーション作品のテーマやモチーフ、登場人物の言動などから、それが無意識内のどのような心の問題を象徴したものであるのかを精神分析理論に基づいて検討するといった研究は、無意識論的観点に基づくものといえるでしょう。

このように、心理学研究にもさまざまなものがあり、それらすべてに共通する特徴を見出すのは困難です。そしてそれは、アニメーションに対する心理学研究にも当てはまります。

そこで、以下の節では、心理学のいくつかの領域で、アニメーションに関するどのような研究がなされているか、あるいはどのような問題があるのかを紹介し、アニメーションに関する心理学研究の多様性を示していきたいと思います。

2 感覚・知覚心理学的関心

A アニメーションにおける色彩

「見る」「聞く」といった刺激を感じ取る心の働きや特性を研究する心理学の領域を、感覚・知覚心理学といいます。アニメーションが視覚的な表現である以上、感覚・知覚心理学的な関心が生じるのは当然といえます。とりわけ「動き」の知覚は、アニメーションにとって根幹となる視覚的要素です。

本書では、この「動き」に関して比較的詳しく検討していますから、その話は他章に譲りたいと思います。ただ、アニメーションに関する感覚・知覚心理学的な関心事は、動きだけではありません。

アニメーションは、実体のあるものを記録撮影する実写映像と異なり、すべて作り手の頭の中のイメージからつくりだされます。いくら作り手が素晴らしいイメージを思い描いていたとしても、それを適切に表現できなければ、鑑賞者が見るものは作り手が意図したものと異なってしまいます。色の表現は、そうした作り手の力量が問われるものの一つでしょう。

色は、対象から発せられる光の波長の長短によって変わってきます。短い波長が優勢なときは対象は青みがかって、長い波長が優勢なときは対象は赤みがかって感じられます。私たちの体のように対象それ自体が発光していない場合でも、照明（太陽光や人工照明）を受ければ反射光を発します。そして、同じ対象でも受ける照明の違いによって反射光の波長は変わってきます。ですから、アニメーションに登場する人物の肌の色を決めるときは、その人物がどのような照明下にいるのかを考慮する必要があります。また、アニメーションでは場面が切り替わったり、対象が動いたりもします。それに合わせて、照明も照明の当たり方も変化するはずです。同じ人物の肌の色をいつも同じ色に塗っていたら、場の臨場感は伝わってきません。リアリティを求めない作品なら、それでもよいかもしれませんが、現実的な人間ドラマを描くような作品では、その場その場に合わせた彩色をしなければ、リアリティが損なわれてしまいます。

しかし、その場に合わせた色を決める際にやっかいな問題が生じます。私たちは普段、状況による対象の色合いの違いをあまり意識しないのです。同じ対象は照明状況によらず同じ色に感じられることを色の恒常性といいます。私たちは、状況による色合いの変化を状況に応じて補正しながら対象を見ています。この補正は意識的なものではありません。ですから、補正しなければどう見えるのかを意識するのは、非常に難しいことなのです。しかし、アニメーションの作り手には、この補正をいったん外して色を決めることが求められます。

高畑勲監督『火垂るの墓』（1988）のＤＶＤには、作品の色彩設計を担当した保田道世のインタビューが収録されています。その中で彼女は、主人公が幽霊となって赤やオレンジに発光しているときの彩色に関して「（赤とかオレンジの）色を感じるよりも、それ自体を感じさせる」ことの難しさを語っています。この「それ自体」とは、各キャラクターの肌そのものといえるかもしれません。その肌が赤い照明を受けたときにはどのような色になるのか、青い照明を受けたときにはどのような色になるのかを適切に表現できないと、本来の肌の色を感じさせることはできないでしょう。

ただし、アニメーションにおける色の印象と実像の色の印象は必ずしも同じとはかぎりません。ハンとウチカワは[5]、アニメーション、実際の人間、写真、それぞれの肌の色に対する印象を比較・検討し、実写よりもアニメーションのほうが、明るい肌の色が好まれることを指摘しています。

B　視覚的諸特性に基づくアニメーション研究

アニメーション作品の視覚的特徴を数量的に捉え、それがどのような心理的効果をもつのか検討するという研究もあります。

たとえば、ソルトは[6]、アニメーションにおける運動の充実度（映像の変化率のことで、絵の枚数をコマの総数で割った値）、フレーム内部の運動量（フレーム内で運動の広まった領域をフレームの全領域で割った値）、視点ショット（登場人物の視線の先にカメラのレンズを向けたショット）、逆アングル（カメラのレンズの軸を直前のショットから九〇度以上回転させたショット）、ショットの平均持続時間などを、アニメーション作品ごとに計測し、各作品の特徴を論じています。

須川も[7]また、アニメーション作品が表現しようとしていることを「カメラの視点」から検討しています。アニメーションは実写映画のようにカメラを用いませんが、アングルや視点の移動など、カメラワークに相当する演出は場面の状況や登場人物の心理状態を表すために頻繁に用いられています。こうした「カメラの視点」からアニメーション作品を読み解くことの重要性を須川は指摘しています。

ソルトや須川は心理学者ではありませんが、印象を左右する要因を客観的な基準で捉えようとする試みは、認知・行動科学的観点に立つ心理学の手法に通ずるものがあるといえるでしょう。

佐藤[8]は、フレームレートによって動きの滑らかさが劣化するという問題に着目しました。映画の場合、実写動画は一秒間二四枚の静止画像（画像1→画像2→画像3→画像4……画像23→画像24）で構成されます。同じ画像を連続して使用し（画像1→画像1→画像3→画像3……画像24→画像24）、一秒間の静止画数（フレームレート）を下げると、ギクシャクとした動きの印象が強くなり、動きの滑らかさが大きく損なわれます。しかし、アニメーションの場合、フレームレートを下げても動きの滑らかさはあまり変化しません。実際、アニメーションでは、同じ画像を二つ連続して使用する二コマ打ちや三コマ連続で使用する三コマ打ちといった制作手法が用いられることがありますが、動きの滑らかさはさほど損なわれません。なぜこのような違いが生じるのでしょうか。この問題を検討するために佐藤は、連続する二つの静止コマ画像の差異（差分）を計算によって求めました。その結果、アニメーションより実写のほうが、この差分が大きいことが確認されました。フレームレートの低下による動きの滑らかさの劣化には、コマ間の差分が関係しており、アニメーションでは差分が小さいため二コマ打ちや三コマ打ちでも動きの滑らかさが損なわれないと考えることができます。実写では実物の細部までが写されているのに対し、描画によるアニメーションでは細部は省略されます。実写に比べアニメーションでは各コマの情報量が少ないため、コマ間の差分も小さくなり、そのためにフレームレート変動の影響を受けにくいと考えられるわけです。

佐分利[9]は、セル・アニメーションが自然事象、とくに風という目に見えないものをいかにして視覚的に表現しているのかを生態心理学的観点から論じています。J・ギブソンによって礎《いしずえ》が築かれた生態心理学では、対象そのものが、その「意味」を私たちに知覚させる情報を有していると考えます。佐分利は、セル・アニメーションで表現された風になびく髪の動きを分類しながらも、それらに共通する変形パターンがあるとして、これを「風の不変項」と呼んでいます。不変項とは、見え方が変化する対象の中にあって変化しない要素や特性のことです。歩いている人を見るとき、頭や手足の位置は刻々と変化しますが、頭や手足があるということ自体に変化はありません。この人の形の不変項から私たちは人の形を捉え、頭や手足の位置関係の変化から、それが動いていることや、どのように動いているのかを認識します。佐分利は、風の変化の不変項を逸脱しない範囲での変化を私たちは風として捉え、これを大きく逸脱した変化を風以外の変化（あるいはこれまでとはまったく違う空気の流れ）として認識するとしています。加えて佐分利は、流体力学から導かれる風（流れ）の法則性にも触れ、知覚によって捉えられる風の性質を二つにまとめています。①風によって独特な形のうねりや渦ができること、②風による物体の変形と動きには周期性があることです。実際の風では、これらのうねりや渦、周期性は多様であり、その多様性がセル・アニメーションに表現されていると佐分利は述べています。生態心理学は、人間理解に関する独特の視点をもっていますが、アニメーターが知覚者として捉えた対象の性質を動画として表現し、その表現から鑑賞者が対象の性質を知覚するという、アニメーションならではの作り手と受け手の関係性について重要な示唆を与えてくれるのではないかと思います。

3 認知心理学的問題

A　アニメーションのストーリー理解

アニメーションの魅力は視覚的なものばかりではありません。先述のようにアニメーション作品は「ストーリー・アニメーション」と「アブストラクト（抽象）・アニメーション」に分類することもできます。ストーリー・アニメーションを見ているとき、私たちはそのストーリーに夢中になることがあります。とりわけ日本の商業アニメーションはストーリーの複雑さや緻密さから、高い年齢層のファンを獲得してきました。

では、私たちはアニメーションからどのようにストーリーを読み取っているのでしょうか。

ミショット[10]は横移動する四角形Aが四角形Bに接触し、その後四角形Bが横方向に動き出すという動画を実験参加者に観察させました。その結果、AとBの動きの速さによって、両者の関係について異なる印象が生まれることを明らかにしました。BのスピードがAのスピードと同じかそれよりも遅いときBはAに押された（他動的）という印象が生じ、BのスピードがAのスピードよりも速いときはAに接することでBが動き出した（自動的）という印象が生じます。こうした対象の関係性に関する印象は、ストーリーの原型ともいえるものであり、単純な図形の動きからもストーリーが生じることを意味します。

またハイダーとジンメル[11]は、大きな四角形、小さな四角形、小さな円形という三つの図形が枠線の内側や外側を移動するというアニメーションを実験参加者に観察させました。ストーリーを説明するナレーションなどは一切なかったにもかかわらず、実験参加者は、図形を擬人化し、大きな三角形が、小さな三角形と円形をいじめて追いかけるが、最後は逃げられるというようなストーリーを読み取ったのです。

ミショットやハイダー&ジンメルの研究は、動きがストーリーの認識にも関わっていることを示していますが、そこで認識されたストーリーはきわめて単純なものです。しかし、私たちがテレビアニメや劇場用アニメで読み取り、夢中になっているものは、もっと複雑なストーリーです。

こうしたストーリー・アニメーションの理解過程について、梶井[12]はイベント・インデックス・モデルが適用できるのではないかと提言しています。イベント・インデックス・モデルは、もともと文章理解のための理論です。文を読み進むことで新しく入ってくる情報と、自分がすでにもっている知識とを結びつけて、そこに書かれている状況に関する心的表象（状況モデル）を適宜更新していくというものです。状況モデルというのは、ここでは、書かれた状況に関する心の中の仮説のようなものだと思ってください。この理論では、私たちが「この場面で描かれているのは、こういった状況なのだろう」といった仮説を、文章を読み進めるなかで得た新しい情報とすでに自分がもっている情報を結びつけることで維持あるいは修正していき、文章の内容（ストーリー）を理解していくと考えます。そして状況モデルは、時間・空間・因果関係・登場人物・登場人物の意図などの状況変化によって更新されるとしています。マリアーノら[13]は実写映像の理解にこの理論を適用し、状況モデルの更新に時間変化、空間変化、空間移動という状況次元の変化が影響していることを実験的に示しています（マリアーノらの研究については中島[14]が詳しい解説を行っています）。そして梶井は、アニメーション作品にイベント・インデックス・モデルを適用し、時間や因果、そしてＢＧＭの終了といった変化が、状況モデルの構築に影響を及ぼすことを示しています[15,16]。

こうした知見は、私たちがどのようにしてアニメーションの物語を理解しているか、さらに、わかりやすいストーリー表現とはどのようなものかに関して示唆を与えてくれます。状況モデルの更新を促すような手がかりを与えることは、ストーリー理解を促すと考えられるからです。

Ｂ　ストーリーのわかりやすさ

中島[14]は、モンタージュ（映像編集によってもたらされる心理的効果）という観点から、映像のストーリーに関するわかりやすさについて論考しています。これは映像作品全般に関する研究ですが、アニメーションにも適用できるしょう。中島は、モンタージュを前後のショットがもつ二つの内容（意味）が統合され、第三の内容（意味）が生み出される過程であると述べています。そしてこの統合のための原理を「基準」、生み出される第三の内容を「解」と呼んでいます。どのような「基準」が適用されるかは、個人や状況によって違ってくるかもしれません。そして適用される「基準」によって「解」は変化すると中島は指摘します。たとえば、第一のショットに子どもが、続く第二のショットに大人が映っているというシーンを見たとき、「人物の同一性」という基準が適用されれば「成長」という解が、「時間的同時性」という基準が適用されれば「親子」という解が導き出されます。シーンの解釈は絶対的なもの（いつ誰が見ても同じ解釈になるというもの）ではなく、適用される基準によって変化する相対的なものだということになります（「相対性」の原理）。そしてこれは、ショットという編集の最小要素の統合だけでなく、シーンやシークエンス（シーンの連なり）の統合でも同様のことがいえるとしています。こうした統合のための心的処理を局所的情報処理とし、これを低次のモンタージュ効果と呼んでいます。さらに中島は、多数のショット、シーン、シークエンスの連なりを統合して映像作品のストーリーを認知することを大局的情報処理とし、これを高次のモンタージュ効果と呼んでいます。高次のモンタージュ効果が生じるとき、基準の選択が容易になされる場合はわかりやすいストーリーとして認識され、多くの基準が適用されうる場合、多義的でわかりにくいストーリーとして認識されます。もちろん、わかりやすいストーリーが好まれ、わかりにくいストーリーは好まれないというわけではありません。わかりやすさは、ときに退屈で凡庸な作品という印象を与えますし、逆にわかりにくさ（意外さ）は、「どんでん返し」のように作品に緊張感とオリジナリティをもたせます。

4 発達心理学的問題

A 実物と映像の区別

中島[14]は、映像の理解を左右する要因として、映像自体の特性だけでなく視聴者の情報処理能力も重要であると述べています。ここでいう情報処理能力の違いには、乳児から幼児、児童、青年、成人へと至る発達段階の差異という面も含まれるでしょう。実際、子どもの映像理解には多くの関心が寄せられてきました。

アニメーション、とくに子ども向けのアニメーションは架空のストーリーや虚構のストーリーにあふれています。そしてそれがアニメーションの大きな魅力にもなっています。ですが、子どもたちは、映像と現実の区別がついているのでしょうか。

映像と現実の区別について木村・加藤[17]は、実物はつかめるが映像の対象はつかめないといった、実在の対象の性質と映像内の対象の性質の区別と、映像に映っているのが実際に生じたこと（ノンフィクション）なのかドラマのような虚構の出来事（ノンフィクション）なのかという区別とを、分けて捉えています。

実体のある実物の性質と実物の写しにすぎず実体のない映像の性質の区別に関して、生後九カ月の乳児は絵や写真の対象を実物のように手でつかもうとするという報告がなされています。[18]生後間もない時期には実物と映像の区別がついていないのかもしれません。では、映像の性質の理解、あるいはそれを理解したうえでの実物との区別はいつ頃から可能になるのでしょうか。村野井[19]は、子どもはテレビの中に人がいて、テレビの中に入っていけると思っていると、事例をもとに述べています。フラベルら[20]は、三歳児と四歳児に対して、テレビの中のものを取り出すことができるかといった質問をしました。四歳児は正しく答えられましたが、三歳児はテレビの対象を「取り出せる」という、実物と映像の性質を同一視するような回答をしました。この結果からは、四歳児は映像と実物の性質の違いを理解できていると考えられます。

木村・加藤[17]は、テレビに映った紙人形に風をあてると倒れるか、テレビの中の人物が実物の紙人形に息を吹きかけたら紙人形は倒れるか、という質問を四～六歳児にしました。フラベルらの実験結果から考えれば、四歳児でもこの質問に正しく答えられそうです。しかし、四～五歳前半では「倒れる」という実物と映像とのインタラクションを肯定するような誤答が多く見られました。五歳半以降はこうした誤答は減り、六歳ではインタラクションの可能性を否定する回答が増えるという結果を得ました。

フラベルらの結果[20]と木村・加藤[17]の結果の不一致を説明するため、木村[21]は、映像(図像)の表象性の理解に関する三段階モデルを提唱しています。このモデルでは、映像はシンボル(映像に映っているもの)、シンボル媒体(映像を映しているもの)、指示対象(シンボルが指し示しているもの)の三要素から構成されており、各要素の関係(シンボルと指示対象が写像的関係にあること、シンボルの性質はシンボル媒体によって決まるというようにシンボルとシンボル媒体が依存関係をもつこと)を正しく理解することによって、図像というものの性質理解がなされるとしています。たとえば、「映像のリンゴ」(シンボル)は「リンゴ」(指示対象)を写したものですが、テレビに映っているか写真に映っているか(シンボル媒体)によって、「映像のリンゴ」の性質は変わってきます。これを理解できることが、映像の性質を正しく理解するうえで欠かせないということです。三段階モデルにおける第一の段階はこの三要素が認識されておらず、映像と実物とを同質に扱ってしまう段階です(非表象段階)。第二の段階は、映像を図像的表象として捉えられるが、各要素の理解、要素間の関係の理解が十分でない段階とされます(移行段階)。この段階において、映像作品を集中して見ているような状況では、シンボルは指示対象と一体化し、(シンボルとシンボル媒体の依存関係に気づかず)映像の性質を正しく捉えにくくなるとしています。逆にシンボル媒体に注目するような状況では、シンボルがシンボル媒体の一部として認識され、映像の性質が正しく捉えやすくなるとしています。木村・加藤[17]の実験状況は前者のような状況に該当し、フラベルら[20]の実験状況は後者のような状況に該当すると考えれば、両者の結果の違いが説明できます。そして、第三の段階が、三要素の関係性を正しく認識し、映像の性質を正しく捉えられる段階（表象性理解段階）です。三段階モデルでは、映像の表象性理解にはシンボルとシンボル媒体の依存的関係の理解が重要であるとしています。

木村[21]は、動きがなくシンボルと指示対象の違いが意識されやすい写真よりも、動きがありシンボルと指示対象の違いが意識されにくいビデオ映像のほうが、理解が難しいはずであると仮説を立て、これを確認しています。とすると、動画であるアニメーションは、絵や写真に比べてその性質の理解が難しいといえるかもしれません。ただ、第一節でも述べたように、アニメーションにはさまざまな表現があります。絵が動くアニメーションもあれば、人形という実体のあるものが動くアニメーションもあります。どちらも「テレビに映っている」と意識できれば、映像として同じように理解できるのでしょうか。それとも表現の違いによって理解に差異があるのでしょうか。これは、今後検討すべき問題でしょう。

B　現実と虚構の区別

アニメーション作品には虚構の世界を描いたものが多く見られますが、映像の虚構性の理解についても、さまざまな研究が行われています。杉村ら[22]は、幼稚園の年中児（四歳三カ月〜五歳三カ月：平均値＝四歳九カ月）、年長児（五歳四カ月〜六歳三カ月：平均値＝五歳七カ月）を対象に、サンタクロース、オバケ、アンパンマンといった想像上の対象に「会ったことがあるか」を尋ねています。「ある」と答えた子どもに対しては「どこで会ったか」と具体的な経験を尋ねました。「ない」と答えた子どもには「会うことができるか」と尋ね、その質問に「会うことができる」と答えた場合はその方法を、「会うことはできない」と答えた場合にはその理由を尋ねる下位質問をしました。その結果、年中児では「（会った）経験がある」という回答が多く、年長児では「（会った）経験もないし、経験できるとも思えない」といった回答が多いという結果が得られました。このことについて、杉村ら[22]は、幼稚園やデパートのイベントに現れた扮装者を年中児は「本物」と見なし、年長児は「偽物」と見なして「本物」には会えないと考えたのではないかと論じています。

富田[23]も幼稚園の年中児（平均年齢：四歳七カ月）、小学一年生（平均年齢：六歳七カ月）、小学三年生（平均年齢：八歳七カ月）を対象にサンタクロース、オバケ、セーラームーン、オーレンジャーとの接触経験や接触可能性について尋ねています。まず、上記の空想物に対し、「会ったことがあるか」を尋ね、「ある」と答えた子どもには「それは本物であったか」「どうしてそれを本物（あるいは偽物）であると思ったか」といった質問をしました。「ない」と答えた子どもには「会えると思うか」「どうしたら会えるか（どうして会えないか）」といった質問をしました。年長者では扮装者を偽物と見なし、扮装者との出会いを「会った」経験に含めない可能性があるため、保護者にも子どもが「扮装者」に出会ったことがあるかを質問紙調査によって確認しています。そして、四歳児は「扮装者」も本物と捉えているのに対し、六歳児は「扮装者」は偽物であり本物は別の場所にいると考え、八歳児になるとその実在を否定する意見が増える、という結果を得ています。これらの結果から富田[23]は、空想物の実在‐非実在という次元の認識の発達（六～八歳）に先立って、本物‐偽物という次元の認識の発達（四～六歳）があると指摘しています。

ただし、実在‐非実在の認識に関する問題を検討する際には、子どもがどのような意味で「実在する」と考えているのかを検討する必要がある、と麻生[24]は指摘しています。麻生は「実在」するという認識には次の五つの意味があるとしています。①遊園地や保育園で出会う「被りもの」を本物と見なす。②アニメのキャラクターやサンタはテレビの外側に実在し、その実物がテレビに映っている。③テレビの中を特別な実在空間（自分が足を踏み入れられない、別のリアルな空間）と見なす。④それらは普通に実在しているが、テレビに映るもののほとんどは実物ではなく、それらをキャラクター化ないし作品化した虚構と見なす。⑤それらを境界的なある種の超越的な存在（現実ともインタラクションしうる不可思議な存在）と見なす。

富田[23]の調査で見られた四歳児の反応は①に、六歳児の反応は②に対応していると考えられます。八歳児では実在を否定する反応が多くなりますが、それは家族や友人など周囲の言動に引きずられたものであり、③以降にあるような認識の仕方で実在性を感じ続けている可能性もあります。子どもの頃に親や友人から空想物の存在を否定されたという経験をもつ人は少なくありません。本物-偽物、実在-非実在の認識や、その認識に関する言動には周囲の人たちとのコミュニケーションが大きな影響力をもつと考えられます[19・24]。

C　子どもの映像演出、ストーリー理解

現実と虚構の区別ができようとできまいと、子どもたちはアニメーション作品に夢中になります。レミッシュ[25]は子どもの映像への接し方を調べ、幼児期に基礎的な映像の視聴能力や共感力が身についてくると述べています。実際、幼児期の子どもたちは作中のキャラクターの喜怒哀楽に合わせて、はしゃいだり、悲しんだり、怯えたりします。ですが、共感能力と話の内容を理解する能力は分けて考えるべきでしょう。アニメーションにかぎらず映像作品では、さまざまな演出によって話の流れをつくっています。このような映像演出やストーリーを子どもは理解できているのでしょうか。

子どもが視聴しているアニメーション番組が彼らにとって理解しやすいものであるとはかぎりません。村野井[19・26]は、子どもたちが映像の演出を十分に理解できていないとしています。彼は家族向けアニメーションの

『サザエさん』（1969-現在）を例にとり、そこに大人社会の描写や高度な言葉遊び、文学的な人間描写が盛り込まれていることを指摘しています。さらに回想シーンにおける時間の流れ（現在→過去→現在）を表現する演出手法は、子どもたちには理解困難であり、子どもは映像の提示順序を時間の流れとして捉えてしまうと述べています。虎間ら[27]は、三～五歳の幼児たちに同番組を視聴させ、その内容を理解しているか調べました。その結果、番組に集中していたにもかかわらず、十分な理解はなされていませんでした。『サザエさん』は家族向け番組ですから、大人の視聴者に向けた内容や演出も盛り込まれているでしょう。しかし、子ども向けと思われる番組でも、子どもには理解が難しい場合があります。たとえば、三田村・村野井[28]は『ドラえもん』（1973-現在）の道具の理解、とくに空間や時間を移動させる（ワープする）道具によって生じた状況理解が難しいという研究結果を得ています。

ただし、村野井[19]は、『サザエさん』のように子どもの視聴者も意識した番組には、状況判断を助けるような演出（効果音やワイプによるシーンの切り替え）がなされており、こうした作品を通して子どもは表現の方法を学んでいくとしています。

D　子どものアニメーションの好み

これまでは「理解」という観点から話を進めてきましたが、「好み」という観点からアニメーションと発達の問題を論じることもできます。レミッシュ[25]は、児童期には映像作品への好みが現れ、男の子は戦闘ものを好むようになると述べています。山本[29]はテレビアニメのカット技法に関する調査を行い、テレビアニメは他のジャンルのテレビ番組に比べてカット数が多いことを明らかにしました（山本の論文をもとに一分あたりのカット数を計算すると、クイズ番組が十三・七回、アニメーションが十二・八回、子ども教育番組とスポーツが七・〇回、時代劇が六・九回、ニュースが五・七回、ワイドショーが四・三回でした)。また、アニメ番組のカット技法は、前後のショット間に時間的な隔たりのある「継時カット」より、前後のショット間に時間的間隔がない「同時カット」のほうが多いとも指摘しています(ここでカットとはショットとショットのつなぎを、ショットは切れ目のない一つの動画を意味します)。同時カットは、アクションシーンのテンポをよくするのに効果的です。山本は、[29]男児においてカット数の多いアクション・アニメーションが好まれるという調査結果を得ています。これは、レミッシュ[25]の指摘に一致します。一方でレミッシュは、女の子は戦闘ものを好まないとしていますす。しかし、日本の少女向けアニメーションでは少女が戦う作品もあり、またそういった作品は女の子にも人気があります。

本稿では、主に発達初期の問題を取り上げました。しかし、発達とは生涯を通じてのものであるといわれます。身体的な成長は青年期でピークを迎えますが、人格や価値観の変化は一生涯続くものと考えられるからです。こうした発達観に立つ発達心理学を生涯発達心理学といいます。日本初のテレビアニメーション・シリーズとなった『鉄腕アトム』の放送が開始されたのが、一九六三年です。当時の小学生はすでに還暦を迎えていま す。また日本では、年齢の高い層を対象にしたアニメーション作品も、数多くつくられてきました。実に幅広い年代層がアニメーションを見て育ち、そこから多大な影響を受けてきたと考えられます。生涯発達心理学の観点に立って、各年代におけるアニメーションとの関わりを論じることにも、大きな意義があるでしょう。

5　その他の心理学的問題

A　臨床心理学的問題

日本の商業アニメーション（とくに青年期以降の視聴者をターゲットした作品）の特徴に、複雑な心理描写があります。ヒーローもの（そして戦うヒロインもの）でも、戦いの中で悩み葛藤する登場人物の心理状態が描かれることがあります。もちろん、アニメーション作品が描く世界はさまざまですから、登場人物が抱える心の問題もさまざまです。不安や葛藤というネガティブな感情によって、ときに登場人物が精神のバランスを崩すような事態もあります。

ところで、日本のアニメーションの特徴として視聴者年齢の高さが挙げられることがあります。子どもから大人への過渡期となる青年期の若者たちは、日本の商業アニメーションを支える層といえます。そしてこの青年期は、自身の身体が意志とは無関係に変化してしまう第二次性徴が生じ、自分らしさや自分の進路を見出すといった「自分探し」、つまり自我同一性獲得に向けた模索がなされる時期であり、精神的にも不安定な時期であるといわれます。彼らが、作中の登場人物が抱える心理的問題に自身の心の問題を重ね合わせるということもあるでしょう。アニメーションに対する心理学的研究においては、このような心の問題とアニメーションとの関わりが論じられることもあります。心の問題を抱える人たちをサポートしていこうとするのが臨床心理学です。この臨床心理学の立場からアニメーションを検討する議論は、本書第6章と第7章に掲載されています。そこで本章では、臨床心理学的なアニメーション研究にはどのようなアプローチがあると考えられるかを記すにとどめたいと思います。

(1) 心の病理（精神疾患・精神障害）をテーマとして扱っている作品の考察

『Through the Hawthorn』（2014, Anna Benner, Pia Borg, & Gemma Burditt 監督）という作品は、統合失調症の患者、その母親、医師の視点を同時に三画面で描いたアニメーション作品です。かなり実験的な作品ですが、各々の心象風景はアニメーションならではの表現が用いられています。精神世界を描く一つの可能性を示した作品といえるでしょう。しかしその一方で心の病理を描いた作品は、ともするとその病理に対する誤った認識や偏見を生みかねません。心の病理に関する専門的知識をもった者がその作品における病理の描き方について考察することには大きな意義があると思います。

(2) 映像表現の病理性の考察

山村浩二監督『田舎医者』（2007）では、身体や外界が大きく歪んで描かれ、また主人公である田舎医者の分身ともいえる二人の黒子が、医者自身とは別に医者の心情を語ります。横田[30]は、その異様な映像表現と統合失調症患者の体験世界との類似性を指摘しています。

(3) 作品内容から登場人物の心の病理を考察

前述のとおり、商業アニメーション作品では、登場人物が苦境に立たされ、精神的な苦難に直面することが少なくありません。そのような極限状態に置かれた登場人物の、ある意味で異常な精神状態を検討するという研究も可能でしょう。横田[30]は、細田守監督『時をかける少女』（2006）や庵野秀明監督『新世紀エヴァンゲリオン』（1995）といった作品の主人公の心理について、無意識論を軸に精神病理的な解釈を行っています。

（４）　作家の病理性から作品を考察（病跡学、表現病理学）

横田[31・32]は、宮崎駿、高畑勲、りんたろう、今敏、押井守、川本喜八郎、森やすじ、さらにイジー・トルンカといったアニメーション作家が、その人生で抱えていた心の問題とその克服を、作家の経歴と作品分析を通して考察しています。

（５）　映像作品が心の病理に与える影響の考察

アニメーション作品が心の問題を抱えた者（視聴者だけでなく作り手も含めて）の心理的状態を反映したり、立ち直りを促すこともあります。臨床心理学者の西村[33]は、深層心理学の立場から作品を考察し、またカウンセリングに通う思春期の少女たちとアニメーション作品との関わりを論じています。

Ｂ　社会心理学的問題

アニメーションはテレビや映画、最近ではインターネットといったメディアを介して送り手から受け手に伝えられます。メディアの流す情報は社会に対して影響力をもつのか、そうだとしたら、それはどのような影響力なのかについては、二〇世紀前半からさまざまな見解が示されてきました。一九三〇～四〇年代は、直接的・全面的に影響を受けるとする「強力効果説」が有力でしたが、一九五〇年代あたりから、その影響力は選択的・限定的であるとする「限定効果説」が支持されるようになります[34]。

こうした影響力の有無や強弱に関する議論の中で、暴力的な映像表現が私たちの行動に与える影響についても検討されてきました。バンデューラら[35]は、三～五歳の子どもに暴力的な映像を視聴させたところ、視聴後に映像と同様な暴力的な行動をとったことを報告しました。この研究をきっかけに、暴力映像が私たちの行動や認知、感情に与える影響に関する数多くの研究がなされてきました。こうした研究を概観して、湯川・吉田[36]は、暴力映像の影響力に関して、視聴前の感情状態によって影響は異なるとしながら、現実性・残酷性・力動性(ダイナミズム)が強く、その行為に正当性と行為に対する報酬があるような場合に、視聴者の攻撃行動を促進するとまとめています。ただし、吉田・湯川[37]は、アニメーション番組を含むいくつかの番組ジャンル内の暴力シーンの印象を調べ、アニメーションの暴力シーンは軽快で虚構的な娯楽性の高いものという印象がもたれていることを指摘しています。さらに、湯川・吉田[38]は、娯楽性の高い暴力映像はポジティブな認知や感情を生起させる、という実験結果も得ています。アニメーション作品が直接的に視聴者の暴力行為を誘発する可能性は、あまり高くないのかもしれません。

しかし、アニメーション作品が視聴者の価値観や世界観に影響を与えていないとはかぎりません。アニメーション作品がこうした影響力をもつのか、もつとしたらどの程度のものなのかは、今のところ明確ではありません。しかし、アニメーションの歴史の中には政治的なプロパガンダとしてつくられた作品も存在します[39]。

前述のように、商業アニメーション作品、とくに男の子向けの作品では戦闘ものが好まれる傾向があります。これらの作品では、戦いを通して登場人物の人間的成長を描くことも少なくありません。富野由悠季監督『機動戦士ガンダム』(1979)でも『新世紀エヴァンゲリオン』でも、主人公が戦いを避けて戦列から離れるというエピソードがありますが、いずれも戦いに復帰します。話の流れとしては、自己中心的な考えから戦いを逃れたが、そうした考えから脱却して戦いに戻ったという印象も与え、「戦わないこと＝未熟、戦うこと＝成熟」という価値観が感じ取れます。他の解釈も成り立つのかもしれませんが、戦闘に復帰することは決してネガティブには描かれていません。こうした価値観が、幼児期から青年期のアニメーション視聴者に影響を与えていないとはかぎりません。

岩男[40]は、一九七七年から一九九四年にかけてテレビ番組中の暴力描写を調べ、ＳＦアニメの九八％で暴力描写が見られたと報告しています。また番組中の暴力行為数が多いジャンルとしてもSFアニメ（各番組中平均で九・三回、一時間あたり平均で一二回）を挙げています（ただし、SFアニメ以外のアニメ番組では平均三・八回と少ない、とも報告しています）。

先ほど、メディアの影響力に関する仮説として「強力効果説」と「限定効果説」を挙げましたが、一九七〇年代に入ると、メディアは何が重要な問題なのかに関する認識や判断に強い影響力をもつとする「新強力効果説」が登場します[34]。

ガーブナーら[41]は、テレビが「現実」に関する社会の共有感覚を「培養」していると主張します。彼らは、テレビを長時間視聴する者ほど、テレビが伝える「世界（それが本当の現実に即したものでなくても）」を現実として認識している、という調査結果を得ています[34・42]。ガーブナーの培養理論は確定されたものではありませんが、アニメーションを見て育った世代の現実認識が、アニメーションに多く描かれる世界観に影響を受けている可能性については検討されるべきではないかと思います。

またメディアが与える影響は、暴力に関するものだけではありません。村瀬・須川[43]は、商業アニメーションが描くジェンダー（性役割）について、男性は「草食系」、女性は「肉食系」に描かれるようになってきていると論じています。そして、描かれたジェンダー・イメージからアニメーション作品を分析することで、日本社会におけるジェンダーのありようが見え、受け手に関する分析によってより広い「問題系」が浮き彫りにされる、としています。この受け手の研究については、心理学も大きな役割が果たせるのではないかと思います。

本章では、アニメーションに関する社会心理学的問題として、アニメーションが社会に与える影響というマクロな問題を取り上げました。その一方で、アニメーション作品ではどのような人物が魅力的に捉えられるのか、またどのようなコミュニケーションが描かれ、それが視聴者にどのような影響を与えているのかという、よりミクロな問題も存在します。本章では触れませんでしたが、こうした問題もアニメーションに関する社会心理学的問題として研究が進められるべきでしょう。

6 おわりに

アニメーションは心理学的にも興味深い数多くの問題を提起してくれます。本章で取り上げたものは、その中のほんの一部にすぎません。重要なのは、アニメーションには感覚・知覚という基礎的な問題から、世界をどう捉えているのかといったきわめて複雑な問題までもが含まれているという点です。そして、それらは互いにバラバラな問題ではなく、相互に影響しあっていると考えられます。好きなアニメーション作品があるという人なら、その作品の視覚的特徴と物語内容とは切り離せるものではなく、この絵柄・この動きで描かれるこの世界観が好きだというように、その評価は一体になっているのではないでしょうか。そして、私たちが日々経験するさまざまな事象の認識も、そうした統合的な認識なのではないかと思います。アニメーションは、人間を統合的に理解するための手がかりを内在させているのではないかと思います。

【引用文献】

（1）細馬宏通（2013）『ミッキーはなぜ口笛を吹くのか――アニメーションの表現史』新潮社

（2）小出正志（2012）「アニメーションの概念」横田正夫・小出正志・池田 宏編『アニメーションの事典』朝倉書店、一六―一七頁

（3）津堅信之（2005）『アニメーション学入門』平凡社

（4）日本アニメーション学会「アニメーション研究のための論文と書籍のデータベースサイト」[http://database.jsas.net/mapping/]

（5）Han, H. & Uchikawa, K. (2017) Ranges of animation skin color. *International Journal of Affective Engineering*, **16**(1), 1-9

（6）　Salt, B. (2006) Counting in ones and twos. *Moving into pictures: More on film history, style, and analysis*. London: Starword.（川本　徹訳〈2009〉「ミッキーマウスの息吹を計ること——計量アニメーション学の試み」加藤幹郎編『アニメーションの映画学』臨川書店、一九七-二四三頁）
（7）　須川亜紀子（2013）「映像論　アニメを読む——映像としてのアニメのナラティブ分析」小山昌宏・須川亜紀子編『アニメ研究入門——アニメを究める9つのツボ』現代書館
（8）　佐藤壮平（2017）「実写動画像とアニメーションの動きの円滑さに関する分析法の提案」『アニメーション研究』一九巻一号、四五-五二頁
（9）　佐分利敏晴（2006）「アニメーションと自然の原理——アニメの風と自然の風」佐々木正人編『アート／表現する身体——アフォーダンスの現場』東京大学出版会
（10）　Michotte, A. E. (1946) *La perception de la causalité*. Louvain: Publications Universitaires de Louvain. (Translation by Miles, T. R. & Miles, E. 〈1963〉 *The perception of causality*. New York: Basic Books)
（11）　Heider, F. & Simmel, M. (1944) An experimental study of apparent behavior. *American Journal of Psychology*, **57**(2), 243-259.
（12）　梶井直親（2015）「実写映像理解のモデルはアニメーション理解に応用できるか」『アニメーション研究』一七巻一号、一五-二四頁
（13）　Magliano, J. P., Miller, J., & Zwaan, R. A. (2001) Indexing space and time in film understanding. *Applied Cognitive Psychology*, **15**(5), 533-545.
（14）　中島義明（2011）『映像心理学の理論』有斐閣
（15）　梶井直親（2012a）「状況的次元の連続性破綻によるアニメ視聴理解への影響」『日本認知心理学会発表論文集』、四五頁
（16）　梶井直親（2012b）「状況的次元の連続性破綻によるアニメ視聴理解への影響（2）」『日本心理学会第76回大会発表論文集』、八四〇頁
（17）　木村美奈子・加藤義信（2006）「幼児のビデオ映像理解の発達——子どもは映像の表象性をどのように認識するか？」『発達心理学研究』一七巻二号、一二六-一三七頁
（18）　DeLoache, J. S., Pierroutsakos, S. L., & Utall, D. H. (2003) The origins of pictorial competence. *Current Directions in Psychological Science*, **12**(4), 114-118.
（19）　村野井均（2016）『子どもはテレビをどう見るか——テレビ理解の心理学』勁草書房

(20) Flavell, J. H., Flavell, E. R., Green, F. L., & Korfmacher, J. E. (1990) Do young children think of television images as pictures or real objects? *Journal of Broadcasting & Electronic Media*, **34**(4), 399-419.
(21) 木村美奈子（2008）「ビデオ映像の表象性理解は幼児にとってなぜ困難か？——写真理解との比較による検討」『発達心理学研究』一九巻二号、一五七-一七〇頁
(22) 杉村智子・原野明子・吉本 史・北川宇子（1994）「日常的な想像物に対する幼児の認識——サンタクロースは本当にいるのか？」『発達心理学研究』五巻二号、一四五-一五三頁
(23) 富田昌平（2002）「実在か非実在か——空想の存在に対する幼児・児童の認識」『発達心理学研究』一三巻二号、一二二-一三五頁
(24) 麻生 武（1996）『認識と文化4 ファンタジーと現実』金子書房
(25) Lemish, D. (2007) *Children and television: A global perspective*. Malden: Blackwell.
(26) 村野井均（2002）『子どもの発達とテレビ』かもがわ出版
(27) 虎間圭子・山岸千香・村野井均（1991）「幼児のテレビ理解——アニメ『サザエさん』における映像コードとアニメが動くしくみの理解」『日本発達心理学会第2回大会発表論文集』、九二頁
(28) 三田村章代・村野井均（2000）「児童のアニメ理解——時間・空間移動の認識を中心に」『日本教育心理学会第42回総会発表論文集』、六四七-六四八頁
(29) 山本博樹（1993）「テレビアニメにおけるカット技法の実態」『発達心理学研究』四巻二号、一三六-一四四頁
(30) 横田正夫（2009）『日韓アニメーションの心理分析——出会い・交わり・閉じこもり』臨川書店
(31) 横田正夫（2006）『アニメーションの臨床心理学』誠信書房
(32) 横田正夫（2008）『アニメーションとライフサイクルの心理学』臨川書店
(33) 西村則昭（2004）『アニメと思春期のこころ』創元社
(34) 福田 充（1999）「映像メディアに関する効果研究の新展開——テレビ効果論のメディア・サイコロジー」船津 衛・廣井脩・橋本良明監修、橋本良明編『シリーズ情報環境と社会心理4 映像メディアの展開と社会心理』北樹出版
(35) Bandura, A., Ross, D., & Ross, S. A. (1961) Transmission of aggression through imitation of aggressive models. *Journal of Abnormal and Social Psychology*, **63**(3), 575-582.
(36) 湯川進太郎・吉田富二雄（1997）「暴力映像が視聴者に及ぼす影響——実験研究の検討」『筑波大学心理学研究』一九巻、一七五-一八五頁

(37) 吉田富二雄・湯川進太郎（2000）「暴力映像の印象評価と感情――映像の分類：暴力性と娯楽性の観点から」『筑波大学心理学研究』二二巻、一二三-一三七頁

(38) 湯川進太郎・吉田富二雄（1998）「暴力映像が視聴者の感情・認知・生理反応に及ぼす影響」『心理學研究』六九巻二号、八九-九六頁

(39) Roffat, S.（2005）*Animation et propagande: Les dessins animés pendant la seconde guerre mondiale.* Paris: Harmattan.〈原 正人写真・訳、古永真一・中島万紀子訳〈2011〉『アニメとプロパガンダ――第二次大戦期の映画と政治』法政大学出版局〉

(40) 岩男壽美子（2000）『テレビドラマのメッセージ――社会心理学的分析』勁草書房

(41) Gerbner, G. & Gross, L.（1976）Living with television: The violence profile. *Journal of Communication,* 26(2)（Spring, 76）, 173-199.

(42) 中村 功（1999）「テレビにおける暴力――その実態と培養効果」『マス・コミュニケーション研究』五五巻、一八六-二〇一頁

(43) 村瀬ひろみ・須川亜紀子（2013）「アニメから読み解くジェンダー――『力』と『美』を超えて」小山昌宏・須川亜紀子編『アニメ研究入門――アニメを究める9つのツボ』現代書館

第2章 アニメーションの動き

【吉村浩一】

漫画と違い、アニメーションには動きがあります。とはいえ、その動きは、実写映画の動きとは違います。これは当たり前のことのようですが、深く考えていくと、いくつもの疑問に突き当たります。この章では、そうした疑問について皆さんと一緒に考え、現時点で可能な知覚心理学からの答えを示していきたいと思います。

まず、パラパラ漫画を考えてみましょう。少しずつポーズが異なるキャラクターの静止画をノートの隅に描き指ですばやくパラパラめくっていくと、キャラクターが何となく動いているように見えます。アニメーションの原型ともいえるこのパラパラ漫画は、普通の漫画と重要な点で違っています。普通の漫画は、次のコマに描かれるキャラクターのポーズは大きく変化し、場合によっては場面まで変わってしまいます。それに対し、パラパラ漫画の場合は、隣り合うコマのポーズを少しずつ変化させることによって動いているように見せます。

アニメーションは、パラパラ漫画のコマづくりに比べて丁寧で、隣り合うコマ同士をほんの少しずつしかポーズ変化させません。そのため、似た絵を何枚も続けて描くことになります。とはいっても、実写映画のポーズ変化と変わらない小刻みさで描いていたのでは膨大な労力と時間がかかるので、いくつかの「手抜き」

法が考案されています。

まず、「セル」と呼ばれる透明シートに、動く部分だけを描き、背景など動かない部分の絵は何コマも使い回します。これでかなりの省力化ができます。その際、セルに描いた絵に透けて見えるところがあってはならないので、セル画は「ベタ塗り」という特徴的な描き方をするようになりました。実際の人物の写生画とは違い、顔や髪の毛などをそれぞれ一色でむらなく塗りつぶして描く画法です。目がやたらに大きかったり、三頭身であったり、あるいは逆に格好よすぎる八頭身スタイルで描くのは、漫画からの影響でしょうが、それらに加えてセル・アニメーションの描画法がアニメーションの標準的描き方になりました。

別の「手抜き」法も考案されました。それが本章の中心的テーマとなる、動きづくりに必要な静止画の枚数を画期的に減らす工夫です。実写映画の場合は、被写体を毎秒二四枚ペースで静止画撮影し、映写機にかけて同じペースでスクリーン上に映写することで、実物とほぼ変わらない動きをつくっています。これはデジタル化以前のフィルム時代の話ですが、動きを見せる根本原理はデジタル化された現在の映画でも同じです。そこで、説明をシンプルにするため、フィルム時代の仕組みを使って話を進めます。要するに、実写映画は一秒間に二四枚ペースで少しずつ変化する静止画を次々に映し出すことによって、実物の動きと遜色ない動きを観客に見せているのです。それに対し、アニメーションの場合は、一枚一枚描くのは気が遠くなるほど大変な作業なので、制作時間と労力を大幅に軽減するために、「二コマ打ち」や「三コマ打ち」という技法が編み出されました。この点を説明することから、本題に入っていきましょう。

1　実写映画とアニメーション映画

A　一コマ打ち・二コマ打ち・三コマ打ちとは

実写映画と同じく、わずかずつ変化する静止画を毎秒二四枚用いてアニメーションをつくることを、アニメーションの世界では「一コマ打ち」と呼びます。しかし、実写映画と違い、アニメーションの動きの場合は、毎秒一二枚に落としても、観客には一コマ打ちとほぼ変わらない動きに見えます。そこで、「二コマ打ち」という技法が生まれました。これにより、静止画の総枚数は半分でよいことになります。さらに手抜きして、一秒間に八枚でも、動きによっては劣化が目立たないので、毎秒八枚の「三コマ打ち」も実用的な技法として使われるようになりました。

同じ動きを一コマ打ちでつくる場合と二コマ打ちや三コマ打ちでつくる場合の関係を図に表すと、**図2-1**のようになります。アニメーションの場合、観客はこれら三者のあいだの動きに違いを感じないか、それほど気にしないため、「二コマ打ち」や「三コマ打ち」が実用的な技法として成立したわけです。ただし、作り手であるアニメーターたちはさすがに鋭い目をもっており、動きの劣化を問題にするアニメーターもいます。余談ですが、近年はシューティングなど速い動きのコンピュータ・ゲームをやり慣れているゲーマーたちも、速い動きに敏感なせいか、「二コマ打ち」による動きの劣化に気づく人がいるようです。

子ども向けの作品ならいざ知らず、映画館で上映される大人も見るような大作では、さすがに全編一コマ打ちでつくられていると思われるかもしれません。実は、そうした作品も一コマ打ちでつくられている部分はむ

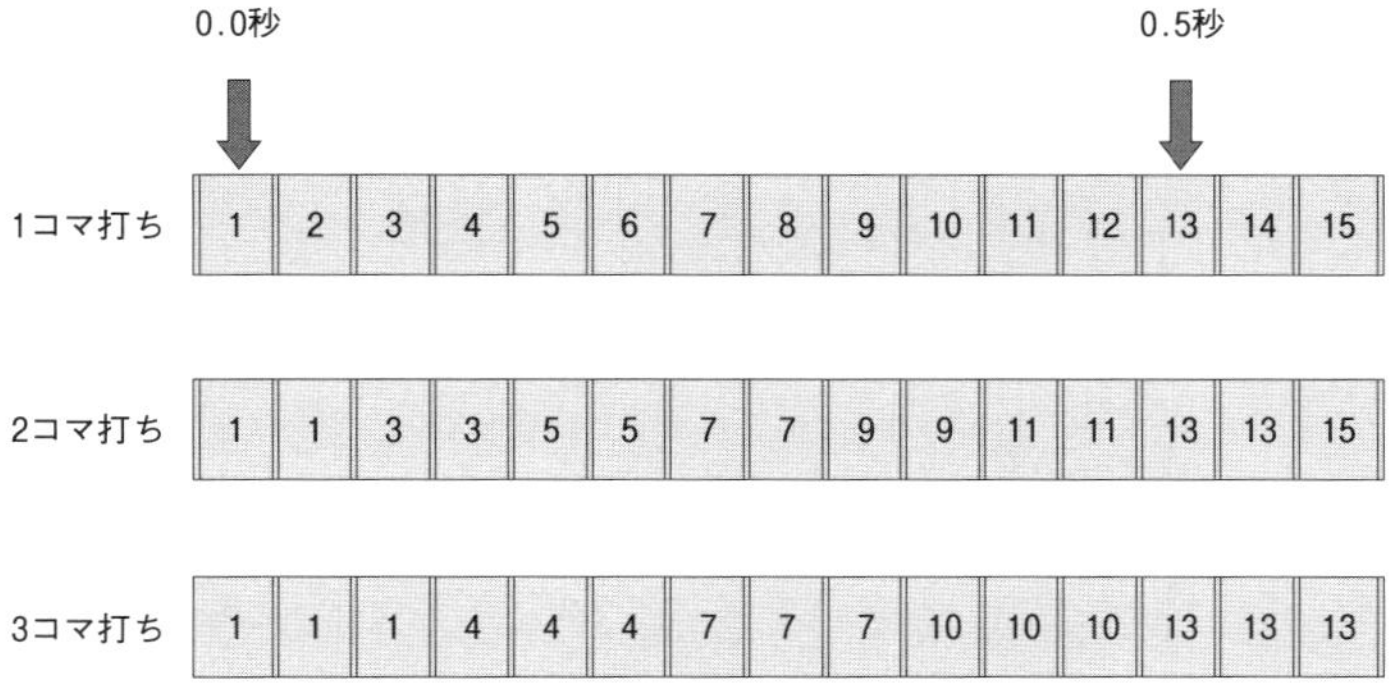

図 2-1　アニメーションのコマ打ち

実写映画は毎秒24コマの１コマ打ちなのに対し，アニメーションでは２コマ打ちや３コマ打ちも用いられる。

しろ例外的で、二コマ打ちが基本なのです。二コマ打ちを基本に、どのような動きでは一コマ打ちしなければならないか、逆にどのような動きなら三コマ打ちでよいかの判断は、監督など作品の動画統括者が行いますが、アニメーターのあいだには次のような経験則があるそうです。

　筆者は、岡部望という熟練のアニメーターとアニメーション学会で知り合い、いろいろなことを教わりました。そして、集めたアニメーションの動きづくりの職人技ともいえる経験則を、共同論文にまとめました[1]。何コマ打ちにするべきかについての大原則は、「曲線的動きは二コマ打ち、直線的動きは一コマ打ち」なのだそうです。人や動物など生物キャラクターはほとんどの場合、曲線的に動くので、二コマ打ちでよいことになります。作品は登場人物中心に描かれるので、全編を通して二コマ打ちが基本になるわけです。一方、直線的な動きには、乗り物の動きや落下物、それに対象物の拡大・縮小などがありますが、それらもさることながら、直線的な動きで最も頻繁なのは、カメラワークです。カメラは、キャラクターの動きを追って水平にパンしたり、垂直にティルトしたりします。これはアニメーションで頻々と起こる直線的動きです。しかも、画面に描かれているもの全部が直線的に動くので、二コマ打ちだと、誰の目にもカクカクした動きに見えてしまいます。そこで、こうしたカメラワークを伴うシーンは、一コマ打ちとなります。

断っておかなければならない点は、岡部氏が携わっていた仕事はアニメーションによるコマーシャルづくりが中心だったことです。注文主は「まずい動き」に殊更うるさく、わずかなアラも見逃してくれません。その代わり、資金が比較的潤沢なうえに作品が短いので、時間をかけてつくりこむことができます。そうした環境で仕事をしていくなかで、岡部氏たちはわずかなアラもおろそかにしない眼力と修正力を磨かれていったのだと思います。それに比べ、一般のアニメーション制作現場では「安く速く」が求められることが多いため、こうした問題にたとえ気づいても、原因を追及したりそれらを修正していく余裕がないのが実情かもしれません。

B　実写映画とアニメーションの動きの違い

毎秒二四枚の静止画で構成される実写映画と毎秒一二枚を基本とするアニメーションでは、動きの性質が異なります。これは、冒頭であっさり言い流したことですが、本章で説明したい最も重要な問題なのです。両者の違いの本質がどこにあるかを考えていきましょう。

まず、実写映画の動きから検討します。実写映画は、現実の空間で実際に動いているものを撮影することから映像づくりが始まります。フィルム上に写るのは、実際の動きの一瞬一瞬を写し取った静止画写真です。そして、映像づくりの最終目標は、実空間から写し取ったそれらの写真を使い、実際に起こった動きをスクリーン上に「再現」することです。再現が一〇〇％完全とはいかないまでも、元になった実際の動きに見劣りしない動きを「再現」するには、毎秒二四枚程度の静止画があればよいのです。

それに対し、アニメーションの場合は、そもそも「元の動き」が存在しません。一枚ずつ静止画を描くことで、動きを新たにつくりだしていくのです。その目標は実空間でのリアルな動きに似せることにあるかもしれませんが、出来上がったものは現実の動きとは「似て非なるもの」です。「絵に命を吹き込むのがアニメーション」という言い方がありますが、それは「新たな命」であって、決してもともとあった動きの「再現」ではないのです。

実写映画とアニメーションの動きの違いを理解してもらうために、筆者はアニメーション学会や、日本心理学会の主催で行われたシンポジウム「アニメの心理学」での発表のなかで、次のようなデモンストレーションを行ってきました。まず、実写映画とアニメーションで、毎秒二四枚でつくられた動画（一コマ打ち）を用意します。そしてそれらを元に、毎秒一二枚の動画（二コマ打ち）、さらには毎秒八枚の動画（三コマ打ち）をつくります。つくり方は、**図2-1**に示した原理で行います。こうしてできた三種類の動画を、同じ画面内に並べて見比べてもらうのです。すると、実写映画のほうは、一コマ打ちに比べて、二コマ打ち、三コマ打ちになると動きの劣化が誰の目にも明らかなのに、アニメーションでは、よほど注意深く見ないと三者の映像の違いがわからないのです。三パターンを同時に提示して見比べても違いがほとんどわからないからこそ、アニメーションでは「二コマ打ち」や「三コマ打ち」という技法が実用性のあるものとして成立するわけです。

実写映画の場合、一コマ打ちを二コマ打ちや三コマ打ちにしていくと、見え方がどのように変わる（劣化が生じる）のでしょうか。それは、一コマ打ちでは現実の動きのように滑らかなのに、二コマ打ちになるとビリビリした不連続感があり、三コマ打ちになるとそれがさらに顕著になります。とくに、我々自身の動きである人間身体の大きくて速い動きに、その印象は強く現れます。それに対し、アニメーションでは、パンやティルトなどのカメラワークに伴う直線的な動きはカクカクしますが、キャラクターなどの動きにはほとんど劣化を感じないのです。

こうした事実からも、アニメーションが人間などの動きを模しているといっても、実物の動きとは質が違うことがわかります。アニメーションの動き、とくに従来からつくられてきたセル・アニメーションの動きは、実写映画の動きとは別物というべきなのです。

確かに、アニメーターたちは現実の生き物などの動きを観察し真似るトレーニングをします。しかし、そこで習得するのは、動きの忠実な模写ではなく、動きの特徴をつかむことです。それを誇張したり、感性的にその場面にふさわしい動きとして表現することをめざすのです。「誇張」や「戯画化」それに「感性豊かな動きの表現」こそ、実写映画にはない、アニメーションならではの表現技法なのです。こうしたアニメーションの特徴は、第4節であらためて取り上げることにします。次節では、実写映画とアニメーションの動きの違いを、「不気味の谷」という物差しで捉えることを提案したいと思います。

2 物差しとしての「不気味の谷」

A 「不気味の谷」とは

実写映画とアニメーションの動きの違いを理解する枠組みとして、「不気味の谷」という考え方を導入したいと思います。この言葉は、アニメーションを評するためにこれまでにも用いられたことがありますが[2・3]、ここではそれを、実写映画とアニメーションの動きの違いをはじめ、アニメーションに関係するさまざまな動きの特徴を捉える枠組みとして利用することを提案したいのです。

この用語が使われ始めたときの状況から説明しましょう。一九七〇年に、日本のロボット工学者の森政弘が、人間らしさに近づいてくる当時のロボット技術を評価するため、この言葉をつくりだしました[4]。それからすでに半世紀近く経っていますが、近著の中で森は、この用語を使い始めたときの事情を、次のように説明しています。[5]

人間との類似度を横軸に、親和感を縦軸にとったグラフにおいて、ロボットの人間に対する類似度を上げていくと、親和感はそれに伴って増加していくが、そのカーブは、単調な右上がりの増加関数にはならなくて、類似度が一〇〇％になる一歩手前で、急に親和感がマイナスの領域に落ち込むという傾向がある。

「不気味の谷」が最初に提案されたのはある石油会社の企業誌でした。ＳＦ作家の小松左京、哲学者の吉田夏彦、それに森政弘の三人が監修者となり、紙上で「ロボットの技術と思想」という特集号が組まれ、「不気味の谷」という言葉は、そのとき森によって提示されました。最初の発表以降、この言葉はしばらく注目されることはありませんでした。

ところが、二〇〇五年頃から、「uncanny valley」と英訳され、欧米でにわかに注目され始めたそうです。その頃から森のもとへ問い合わせや図の転載許可依頼、国際会議の専門部会への出席依頼、アメリカの雑誌からの取材などが頻繁に来るようになったそうです。半世紀近くも前にひょいと思いついた「不気味の谷」が、さまざまな学問や多岐にわたる領域で国際会議が開かれるほど影響を与えたことには、森自身が一番驚いたのかもしれません。[5]

森は、アニメーションについて、さらに次のように記述しています。サンフランシスコの有名なテクノロジー雑誌『ＷＩＲＥＤ』からわざわざ記者がやってきて、映画の都ハリウッドで最近「不気味の谷」が大きな話題になっていると森に伝えたそうです。そして、たとえば坂口博信監督『ファイナルファンタジー』(2001)やロバート・ゼメキス監督『ベオウルフ／呪われし勇者』(2007)などが興業的に成功しなかったのは「不気味の谷」に落ちてしまったからだ、ともいわれており、そのためハリウッドでは「不気味の谷」が重大な関心事になっている、とのことでした。３Ｄ化をベースとするＣＧ技術が発展したことでアニメーションがリアル世界に近づいて、これまで見えなかった「谷」が顕在化したのだと考えられます。

Ｂ 「不気味の谷」を枠組みに動きを位置づける

森の提案した「不気味の谷」は、実写映画やセル・アニメーションをはじめＣＧアニメなどを含む、さまざまな動画映像の動きを位置づける物差しとして利用できます。**図2-2**は、森の「不気味の谷」の図をもとに、さまざまなタイプのアニメーションがどこに位置するかを描き込んだものです。

現実の動きは「一〇〇％」地点ですが、それは実写映画が目標とする地点でもあります。実写映画は、毎秒二四枚の静止画のすばやい切り替えにより、ほぼ「一〇〇％」地点の映像を実現しています。図中には、「live action」の頭文字をとってＬＡ（24）と示しました。「24」は、毎秒の静止画の枚数です。ＬＡ（24）は、「不気味の谷」を渡りきり、実物の動きに十分近づいています。ところが、その実写映像を毎秒一二枚にした二コマ打ちの映像（図中のＬＡ（12））は「不気味の谷」に落ち、ビリビリした動きという無視できない違和感を私たちに与えるのです。

森が言及していたＣＧアニメーション映画『ファイナルファンタジー』なども、目標点を実写映画と同じく「一〇〇％」地点に置いたのでしょうが、もう一歩、近づききれなかったために「不気味の谷」に落ちたと考えられます（図中のＦＦ）。

さて、最も重要なのはＣＧアニメ以前の従来の２Ｄセル・アニメーションです。その動きは図中のどこに位置づけられるでしょうか。第1節で説明したように、それらは人間や動物などの動きを毎秒一二コマで表現したもので、およそ現実の人間の動き（一〇〇％地点）には及びません。**図2-2**に描き入れるとすれば、「不気味の谷」よりかなり左寄りの位置でしょう。そこに、「2D Animation」の頭文字と毎秒一二コマで提示されることを示すため２ＤＡ（12）と描き入れました。一コマ打ちのアニメーション映像なら、それより少し右位置の２ＤＡ（24）と描き入れたあたりに来るのでしょうが、重要なのは、その間に「不気味の谷」がないことです。そのため、一コマ打ち動画と二コマ打ち動画の違いに、私たちはほとんど気づかないのです。

この枠組みを用いると、他のカテゴリーの動画も位置づけることができます。たとえば、イギリスのテレビ人形劇『サンダーバード』（アラン・パティロ他監督 1965）を考えてみましょう。この作品は、一九六五年から翌年にかけてテレビ放送されました。筆者など、当時の『サンダーバード』をテレビで見ていた世代にとっては、『サンダーバード』といえばこの人形劇のことです。そこで、この作品を『サンダーバード』の「元バージョン」とすることにしましょう。登場人物や乗り物などの動きは、実物の動き（一〇〇％地点）からは程遠く、人形劇であるだけに２Ｄセル・アニメーションよりさらに左に位置します。**図2-2**では、「Thunder Bird」の頭文字をとって「ＴＢ」と描き入れました。ところで、最近この作品はＣＧ化され、デ

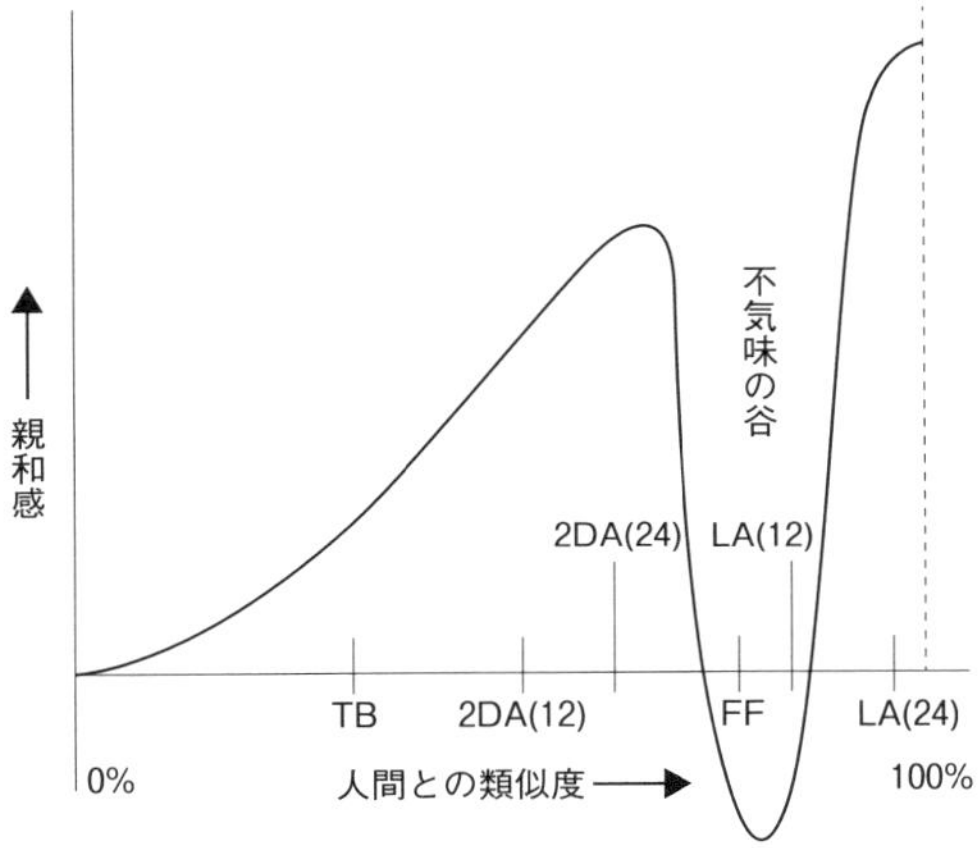

2DA(12)：2D セル・アニメーション（12fps）
2DA(24)：2D セル・アニメーション（24fps）
FF：実写映画に近づいた『ファイナルファンタジー』（2001）
TB：1960 年代の人形劇『サンダーバード』
LA(24)：実写映画（24fps）
LA(12)：実写映画（12fps）

図 2-2　森が考案した「不気味の谷」の図をもとに作成

図中の「fps」は「frames per second」の略で，毎秒のコマ数を示す。

ビッド・スコット他監督『サンダーバード　ARE　GO』(2015) とのタイトルで日本でもテレビ放映されました。その出来映えは、「元バージョン」に比べるとはるかにリアルで、**図2-2**に描き入れるとすれば、「TB」よりずっと右寄り位置です。ひょっとすると、不気味の谷にさしかかってしまうかもしれません。しかし、そうした横軸上での絶対位置とは別に、『サンダーバード』の基準である「元バージョン」位置から相対的にずっと右寄りになっている点が重要です。このリアルさの向上は、『サンダーバード　ARE　GO』を見ると実感できます。「元バージョン」の人形に命を吹き込んだリアル感があります。このように、「不気味の谷」の図式を物差しに用いれば、横軸上の絶対位置だけでなく、基準点からの相対的位置関係も評価できることになります。

近年、アメリカを中心にアニメーションのCG化・3D化が進んでいます。コンピュータに計算させるので、一コマ打ちにすることも、以前ほど手間がかからなくなってきました。その結果、私たちは、まるでぬいぐるみの人形が生き物のように動き回る映像を見ています。ところで、その動きの目標点はどこに置かれているのでしょうか。実写映画と違い、アニメーションの動きには実物がないと指摘したことを思い出してください。アニメーションは、実際の人間や動物の動きではなく、「アニメーションらしい動き」を目標点としているはずです。もし、目標点を実際の人間や動物の動き、すなわち「一〇〇％」地点に置くなら、その手前に「不気味の谷」が待ち構えています。あるいは、３ＤＣＧを駆使し、人間や動物の姿を髪の毛一本までつくりこみ、実物らしさをめざして一コマ打ちで制作すれば、それはもはやアニメーションではなく、実写映画の仲間に入ることになるでしょう。

アニメーションの歴史を振り返ると、実際の人間の動きを目標に置いて作品づくりが行われたこともありました。それはどういう方法であって、その結果、どういう動きになったのでしょうか。その点について、次節で見ていくことにしましょう。

3　アニメーションの動きの特徴

A　アニメーションで実物の動きを忠実に真似ると

その方法は，「ロトスコープ」と呼ばれています。まず，人間のモデルがカメラの前で演技し（ライブ・アクション），それを実写映画として撮影します。そして，得られた一枚一枚の静止画をトレースし，アニメーション・キャラクターのポーズ決めを行います。それでもアニメーションなので，基本は二コマ打ち，すなわち一秒間に一二枚の静止画で動きがつくられます。実際の生き物と同じポーズをトレースにより描くため，アニメーターに動きづくりの熟練さを要さないのは利点です。

ロトスコープは未熟なアニメーターを手助けするために生まれたそうですが，この技法の特許をとり，この技法を使って初めて商業用短編アニメーション『インク壺の外へ』（1919）を制作したM・フライシャーは，未熟なアニメーターのためではなく「実写をなぞることで出来上がる動きの奇妙さ」に注目してこの手法を使ったのだそうです[6]。実際の人間の動きを真似ているのに「奇妙な動き」になるとは，どういうことでしょうか。

ロトスコープを用いて制作されたアニメーション作品の中でよく知られているものに，日本の藪下泰司監督『白蛇伝』（1958），ディズニーの『白雪姫』（1937）や『眠れる森の美女』（1959）などがあります。どれも有名な作品なので見た人もいると思いますが，これらの作品を見ると，「本物の人間らしい滑らかな動き」との感想をもつと同時に，「ヌメるような動き」という印象をもちます。これが，先のフライシャーのいう「動きの奇妙さ」なのかもしれません。もしそうだとすると，本物の動きに近づけようとしたことで「不気味の谷」に落ち込む危険に近づいたことになります。

ロトスコープのほかに、もう一つ生き物の実際の動きに近づける工夫があります。それは、すでに取り上げてきた「コマ打ち」に関する工夫です。実写映画が毎秒二四枚の静止画で動きを実物らしく見せているのと同様に、アニメーションでも一コマ打ちを用いれば、実際の動きに近づく可能性があります。しかし、すでに説明したように、アニメーションにおける一コマ打ちは、時間的・経済的理由から、動きがガタつく場面にかぎり用いられてきました。ただし、それは手作業で絵を描いていた時代の制約で、最近はＣＧで制作することが多くなっているので、一コマ打ちにすることは昔ほど手間でなくなっています。ところが、ここでも例の「ヌメリ感」が現れるのです。「滑らか」と「滑り」には同じ漢字が用いられていますが、両者は感性的にずいぶん違います。うまくいくと「ガタつき感のない滑らかな動き」になりますが、へたをすると「気持ち悪い滑った動き」になるのです。

実物の動きに近づけるための二つの工夫を紹介しましたが、ロトスコープも一コマ打ちも、ガタつき感は抑えられても、ヌメリ感というやっかいな副産物を生みます。これらのことから、結局、次のようにいえます。セル画を用いて二コマ打ちや三コマ打ちで制作する従来のセル・アニメーションの動きは、本来はある程度ガタついた動きなのであって、実写映画（ひいては実物）の動きとは異なるのです。もう一度、**図2-2**の「不気味の谷」の枠組みを見てください。２Ｄセル・アニメーションの動きの位置は「２ＤＡ」であって、「一〇〇％」位置から離れたこの位置こそ２Ｄセル・アニメーションらしい動きの目標位置なのです。もちろん、理由なくしてこれ以下の動きに落とすことは避けるべきでしょうが、これ以上の滑らかさを求める必要もないのです。アニメーションは、現実世界の動きを忠実に真似るのではなく、現実の動きを誇張したり面白く（戯画化）したり、あるいはつくる人・見る人の気持ちを動きに投入する感性的表現にこそ、アニメーションの動きの魅力があるのです。

B　動きの誇張・戯画化と感性表現

似顔絵を描く人は、忠実に写生しようとするのではなく、特徴をつかんでそれを誇張したり戯画化したり、あるいはその人のもつ雰囲気をつかんで感性豊かに表現しようとします。アニメーションの動きづくりにもそれと同じ面があり、これまでにさまざまな技法が考案されてきました。

たとえば、大慌てでどこかに向かって走り出すとき、いきなり走り出すのではなく、向かっている方向とは反対方向に身体を縮め、足を何度かすばやく空回りさせてから飛び出していくという作画法があります。生き物にかぎらず、自動車など無生物の動きにまで使われます。**図2-3**に示したのは、大慌てで目的地に向かう自動車の動きを表現する「タメ」「ノバシ」「ツブシ」という一連の技法です[7]。金属でできた自動車がこのように変形するはずはないのですが、見る人はこれを変だと思わず、感性的に特徴をつかんだ動きであることに共感します。このように、アニメーションでは動きの感性表現が多用されるのです。

誇張や戯画化となると、漫画と同様、アニメーションの最も得意とするところで、例を挙げればキリがありません。面白い例を一つだけ挙げるにとどめましょう。キャラクターが思いきり頭を打ったとき、火花が散るように星が描かれることがあります。いったい誰が「星が飛ぶ」表現

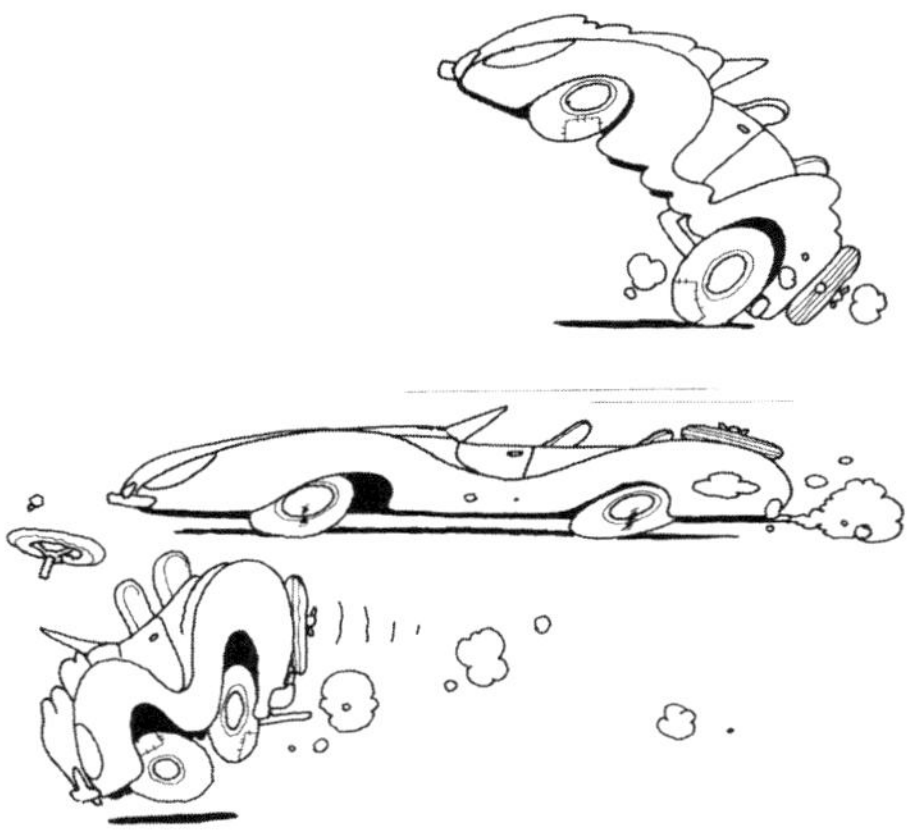

図2-3　アニメーションで用いられる実物の形をデフォルメする技法
上から，「タメ」「ノバシ」「ツブシ」技法[7]。

を思いついたのでしょう。実は、これは頭や目を強く打ったときに実際に体験することなのです。視覚経路のどこかに強い圧迫刺激を受けると、視神経（最終的には脳の視覚中枢）に神経信号が伝達されます。視神経は本来痛みや圧迫を伝える神経ではなく光を伝える神経なので、その経路に生じた神経信号は閃光のような視覚刺激として知覚されるのです。それが、頭上に飛び散る星の正体なのです。まんざら根拠のない描き方ではないため、こうした戯画的表現が共感をもって受け入れられたのでしょう。

C　滑らかさを犠牲にして

実写映画では、少しずつ異なるポーズを毎秒二四枚のペースで次々に提示し、現実の動きと区別できないリアルな動きを再現しています。ここから、一枚ごとに偶数枚目の静止画を抜き取り、一二枚にして映写機にかけるとどういうことになるでしょう。一秒間の動作が〇・五秒で再生され、時間が二分の一に短縮されます。もし皆さんがそのような映像を見たなら、おそらく「スピーディーな動き」と感じるでしょうが、それと引き替えに、滑らかさが失われた「ガタついた動き」という印象ももつはずです。無声映画時代のチャップリンの動きをご覧になったことがあるでしょうか。毎秒一六～一八コマで手回し撮影された当時の映画フィルムを、毎秒二四コマで映写する現在の映写機で再生すると、時間が三分の二に短縮されるのです。それは、ガタついた動きであると同時に、滑稽な動きにも見えます(8)。現在の実写映画では、こういう時間操作は特殊撮影に含まれますが、アニメーションは動きをゼロからつくるので、かなり自由に時間を操作できます。その意味で、アニメーターは時間と空間のコントローラーともいえるのです。

滑らかな動きをつくるには、隣り合うコマ同士のポーズ変化をわずかずつ進めなければならず、大きすぎる変化はガタつき感を生みます。実写映画なら毎秒二四枚を費やしてポーズを変えていくので、一秒あればかなり大きなポーズ変化ができますが、アニメーションは二コマ打ちが基本なため、自然な速さの動きを表現するには、半分の毎秒一二枚で実写映画と同じ大きさのポーズ変化をつくらなければなりません。ということは、隣り合うコマ同士のポーズ変化量を、実写映画の二倍の大きさにしなければならないことになります。このことは、激しく速い動きで問題となります。戦闘シーンや逃げたり追いかけたりするチェイス・シーンは、アニメーションが得意とするところですが、その際には生身の人間にはできないスピード感ある動きが求められます。そうした状況で「動きの質（滑らかさ）」を優先させていたのでは、スピーディーな動きはつくれません。そこで、動いているというより飛び移ったり、場合によっては劇画漫画のコマ割り変化のように視点や場面を切り替えながら、スピード感を表現することになります。要するに、滑らかな動きが犠牲にされるのです。

具体例として、登場人物が振り上げた腕を机に叩きつける動作を考えてみましょう。角度にして九〇度の腕の動きです。その動作をすばやく、たとえば、真上に振り上げた腕の静止画に続いて四五度振り下ろした腕の画像、その次には机に触れる水平位置まで振り下ろした腕の画像の三枚で動きをつくるとします。二コマ打ちでは、一二分の一秒プラス一二分の一秒、すなわち六分の一秒かかって腕が九〇度振り下ろされることになりますが、これではスピード感が足りません。もっと速く振り下ろすには、どうすればよいでしょう。四五度の腕の絵を描かずに、振り上げた腕の画像の次にいきなり水平位置まで振り下ろした画像をつなげればよいのです。しかし、そんなに大きな変化は、滑らかな動きには見えず、飛び移るようにガタついた動きになってしまいます。このように、アニメーションにおける激しく速い動きは、滑らかさを欠いた動き、もっといえば動きではなく飛び移りに近い表現で実現されることになります。

ところで、動きの滑らかさを保ちつつ、スピード感を維持することも可能です。速く動かしたい部分を、二コマ打ちではなく一コマ打ちにするのです。あいだに四五度の腕の画像を二コマでなく一コマ挟むことで、腕をすばやく振り下ろすことができます。一コマ打ちは、本来なら動きをより細やかに表現するのに使うものですが、このように滑らかさを保ちつつスピード感を出すことにも役立つのです。こうしたテクニックでアニメーターは時間と空間をコントロールしています。とはいえ、このような目的での一コマ打ちは緊急避難的なもので、戦闘シーンが頻繁に登場する作品では、滑らかさを無視し、飛び移るような動きによってダイナミックなシーンづくりを行うことが多いようです。

D　滑らかさを犠牲にしないアニメーションづくり

一コマ打ちに頼らずに、滑らかな動きを貫く2Dセル・アニメーションはつくれないものでしょうか。そして、もしそれができるとすれば、それはどのような調子の作品に仕上がるのでしょうか。実は、それは可能なのです。全編にわたり、隣り合うコマ間のポーズ変化を小さく保ったまま、二コマ打ちや三コマ打ちでつくればよいのです。そのスタイルを通せば、滑らかでゆっくりした穏やかな作風の作品が出来上がります。それは、アクロバティックな動きのない、現実世界で実際に人間がとりうる穏やかな動作が支配する作品となります。

最近は、実写映画ですら、現実世界ではおよそ起こりえない速くて激しいアクロバティックな動きを駆使した作品が多く見受けられますが、それは観客がそのような作品を求めているからなのでしょう。そのような風潮のなか、アニメーションなのに現実世界の動きしか出てこない作品をつくっても、人々から見向きもされないように思われます。実際、現在のアニメーション作品の多くは、どんなに叩きのめされても立ち上がり、ついには敵をやっつけてしまう超人的ヒーローや、痛み感の希薄さが蔓延した戦闘・暴力シーンであふれています。アニメーションの魅力を、こうしたピストルの弾をもかわすような超人的動きとは違うところに求める作品があってもよいのではないでしょうか。片渕須直が監督し二〇一六年に公開された『この世界の片隅に』は、超人的世界とは真逆の現実的所作、それを支える生身の人間の痛みを伴う現実的な動きで貫かれた作品といえます。この作品の魅力は、間違いなくアクロバティックな動きとは別のところにあります。アニメーションが得意とする自由奔放な動きを抑制したところから、その魅力は始まります。監督本人から聞いたことですが、コマとコマとのポーズ変化を細かく保ちつつ、(二コマ打ちでは枚数が多くなりすぎるため)三コマ打ちで人の動きを表現したそうです。滑らかな動きは、一コマ打ちで静止画枚数を増やすより、隣り合うコマ間のポーズ変化を小さくするほうがヌメリ感を抑えやすいのかもしれません。この作品での大きく速い動きは、投下された爆弾から身を守るシーンくらいです。実際、そのシーンは、滑らかな動きの許容範囲を超えるコマ間の大きな画像変化を含んでいるそうです。

ところで、「滑らかな動きの許容範囲」とは、どの程度までなのでしょうか。この点については、心理学、なかでも知覚心理学の分野で研究されているので、次節ではこの問題を含め、これまでに紹介してきた映画やアニメーションの動きについて、知覚心理学が示すことのできる見解を紹介していきます。

4　心で見る動き――知覚心理学からの見解

A　滑らかな動きの許容範囲

映画やアニメーションは、映像が実際に動いているわけではなく、次々に提示される静止画をあたかも実際の動きのように私たちが「知覚」していることは、繰り返し述べてきたとおりです。このような動きを心理学では、「仮現運動（apparent motion）」と名づけて研究してきました。英語を直訳すれば、「見かけ上の運動」ということになります。

「仮現運動」の研究は、一九一二年にウェルトハイマーが著した「運動の見え方について」という論文に始まります。それ以来、仮現運動は知覚心理学の中心テーマの一つになりました。それと同時に、この研究によってウェルトハイマーは「ゲシュタルト心理学」という心理学の重要な学説の提唱者となりました。ゲシュタルト心理学では、「全体は部分を足し合わせたものとは異なる」という考えをモットーにしています。典型的な仮現運動は、次のような現象です。**図2-4**のように、一枚目の静止画の後に短い白紙画像を挟み三枚目の静止画を提示すると、見かけ上、一枚目の静止画に描かれた黒丸が三枚目の黒丸に向かって左から右へ滑らかに動くように見える現象です。その際、本当に滑らかな動きに見えるためには、あいだに挟まれる白紙画像を提示する時間の長さが適切でなければなりません。その時間は、動くものの距離（視角）などによって変化しますが、ここで仮現運動の構成要素である三枚の画像とその提示時間という「部分」をいくらていねいに調べても、仮現運動が生じる理由は説明できません。三枚の刺激の時空間的配置から出来上がる「全体性」こそが重要なのです。こうして、仮現運動は、「全体は部分を足し合わせたものとは異なる」というゲシュタルト心理学のモットーを証拠立てる格好の材料とされたのです。

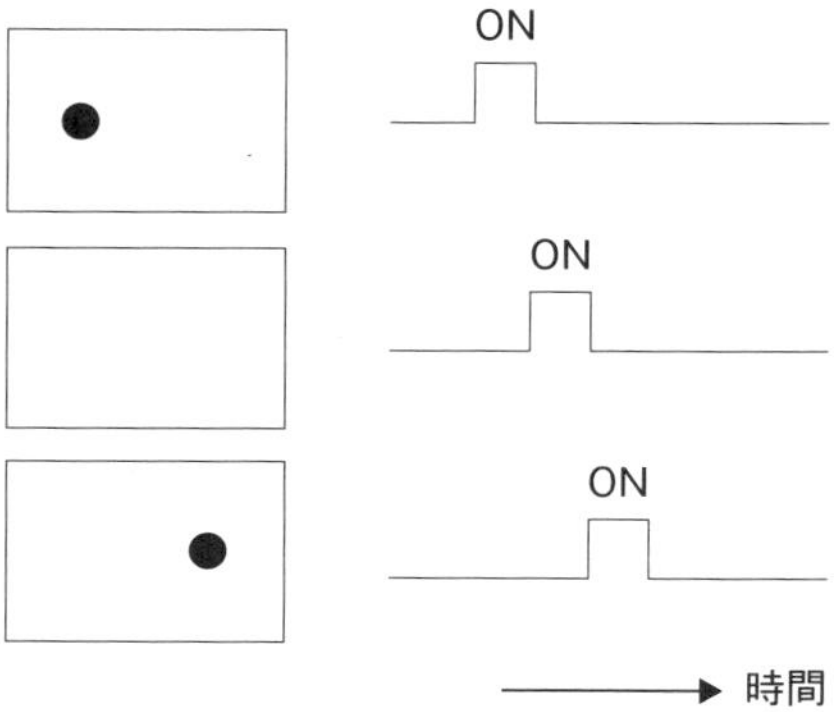

図 2-4　一般の仮現運動での提示順序と提示時間を表す模式図

さて、実写映画やアニメーションも、静止画像を連ねることで実際運動のように見えることから、基本的には仮現運動といえそうです。しかし、液晶モニターなどを通して映画やアニメーションを見ているときには、コマとコマのあいだに休止が挟まれていません。それでも、滑らかな動きが見えます。また、映画映写機のシャッターが映像を遮断する時間（休止時間）は固定されており、動くものの距離に応じた変化はつくれません。それなのに、映画フィルムに写るさまざまな対象物がコマとコマのあいだで異なる大きさや方向に滑らかに動いて見えます。これらのことから、映画やアニメーションの滑らかな動きを、知覚心理学が扱ってきた従来の仮現運動と同じものと見なすことに疑問をもつ知覚研究者は少なくありません。

筆者も、疑問をもつ者の一人で、それに代わるものとして、次の説明が糸口になると考えています。それは、ブラディックという心理学者が提案した、仮現運動を「大きな角度の仮現運動（ロング・レンジ仮現運動）」と「小さな角度の仮現運動（ショート・レンジ仮現運動）」に分ける発想です。(9)

ウェルトハイマーらの扱った従来の仮現運動は、角度にすると二点間を数度以上動く大きな角度（ロング・レンジ）の仮現運動でした。視角一度がどのくらいかを直感的に捉えるために、目から五七センチ離れた距離のモニター画面を見ている場面を想像してください。そのとき、画面上の一センチの長さが視角ほぼ一度にあたります。ウェルトハイマーらの扱った仮現運動はそれよりずっと離れた二点間を動く「ロング・レンジの仮現運動」でした。

一方、映画やアニメーションで動きを見ている状況は、隣り合うコマ間の変化は視角一度にも満たない対象物の短い動き（ショート・レンジ仮現運動）であることが多いのです。ブラディックは、「ショート・レンジ仮現運動」の移動角度の上限を一度の四分の一、すなわち視角一五分としました。実際に、ブラディックの提案したショート・レンジ仮現運動という考え方は、映画研究者により映画の動きを説明できる理論として提案されました。(10)

しかし、ショート・レンジの仮現運動の上限値とされた視角四分の一度は、その後の研究で、条件によりかなり変動することがわかりました。さらに、ブラディックがショート・レンジ仮現運動をロング・レンジとは異なる「仮現運動」としたことに対し、現象とメカニズムを混同しているとして批判されました。(11)そこで、ショート・レンジの上限を四分の一度と固定的に考えず、かつその範囲の画像変化に対して認められる現象的事実として、映画やアニメーションの滑らかな動きを捉えていくべきだと思います。すなわち、隣り合うコマ同士の画像変化が小さければ、そのメカニズムまではわからないけれども事実として滑らかな動きに見えると考えるわけです。さまざまな研究で、ショート・レンジ運動には次のような性質があることが示されています。すなわち、休止時間が短い場合（ゼロであってもよい）にかぎられる、動きの前後での対応要素同士が同じか類似していなければならない（ウェルトハイマー流の仮現運動は動く前と後で形や色が変わってもよい）、注意を向けていなくても生じる、などです。[12]

これまでに示したように、アニメーションの動きづくりでは、スピード感を出すために隣り合うコマ同士の映像を大きく変化させると、見る人に滑らかな動きではなく、ガタつき感や飛び移り感を与えます。そのため、もしもアニメーションで滑らかな動き感を維持したいなら、隣り合うコマ同士の画像変化は小さく抑えればよいのです。

B　合理的知覚に頼る動きづくり

「曲線運動は二コマ打ち、直線運動は一コマ打ち」など、ここまでにもアニメーターの職人技ともいえる経験則を紹介しましたが、ここでは見る人の知性を利用した合理的知覚が動きの知覚に役立つ事例と、合理的予測どおりには知覚されない事例を紹介します。

見る人が合理的予測を働かせ、そのとおりの知覚が生じるのであれば、アニメーターはずいぶん手を抜くことができます。具体例を二つ紹介しましょう。[1] 底辺が下にある三角形は、画面上で安定しているので、その三角形を倒す動きをつくるには、あいだに何枚か絵を描かなくてはなりませんが、頂点が下にある不安定構造の

図2-5　カニッツァの「踊るダチョウ」をもとにした人間バージョン(13)

場合は、倒れて当然と合理的に推測できるので、倒れるまでの中間を描かなくても不自然に感じません。また、動いているものはしばらくそのまま動き続けるという「慣性」の認知も、絵の枚数に影響します。文字などが描かれた看板が裏返るとき、回転の途中までは絵を描かなければなりませんが、途中からの回転運動は絵を挿入しなくてもスムーズに回転するように知覚されます。これら二つは合理的知覚の例といえるでしょう。

後者の場合、慣性、すなわち回転しているという動きの惰性が、実際の物体に対する物理的法則であることを超えて、重さのないただの平面図形にも当てはまると考えれば、最近の心理学でトピックとなっている「representational momentum（表象的惰性、表象的推進力）」という観点から理解することも可能です。「representational momentum」とは、実際の物体に対して認められている物理的慣性法則が、図に描いただけで実際には重さのない視覚刺激に対しても心理的に働くことをいいます。

これらの例が示すように、見る人が動き方を合理的に予測しそのとおりの知覚が生じやすい状況では、作画作業を省力化できます。しかしその一方で、知覚心理学が明らかにしてきた研究から、合理的知覚を過信してはならないことも指摘しておかなければなりません。

イタリアの知覚心理学者カニッツァは、「踊るダチョウ」というデモンストレーションを行いました[13]。**図2-5**を見てください。ここでは、ダチョウではなく人間が用いられていますが、もとはダチョウの動きを扱っていたため、「踊るダチョウ」と呼ばれています。左図には、両脚や両腕がすれ違いながら往復運動する仕掛けが示されています。脚も腕も真ん中の一点でクギ止めされ、それを支点に往復運動する仕組みです。真ん中の図は、その人物に上半身をかぶせたもので、上半身自身は動きません。さて、この状態で両脚と両腕を交互に往復運動させると、どのような動きに見えるでしょう。合理的に予想すれば、「腕を振って歩いている紳士」が知覚されそうです。ところが実際は、そうした合理的予想に反し、両脚は交差せず、まるでダンスをしているかのように、二本の脚は中央でリズミカルに打ち合って戻っていく（反発する）動きに見えるのです。カニッツァは、さらに追い打ちをかけます。右図を見てください。一方の脚先の靴に白い丸を貼りつけました。こうなると、実際に両脚は交差しているわけなので、さすがに両脚は反発ではなく交差して見えると予想されます。ところが、これでも交差する歩行運動にならないのです。白丸は中央で片方の靴から他方の靴へ受け渡され、脚自身は相変わらずリズミカルに打ち合って戻っていくという、想像しがたい見え方になるのです。このデモンストレーションは、「周りの環境が整っていれば、多少いい加減な動かし方でも状況に見合った知覚が生じる」ことを当てにした安易な手抜きへの強い警告となります。

また、次のような例もあります。雨は上から下に落ちるものですが、アニメーション学科の学生の卒業制作作品を見ていたとき、ザーザー降りの雨が、下から上へ遡っていくように見えることがありました。こうした見え方は、映画やテレビなど瞬間の静止画像を断続提示して動画をつくる際に起こる「ストロボ効果」の一つで、知覚心理学で「ワゴンホイール錯視」と呼んでいるものと共通の原理で起こりうるものです。「ワゴンホイール」とは、円の中心から周辺に向かい放射状にスポークが出ている車輪のことで、もともとは西部劇に出てくる幌馬車《ほろばしゃ》の木製の車輪なのですが、現在ではそれを知らない人も多いので、ホイールカバーに放射状の模様のついた自動車のタイヤを想像してください。そうした車輪やタイヤの回転を横から撮影した動画映像をスクリーンやモニターで見ると、本当はかなり速く回転しているのに、ゆっくり回転しているように見えることがあります。また、ときには実際とは反対方向にゆっくり回転しているように見えることもあります。実際とは違う回転が知覚されるという意味で、確かに「錯視」なのですが、この錯視がなぜ起こるかは見る側の錯視としてではなく物理的に説明できるのです。

図2-6を見てください。煩雑になりすぎないように、図ではスポークを四本だけ描きました。二つ並んだ車輪は、わずかに時間差のある隣り合うコマが捉えた車輪の静止画像と思ってください（時間的に左が先で右が次の画像です）。このわずかな時間に、実際に車輪は時計と反対回りに六〇度回転したとします。右の車輪に描き込んだ反時計回りの矢印が示す長さです。しかし、この二枚の画像を見比べると、車輪は時計回りに三〇度回転したと見ることもできます。このように複数の知覚が可能なとき、私たちの知覚系は変化量の小さい見え方を選好します。すなわち、反時計回りに六〇度回転したのではなく、時計回りに三〇度回転したと知覚するのです。これが、車輪が実際とは反対方向にゆっくり回転して見える理由です。

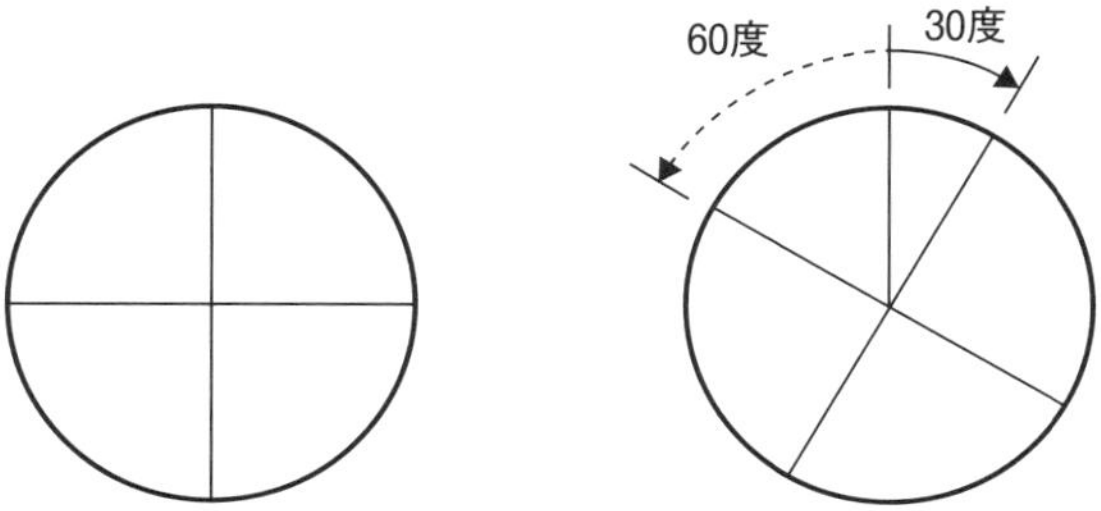

図2-6「ワゴンホイール錯視」が生じる理由の説明図

ここでは、本当は反時計回りに六〇度回転したと説明しましたが、**図2-6**の事態は、ひょっとしたら本当はもっと速く、反時計回りに一五〇度回転したのかもしれません。さらに、もっと大きな反時計回りの回転だった可能性もあります。一般式で書くと、（六〇＋九〇ｎ）度の反時計回り回転である可能性があります（ｎは〇以上の整数）。自動車の進行方向から合理的に判断すると、タイヤが自動車の進行方向とは逆方向に、しかもゆっくりと回転しているのはおかしなことです。それでも知覚系は、そうした合理的知覚ではなく、より変化量の小さな見え方を選好し、「ワゴンホイール錯視」となって現れるのです。

この「ワゴンホイール錯視」は、映画やテレビなど、瞬間を切り取った断続的画像を再生した場合にしか生じません。映画やテレビではなく実際に自動車の動きを見ているときには起こらないのです。ただし、それらしい見え方が生じることが例外的にあります。それは、夜間やトンネル内の照明のもとや、縦縞の柵越しに見るときです。交流電源で点灯しているトンネル照明のもとでは、オン／オフの繰り返しによりストロボ効果が生じます。また、柵越しに見る場合も、タイヤが繰り返し柵によって短時間遮蔽され、ストロボ効果が生じることがあります。

「ワゴンホイール錯視」の説明が長くなりましたが、この説明により、「雨は上から下へ降るもの」という合理的知覚に反する知覚が生じる理由もおわかりでしょう。隣り合うコマ同士で対応する雨の線の変化量が、下方向より上方向へ向かうほうが小さくなるような画面変化になっていると生じるのです。

結局のところ、合理的知覚を見込んで手抜きしてよいか、それに頼ってはならないかは、経験を通して習得していかなければならないことでしょうが、そうした奇妙な見え方が起こりうる可能性を認識していることは大切なことです。

C　「ボカシ」「ブレ」そして「オバケ」

ヘリコプターのメインローターの回転は、実写映画やテレビカメラで撮影したものを見ると、奇妙な動きに見えることがあります。たとえば、ローターがほとんど止まっているかのようにゆっくり動いて見えることがあります。こんな回転ではとても重い機体を浮かせそうに思えません。そこで、動きをコントロールするアニメーターは、高速回転であると見せるため、ある工夫をします。

その工夫について話す前に、静止画を写すスチルカメラの場合を考えましょう。フラッシュなしに薄暗いところで撮影したスナップ写真がぶれていることはよくあります。いわゆる「手ぶれ」か「被写体の速い動き」のどちらかによるものですが、これは光量確保のためにシャッターの開口時間が長くなるときによく起こります。それに対し明るいところでは、シャッター開口時間が短く、よほど速く動くものでなければ、ぶれることはありません。同じことが、実写映画にも当てはまります。実写映画では、フィルム上に瞬間を切り取った毎秒二四枚の静止画が写っていますが、「瞬間」とはいえ、二四分の一秒間シャッターが開いていたのでは、速く動くものはぶれて写ります。非常に速く動くものは大きくぶれた静止画像になります。スチルカメラの場合にはこれは困り事ですが、映画の場合、こうした映像のぶれは、かえって動きの滑らかさをサポートします。むしろ、明るすぎるところでは、最大値の二四分の一秒に対してきわめて短い時間しかシャッターが開かず、ぶれのないシャープな静止画となり、このことが逆に滑らかな動き映像を妨害することになります。たとえば、太陽がさんさんと降り注ぐ海岸で人を撮影すると、開口時間がきわめて短いため、パカパカした滑らかさを欠く映像になります。これは、片渕須直監督から伺ったことです。片渕監督は、次に述べるように、アニメーションの絵もぶれのない輪郭線がはっきりした描き方をするので、同じようにパカパカして見えるともいっています。

その、アニメーションの場合を考えましょう。実写映画の毎秒二四枚の静止画は一二枚に減りますが（二コマ打ちのため）、アニメーターが一枚ずつ描く静止画は、原則として輪郭のはっきりしたシャープな画像です。そうなれば、実写映画でのさんさんと降り注ぐ太陽のもとでの映像と同様に、滑らかさを欠く動きになりがちです。しかし、ここで思い出してください。アニメーションの場合、その心配は要らないのです。というのも、もともと一コマ打ちを二コマ打ち、三コマ打ちに落としても違いがわからない程度の滑らかさしか達成されていないため、一般の観客にはことさら滑らかさの劣化は意識されないのです。

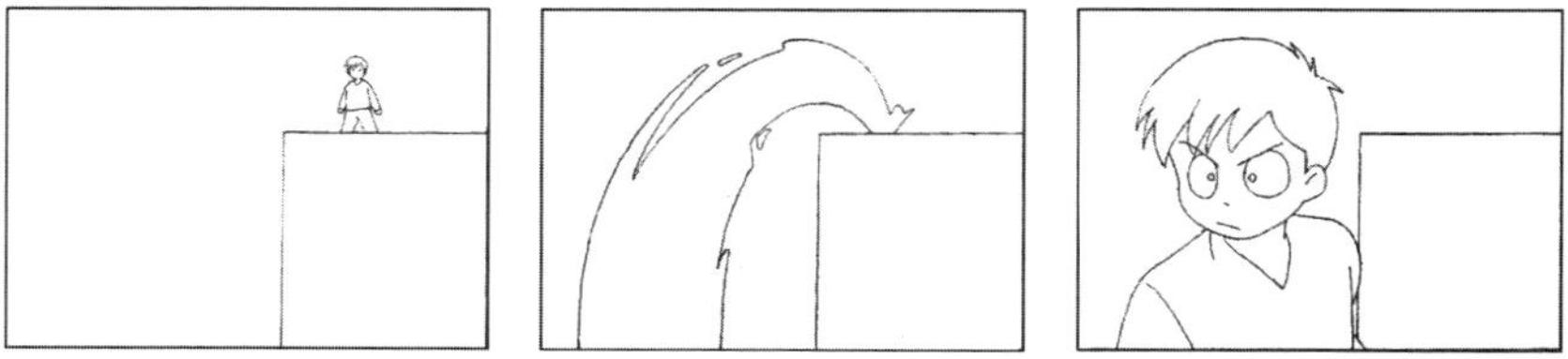

図 2-7　アニメーションで用いられる「オバケ」技法の例[14]

しかし、ヘリコプターのローターのように、同じ場所で高速に動くものを表現する場合は、それではうまくいきません。高速で動いている感じを出すには、絵に加工が必要です。ローターの輪郭線をボカしたり、二重三重にぶれさせたり、さらには回転軌道に薄くぼんやりした同心円状の運動線を描き足したりするのです。

こうした加工は、対象物を描いたコマに直接加えるのが通常ですが、別の一コマを使って行うこともあります。同じコマの場合も含め、その技法は「オバケ」と呼ばれています。誰がいつごろ使い始めたのかよくわからない、アニメーター職人の遊び心から始まった裏技といえるものですが、描かれるものがわけのわからないものや不明瞭な形であることが多いため、「オバケ」と呼ばれています。

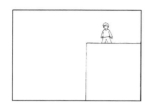

「オバケ」にはいくつかのカテゴリーがあるようですが、ここでは動きの軌道や動き方の感性的表現に関するものにかぎって説明します。二コマ打ちのアニメーションでは同じ画像は一二分の一秒間提示されますが、さすがにオバケはもっと短く一コマ打ち、すなわち二四分の一秒間だけ挿入されることが多いようです。前後のコマには登場しないわけのわからないものがほんの一瞬挿まれたとき、私たちはその存在に気づくものなのでしょうか。

オバケの具体例を、アニメーション専門学校のテキストから紹介しましょう。**図2-7**を見てください[14]。左図でビルの上らしきところにいる少年が、次の瞬間、カメラ近くの地上にすばやく移動します（右図）。その間に一コマ挿まれる、およそ人の形とは異なる奇妙な絵がオバケです。オバケがなければ、少年は連続的な移動ではなく瞬間移動したように見えかねません。このオバケを挿入することにより、少年はすばやく、オバケの曲線軌道に沿って「動いて」移動するように見えるのです。よほど注意していないと、私たちにはその存在にすら気づきませんが、アニメーターなど、プロの目には見えるようです。もちろんプロでも形までは簡単にわからないようで、アニメーターの岡部望は、次のようなエピソードを紹介しています。[1]

筆者(岡部)がオバケについて勉強していた若い頃は、ビデオがまだなかったので、ディズニーなどのアニメを封切館で見て、「あそこの動きがおもしろかった」ということになると、アニメーター仲間と二番館、三番館と追いかけ、数回見て、「絶対にあの動きにはこんな一コマが入っている」と言い合って、テスト撮影を行い、その効果のおもしろさを確認したものである。

オバケについて知覚心理学的に検討しようと考え始めたとき、筆者らは「動きの軌道」に目をつけました。知覚心理学が古くから研究してきた仮現運動では、あいだに障害物がないかぎり最短距離の直線軌道をとって動きます。そこで、仮現運動軌道よりずっと長い迂回軌道をとるようにオバケを設定したとき、はたしてオバケは、はるかに有利な仮現運動軌道に打ち勝つことができるのでしょうか。このように仮現運動とオバケを競合させる事態をはじめ、軌道距離の違うオバケ同士を競合させたり、さらには形の違うオバケ同士を競合させるなど、何種類もの競合事態を、筆者らは検討しました。[15] その結果のいくつかを紹介しましょう。

図2-8を見てください。オバケに関する最初の心理学的研究であることから、オバケの形は単純な直線や曲線に限定しました。まず、左図の競合事態から説明しましょう。図では最初に提示される上方の黒丸と次に提示される曲線のオバケ、それに最後に提示される真ん中の黒丸を同時に示していますが、実際はいま説明した順序で三つの画面がすばやく切り替えられます。もし、短い直線軌道をとる仮現運動が優勢なら、オバケ軌

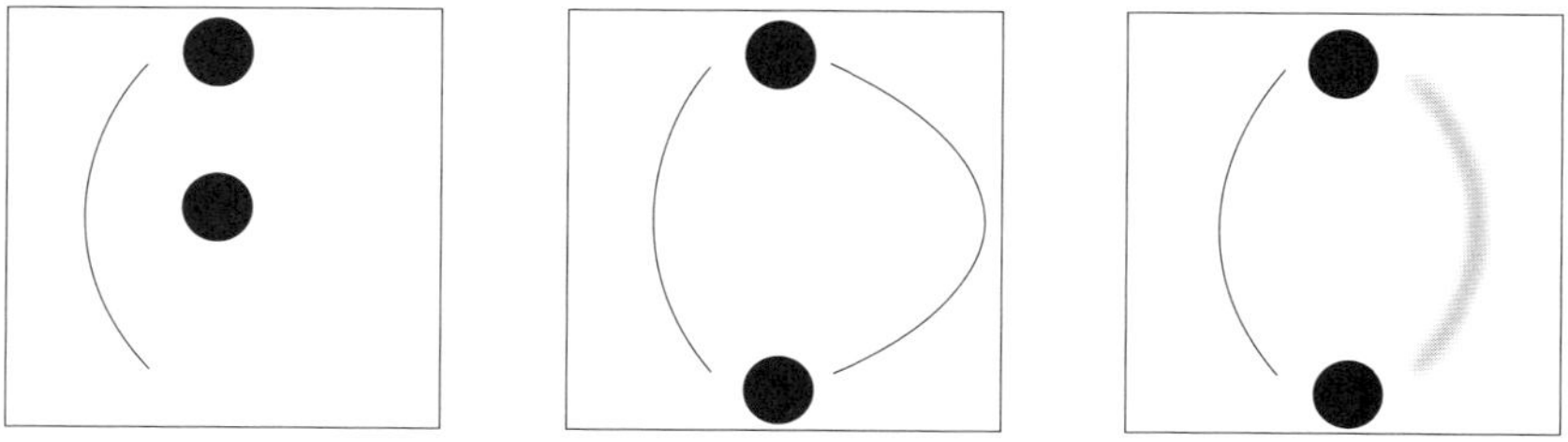

図 2-8　オバケと仮現運動の競合事態を用いた刺激例(15)

それぞれの図では，まず上部の黒丸が提示され，次に曲線などのオバケが短時間提示され，最後に下部にある黒丸が提示される。もし仮現運動が優勢なら，上部の黒丸から下部の黒丸に向かい直線的に動く運動が知覚される。それに対し，曲線などのオバケが優勢なら，曲線に沿った迂回軌道の運動が知覚される（詳しくは本文参照）。

道は無視され、上の黒丸はまっすぐに中央にある黒丸まで動くことになります。結果は、複雑で遠回りとなるオバケ軌道のほうが圧倒的に優勢でした。仮現運動軌道に沿って黒丸が動くように見えたのが〇人だったのに対し、四一人がオバケ軌道を報告しました。上方の黒丸は曲線のオバケ軌道に沿って下まで動き、そこからはね返るように真ん中の黒丸まで直線的に戻ると報告されたのです。次に、真ん中の図の刺激を用いた検討から、次のことがわかりました。予想どおり、まっすぐ下に進む仮現運動軌道を報告する人はほんのわずかで、むしろ焦点は、左右二種類のオバケ軌道のうちどちらが優勢かになりました。常識的には、軌道経路の短い左側のオバケ軌道を報告する人が多いと思われますが、その人数は仮現運動軌道を報告した人とあまり変わらず、数%にとどまりました。それに対し、明らかに長い軌道となる右側のオバケ軌道を報告した人が全体の半数（五〇%）に達しました。このことから、仮現運動では短い軌道が選好されるのに対し、オバケの場合は遠回り軌道をいとわないことがわかりました。最後に右図ですが、ここでは鮮明な曲線で描いた左ルートのオバケと、線にボカシを加えた右ルートのオバケでは、どちらの軌道が優勢かを検討しました。結果は、ボカシを加えた曲線軌道を報告した人が、鮮明な曲線軌道と答えた人の四倍に達しました。前項で、鮮明な輪郭をあえてボカして運動感を高める演出を紹介しましたが、オバケも鮮明であるよりぼやけて何の形かわからないほうが効果的といえそうです。まさに、オバケという名にふさわしい特性です。

5 おわりに

心理学にとって「動き」はとても重要な問題で、知覚心理学にかぎらず、さまざまな分野で扱われています。関心のある読者には、拙著（2006）『運動現象のタキソノミー――心理学は「動き」をどう捉えてきたか』（ナカニシヤ出版）を推薦します。この本を読むことで、アニメーションの動きを心理学的に考えるバックグラウンドを理解できます。タイトルにある「タキソノミー」とは、「分類学」という意味で、同書では心理学がこれまでに扱ってきたさまざまな運動現象の分類が試みられています。人間は動いているものを見ると、その動きを意味づけようとします。そうした意味づけ方の法則性を探す試みが行われています。

最近のアニメーションには、CG化の波が押し寄せています。そうした技術の進んだアメリカ合衆国では、本章で検討した2Dセル・アニメーションを制作するスタジオが今ではなくなり、3DCGスタジオばかりになっているそうです。しかし、日本のアニメーション作品の魅力は、2Dセル・アニメーションに負っているところが今なお大きいはずです。それを裏づけているかのように、CGアニメーション制作でも、「セルルック」という技法が開発されています。それは、CGでありながら2Dセル・アニメーションのタッチを蘇らせようとするベタ塗りに近い描画法です。CGアニメーションは、髪の毛を細部まで描いて陰影もリアルで実写映画と見まがうような作品づくり（フォトリアルといいます）をめざしているはずなのに、その一方で「セルルック」と呼ばれる作品もつくられているのです。

2Dセル・アニメーションの制作は手間のかかる人海戦術作業ですが、今後はますますコンピュータに依存する部分が多くなるでしょう。そうなれば、動きもコンピュータがプログラムしたパターン化されたものばかりになっていきかねません。しかし、アニメーションの魅力は、実物の動きに近づくことではなく、感性豊かな動きの創造にあるはずです。心地よい動き、小気味よい動き、しゃれた動きなど、アニメーターの感性が生み出す動きを、私たちアニメファンはこれからも見続けていきたいものです。

バーチャルな世界とリアルな世界の関係を捉えるための研究は、近年いろいろな分野で必要になっています。本章で取り上げたトピックからも読み取れるように、アニメーション研究においても同様です。そこでは「不気味の谷」という物差しの役割がますます重要になると思います。この問題については、最近も国内の研究[16,17]だけでなく、海外では「不気味の谷」をタイトルに掲げた書物[18]まで著されています。今後の研究の発展が期待されます。

【引用文献】

（1）岡部　望・吉村浩一（2007）「アニメーション制作現場での『動き』に関する経験則」『基礎心理学研究』二六巻一号、八三-八八頁
（2）Cavalier, S.（2011）*The world history of animation.* London: Aurum Press.（仲田由美子・山川純子訳〈2012〉『世界アニメーション歴史事典』ゆまに書房）
（3）豊原正智（2014）「アニメーションの技術と感情移入――写実性と絵画性」『大阪芸術大学紀要』三七巻、二九-三九頁
（4）森　政弘（1970）「不気味の谷」『energy』一七巻四号、三三-三五頁
（5）森　政弘（2014）『ロボット考学と人間――未来のためのロボット工学』オーム社
（6）土居伸彰「ロトスコープ」『アートワード（現代美術用語事典 ver. 1 & ver. 2）』二〇一七年八月一日号（http://artscape.jp/artword/index.php/）
（7）アニメ6人の会編（1978）『アニメーションの本――動く絵を描く基礎知識と作画の実際』合同出版

（8）Monaco, J. (1977) *How to read a film: The art technology language, history of theory of film and media*, 3rd edition. New York: Oxford University Press.（岩本憲児他訳〈1983〉『映画の教科書――どのように映画を読むか』フィルムアート社）
（9）Braddick, O.J. (1974) A short-range process in apparent motion. *Vision Research*, **14**(7), 519-527.
（10）Anderson, J. & Anderson, B. (1993) The myth of persistence of vision revisited. *Journal of Film and Video*, **45**(1), 3-12.
（11）Cavanagh, P. & Mather, G. (1989) Motion: The long and short of it. *Spatial Vision*, 4(2-3), 103-129.
（12）吉村浩一・佐藤壮平（2014）「映画やアニメーションに動きを見る仕組み――仮現運動説をめぐる心理学的検討」『法政大学文学部紀要』六九巻、八七-一〇五頁
（13）Kanizsa, G. (1979) *Grammatica del vedere: Saggi su percezione e Gestalt*. Bologna: Il Mulino.（野口 薫監訳〈1985〉『視覚の文法――ゲシュタルト知覚論』サイエンス社）
（14）代々木アニメーション学院／A・I・G（1996）『アニメの描き方』グラフィック社
（15）千田 明・吉村浩一（2007）「〝オバケ〟をめぐる知覚心理学的研究法の提案」『アニメーション研究』八巻一号、一九-二八頁
（16）吉村浩一（2018）「実写映画とアニメーションの動きの違い――『不気味の谷』を枠組みに」『法政大学文学部紀要』七七巻、六三-七五頁
（17）畠山真一（2018）「アニメーション作品におけるリアリティ水準と『不気味の谷』」『尚絅大学研究紀要』五〇号、一五-三〇頁
（18）Tinwell, A. (2014) *The uncanny valley in games and animation*. Boca Raton: CRC Press.

第3章 仮現運動

【佐藤隆夫】

仮現運動とは、ある程度の時間間隔をおいて継時的に提示された静止画から運動の印象、運動の知覚が生じるという現象です。仮現運動については二〇世紀初頭から実験心理学で、詳しい検討が進められてきました。ここでは、こうした仮現運動研究の基礎から現在の理論的な問題までを解説し、アニメーション技術との関連を考えてみることにします。

1 仮現運動とは

A 古典的仮現運動

心理学を学んだことのある方なら、「ああ、あれか！」と思われるかもしれませんが、多くの方にとっては、

「何？」なのかもしれません。基本的には、非常に簡単な現象です。**図3-1**の二つの画面が交互に現れると、つまり、二つの黒い丸が位置を変え、ある時間間隔で出現すると、二つの丸が交互に出現するようには見えず、一つの丸が運動して感じられます。これが古典的仮現運動です。つまり、実際には動いていないものが、位置を変え、適当な時間間隔で出現すると、動いて見えるということです。点滅するネオンサインや、踏切で点滅している赤いランプが運動して見えるという経験をしたことがあるかもしれません。これも仮現運動です。そして、アニメーション、映画、テレビ、はてはパラパラ漫画も、仮現運動の原理に基づいています。また、人間の視覚が運動を知覚する仕組みを調べていくときにも、動画を準備する必要がなく、静止画を適当な時間間隔で表示してやればよいので、非常に便利な現象でもあります。

B　時間・空間的な間隔で変わる仮現運動の見え方

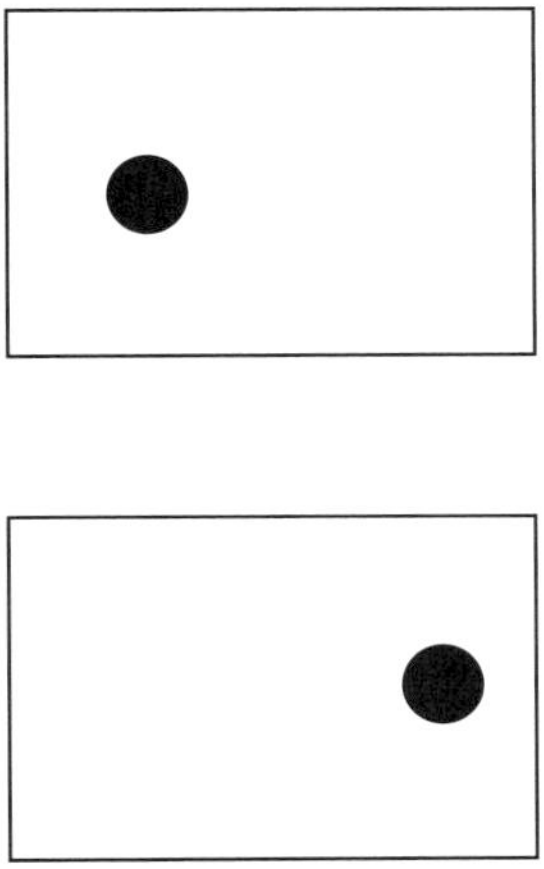

図3-1　仮現運動の模式図：4-2フレーム

仮現運動が生じるためには、二つの刺激が適当な時間間隔で提示される必要があります。また、時間間隔によって、仮現運動の見え方は変わってきます。目の前五〇センチ程度の距離にある、コンピュータの画面に、直系一センチの黒丸が二つ、五センチ離れて交互に現れたり消えたりしているとしましょう（**図3-1**）。この二つの丸が、**図3-2**のような時間間隔で出現するとします。**図3-2a**のように、二つの黒丸、つまり第一刺激と第二刺激（実験に使うこのような図形を心理学では刺激と呼びます）が、それぞれ一〇〇ミリ秒つまり一〇分の一秒間

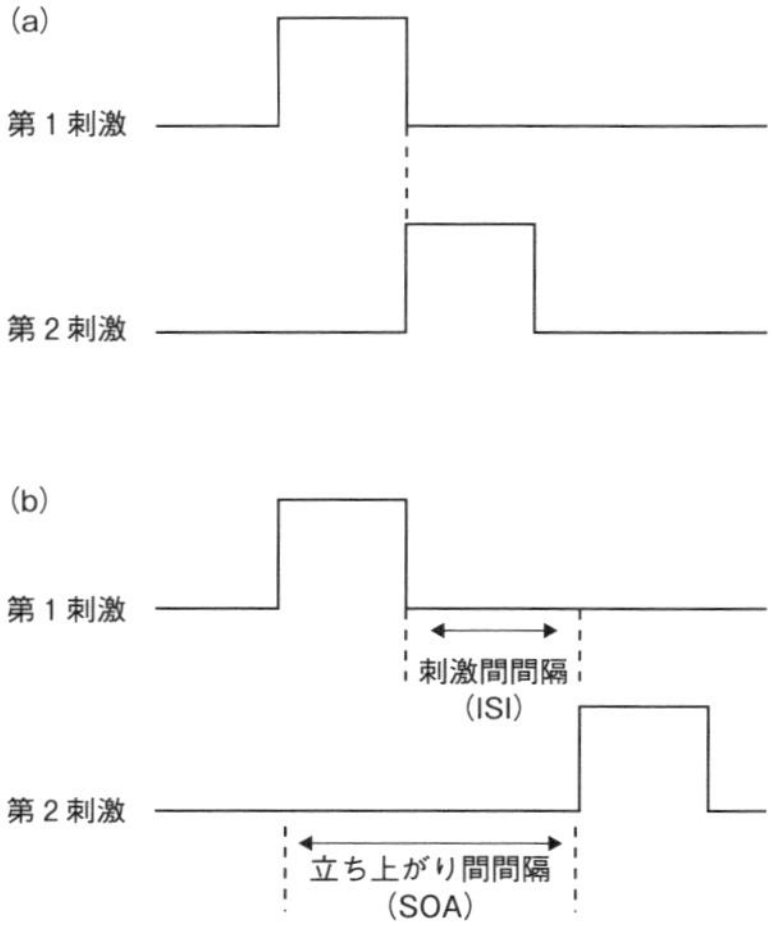

図 3-2　刺激提示のシーケンス
(a)　ISI なしの場合
(b)　ISI ありの場合　ISI, SOA の説明

提示されて（一ミリ秒＝一〇〇〇分の一秒）、二つの刺激の間の時間間隔がない状態で提示されると、二つの刺激は同時に出現し、同時に消えるように知覚されます（同時時相）。しかし、**図3-2b**のように、二つの刺激の出現の間に百〜数百ミリ秒程度の時間間隔を設けると、二つの刺激ではなく、一つの刺激が出現し、運動し、消失するように知覚されます（最適時相）。さらに、時間間隔がおおよそ一秒以上になると、運動の感覚は減少し、二つの刺激が個別に、交互に出現し消失する二つの出来事として知覚されます。つまり、第一刺激が出現した後に消失し、ついで第二刺激が出現し、消失するように知覚されます（継時時相）。最適時相と継時時相の境界付近では、運動軌道の中央部で物体が消失し、トンネルをくぐり抜けるような印象（トンネル運動）や、両端がひらめくように見える印象（二極部分運動）が生じてきます。また、最適時相と同時時相の境界付近では、物体の移動が認められず純粋の運動感だけが認められる印象（純粋運動、純粋φ）が生じます。こうした時間条件では、運動の最中に、運動する物体（この場合では黒丸）が知覚されることはありませんが、運動が最もよく見える中間的な時間間隔（最適時相）では、運動する黒丸の鮮明な知覚印象が生じます。このような仮現運動は、最適運動、充実運動と呼ばれています。最適時相における運動を、ウェルトハイマーはφ（ファイ）と呼び、同時期のゲシュタルト心理学者であるケンケルはβ（ベータ）と呼んでいます。現在でも、仮現運動の呼称として、この二つの呼び名もよく使われています。なお、**図3-2**にも示したように、二つの刺激の出現（「立ち上がり」と呼ばれる）の間の時間をSO

ならわしになっています。

Ａ、第一刺激の消失（「立ち下がり」と呼ばれる）から第二刺激の出現までの時間をＩＳＩ（刺激間間隔）と呼ぶならわしになっています。

図３‐１に示したような仮現運動の見え方に関しては、時間的な要因だけではなく、空間的要因、この場合でいえば、二刺激間の距離も重要となります。二つの刺激の空間的・時間的な関係については二〇世紀初頭、ドイツの心理学者コルテが詳しく検討し、コルテの法則と呼ばれる四項目の法則としてまとめています。また、コフカは、この法則を数式としてまとめています。その後、ノイハウスはさらに詳しい実験を実施し、三変数と運動知覚の関係に関する詳細なグラフを発表しています。

最適運動が生じる時間間隔（最適時相）では、仮現運動と、実際に運動している刺激を見分けることが難しいこともあります。このため、一九七〇年代頃まで、仮現運動と実際に動いている運動（これを実際運動と呼びます）は、脳内で異なるメカニズムによって処理されているのか、それとも同じメカニズムによって処理されているのかという問題が論じられていました。しかし、一九八〇年代に入り、脳内の運動処理のメカニズムに関する理論が進展し、後で詳しく述べますが、現在では、同一のメカニズムによって処理されるという考え方が支配的になっています。

運動の基本は、運動の方向と、速度です。運動の方向と速度は、運動に特化した処理メカニズムがなくても知ることができます。ある時点と、それから一定時間経過した時点とで対象物体の位置がどのように変化したかがわかればよいのです。方向は、二つの時点の間の位置変化を見れば計算できますし、速度は二つの時点間の位置の差（距離）と、二つの時点間の時間経過が得られればよいことになります。こうした方法で運動情報を得るためには、運動した対象を正しく対応づけることが重要になります。このことから、こうした方式による運動の計算、検出を、対応づけによる運動計算、または検出と呼ぶことにします。**図３‐１**のような単純な図形の場合は、対応づけは簡単であり、誤対応が起こることはありませんが、図形が複雑になってくると、正しい

図 3-3　ランダムドット仮現運動

(a)　ランダムドット・パターン
(b)　a のパターンの中央部を切り取る
(c)　切り取った部分を少しずらして貼りつける

相手との対応づけが困難になり、誤対応が生じる可能性が高くなり、誤対応の結果として誤った運動情報が獲得されてしまうという新たな問題が生じてきます。

C　遠隔運動と近傍運動

この問題に関連し、運動処理の理論の発展の契機となった発見が一九七三年に、ケンブリッジ大学のオリバー・ブラディックによって発表されました。[1] **図3-3a**は、ランダムドット・パターンと呼ばれる図形です。ランダムドット・パターンは、正方形の領域を等間隔のグリッドによって小領域に分割し、そして、それぞれの小領域を一定の割合（たとえば五〇％）で、ランダムに黒く塗って作成します。ブラディックが用いた刺激では、仮現運動用の第一刺激としてこうしたランダムドット・パターンを用意し、第二刺激は、第一刺激の中央部分の正方形の領域、**図3-3b**の実線で囲んだ領域（ターゲット領域）を切り取り、いずれかの方向、たとえば**図3-3c**のように右に少しずらして元のパターンに張り込むことで作成します。もともとあったパターンに上書きすると、左に空白の領域ができてしまいますが、そこには新たなランダムドット・パターンをつくり、張り込みます。こうしてつくられた新しいパターン（第二刺激）は、元のパターンと周辺部は一致しており、中央部には、同じパターンをもつ正方形の領域が多少の位置ずれをもって存在し、また、その両側に二図形間で対応する相手がない二つの領域、つまり**図3-3C**で白く表されているターゲット領域の左側の領域と、ターゲット領域に隠されてしまった領域が存在することになります。この二つのパターンは、ブラディックの論文に先立つこと約一〇年、一九六一年にアメリカのベル研究所のベラ・ユレシュが発表したランダムドット・ステレオグラムの右眼用、左眼用のパターンと同じものになります。[2] 実際、ユレシュは、著書の中でランダムドット・ステレオグラムと同じパターンで仮現運動が生じることに言及し、こうした仮現運動刺激をランダムドット・キネマトグラムと呼んでいます。

このようにして作成した二つのパターンを空間的にピッタリ重ね、継時的に提示すると、中央の正方形の部分に運動が生じます。まったく同じ、対応するパターン領域（A領域）が時間差を伴って提示されるのですから、運動が知覚されるのは当然ともいえます。しかし、ここで重要なのは、運動を引き起こした二つの領域は、少なくとも主観的には同一と認識できないということです。つまり、前に述べたような、対応づけをして、ずれの方向と量を獲得して運動の計算を行うという方式での運動知覚は、この図形では実現困難だと考えられます。さらに、ずれの大きさを変えていくと、こうした図形に対する仮現運動知覚は、ずれの量が視角（眼から見込む角度）にして一度以下の場合にのみ生じ、ずれがそれより大きくなると、秩序だった運動は生じず、砂嵐のようなランダムな運動感になってしまいます。また、両刺激の時間間隔（ＩＳＩ）が一〇〇ミリ秒を超えると仮現運動が生じなくなります。さらに、第一刺激と第二刺激を、第一刺激を右眼に、第二刺激を左眼にというように異なる眼に提示する（両眼分離提示）と運動感覚が生じないといったランダムドット仮現運動の特徴も見出されました。運動知覚が生じる空間的、時間的な限界が小さいことは、ランダムドット仮現運動の大きな特徴です。**図3-1**のような、単純な刺激では、ずれの量が数十度程度と大きくなっても運動感が生じますし、ＩＳＩも一秒近くになっても、条件さえ整えば仮現運動が知覚されます。単純な図形による古典的な仮現運動と、ランダムドット仮現運動の違いをまとめると、①対応づけ（少なくとも主観的な）の有無、②空間的限界、③時間的限界、④両眼分離提示からの運動知覚の有無、の四点となります。

こうした差異に基づいてブラディックは、古典的な仮現運動を遠隔運動（long-range motion）、ランダムドット仮現運動を近傍運動（short-range motion）と名づけ、近傍運動は、視覚系の比較的低次のレベルの運動検出器により検出されるが、遠隔運動の検出には、より高次の処理、おそらくは上述した対応づけによる運動処理のようなメカニズムが必要となると論じています。

D　仮現運動の発見

仮現運動は、一九一〇年に、ゲシュタルト心理学の重要人物でもあるマックス・ウェルトハイマーによって発見されたと述べられることがあります。しかし、これは事実ではなく、仮現運動はそれよりも早く、プルキンエやフォン・ヘルムホルツらも関心をもっていたようです。また、ウェルトハイマーの師でもあるエクスナーも電気のスパークを用いた実験を行い、一八七五年に詳しい実験的分析に関する論文を発表しています。ウェルトハイマーは、そうした流れを受け、ゲシュタルト心理学の根底にかかわる現象として仮現運動を取り上げ、一九一〇年に集中的に実験を行い、一九一二年に論文を発表したというのが事実であり、ゲシュタルト心理学と関連する現象として仮現運動を再発見したのがウェルトハイマーである、という理解が正しいといえます。[(3)] 彼が、この着想を得た逸話は興味深いものです。一九一〇年の夏、ウェルトハイマーは鉄道で旅をしていました。列車の中で仮現運動にかかわる研究の着想を得て、フランクフルトで列車を降り、当時からおもちゃとして人気のあったゾートロープ（後述）を買い求め、ホテルの部屋にこもって実験を繰り返したといわれています。その後、当時定職がなかったウェルトハイマーは、フランクフルトに留まり、フランクフルト社会科学アカデミーの心理学研究所で実験を続けました。ウェルトハイマーはそこで、ウォルフガング・ケーラーに出会ったと伝えられています。実際、一九一二年に刊行されたウェルトハイマーの論文には、ケーラー、コルテらが被験者として名を連ねています。

2　テレビ・映画の原理

ここで、アニメーションの表現媒体である、映画やテレビにおける仮現運動について考えてみたいと思います。映画やテレビは、静止した画像を順次提示して動きを表現しています。つまり、仮現運動の原理を使って動画を表現しているということになります。映画やテレビは、多数のコマを使って動画を表現するので、二つのコマの間の対応する対象の移動距離は短く、時間間隔も短いものです。つまり、前節で詳説した二フレームの仮現運動とは対極にあるものであり、連続した静止画の系列で実際運動を真似たもの、つまり、サンプル化された実際運動と考えることができます。したがって、一秒あたりに表示するコマ数(フレームレート：frame-rate)が高ければ高いほど、運動表現の忠実度は向上するわけです。

A　映画の原理

映画では、一秒間に二四コマの静止画を提示して動画を実現しています。実際の運動を忠実に模倣するためには、フレームレートは高いほどよいと考えられています。コマ数が少ないと、画面がチラチラする(フリッカー感)、運動がギクシャクするといった問題が生じてきます。しかし、人間の視覚の特性を考えると、ある程度以上のコマ数は必要ありません。そこで、視覚的な効果、開発当時の機器の性能の限界、使用するフィルムの量（コマ数が多くなるとフィルムの使用量が増大し、経費も増大する）といった要因を考え合わせて、毎秒二四フレームという映画の規格が決められました。映画カメラの基本原理は通常の静止画用のカメラ（今ではあまり見なくなりましたが、フィルムを使うカメラです）と、ほぼ同じ構造をしています。静止画を一枚撮影し、フィルムを送り、次の静止画を撮影するという動作を、一秒間に二四回繰り返せば、つまり、一秒間に二四回シャッターを切り、二四回撮影し、二四回フィルムを送れば映画を撮影できることになります。映画を映写するときには、原理としては、一枚の静止画を二四分の一秒間映写し、フィルムを一コマ分送って次のコマを二四分の一秒間映写すればよいことになります。この動作を繰り返すというのが映画の映写の原理です。映写機を見ていると、フィルムが上のリールから下のリールに連続的に送られているように見えます。しかし、実際には、二四分の一秒に一回、一コマ分ずつ不連続に送られているのです。

一コマあたりの映写時間は二四分の一秒、約四一・七ミリ秒です。視覚的な効果として問題になるのは、このフレームレートで画面がちらつかず、自然な運動感が実現できるかということになります。運動感については、この値でほぼ問題ありません。しかし、ちらつき（フリッカー）に関しては問題があります。人間の視覚には性能の限界があり、ある程度以上の頻度（周波数）で光が点滅しても、フリッカーは感じられません。蛍光灯の光は一秒間に一〇〇〜一二〇回点滅していますが、フリッカーを感じることはありません。実験的に調べてみると、刺激の明るさや、大きさにもよりますが、五〇回〜六〇回の点滅（五〇〜六〇ヘルツ）がフリッカーを感じる上限、つまりこれ以下の周波数ではフリッカーを感じてしまいますが、これ以上だとフリッカーを感じない限界の点滅頻度です。これをフリッカーの臨界融合周波数（ＣＦＦ）と呼びます。したがって、映画のフレームレートである二四は、人間のＣＦＦよりも低く、人間にフリッカー感をもたらす、つまりちらつきを感じさせてしまうことになります。さらに、映画のコマ送りの際のフィルムの運動をスクリーン上に写さないために、映写機はその間、シャッターを閉じています、つまり、その間、画面は真っ暗になっています。単なる絵の変化だけではなく、二四ヘルツの画面の明暗の変化が生じてしまいます。このことも、フリッカー感を強めてしまいます。絵が変化することよりも、この画面の明暗のほうがフリッカーの原因としては強いものといえます。そこで、フィルム送りの中間で一回もしくは二回映写機のシャッターを閉じる、空シャッターを切るというすばらしい工夫がなされました。このことにより、画面の明暗変化の周波数は二四ヘルツから四八ヘルツ（もしくは七二ヘルツ）となり、フリッカー感はほぼなくなります。ちらつき感を減らすために、物理的なちらつきを増やしてやるという逆説的な工夫です。ここまで、フィルムを用いた古典的な映画に基づいて映画の原理を述べましたが、現在では、多くの映画館でデジタル化された映写が行われています。しかし、基本的な原理はほぼ同じものと考えられます。

運動がスムーズに見えるかどうかは、フリッカー感の有無とは別の問題です。映画のように継時的に多くのフレームを提示した場合、どのくらいのフレームレートで提示すれば運動がスムーズに見えるかを検討した研究によれば、三〇ヘルツ程度で、スムーズな運動が知覚されるといわれています。このことは、前に述べた充実運動の記述と矛盾すると思われるかもしれません。**図3-1**のような仮現運動では、数一〇〇ミリ秒のフレーム間間隔（SOA）、つまり五ヘルツ程度のフレームレートに相当する時間間隔で、スムーズな充実運動が生じると述べました。しかし、このフレームレートは、あくまで**図3-1**のような二フレームの仮現運動に関する話であり。フレーム数が多くなると同じ時間間隔では、スムーズな運動は知覚されなくなります。また、最適な時間間隔は画像の粗密にも影響され、**図3-1**のような単純な黒丸の場合と、アニメや実写映画のように比較的詳細な表現をもつ画像とでは、最適となる時間は異なります。

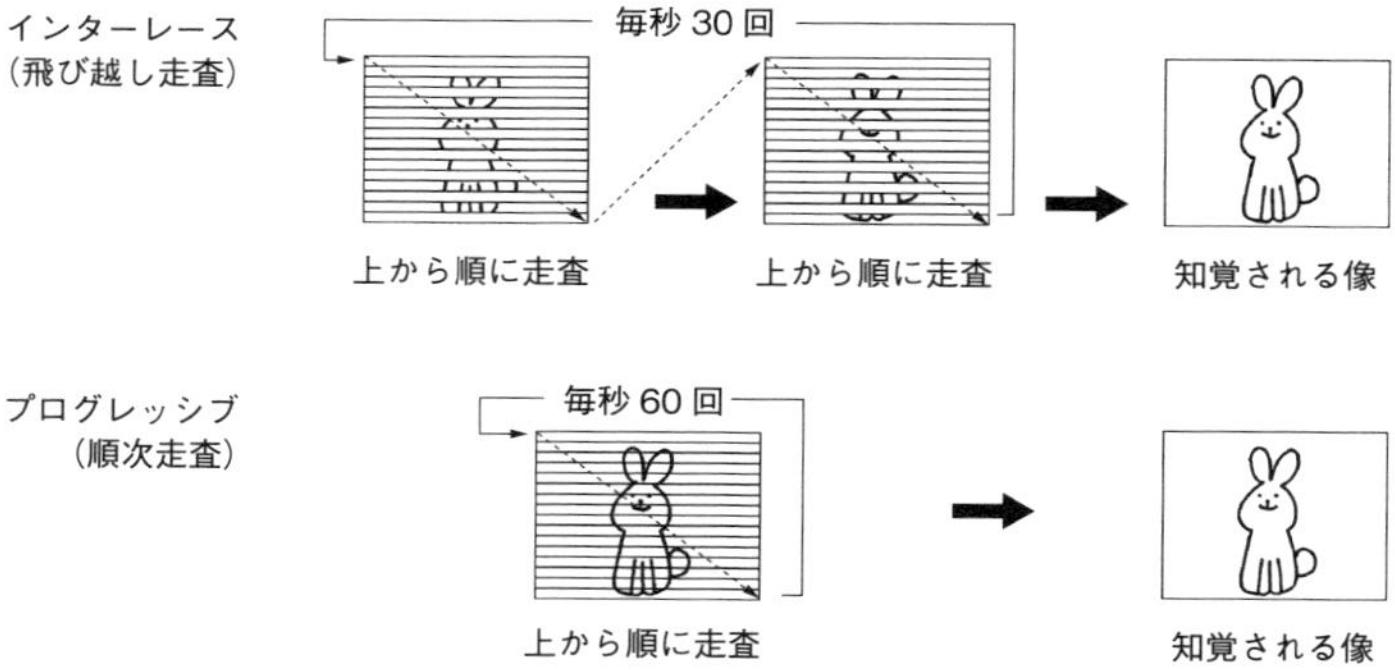

図 3-4　飛び越し走査

B　テレビの原理

テレビのフレームレートは、三〇ヘルツです。デジタルハイビジョンの画面は一九二〇×一〇八〇画素から成り立っていますが、画像は、水平の線をなす一九二〇画素を単位として送られてきます。テレビではこの線を「走査線」と呼びます（**図3-4**）。一〇八〇本の走査線を順番どおりに送り、三〇ヘルツのフレームレートで表示することにより動画を実現しているわけです。しかし、このフレームレートではフリッカー感が生じてしまいます。そこで、画面を二分割し、まず奇数番目の走査線だけからなる画像を送り、次に、偶数番目の走査線からなる画像を送る、つまり、走査線を一本おきに交互に送るわけです。こうした、空間的な解像度が半分の画像を交互に送る方式を飛び越し走査（インターレース走査）方式と呼びます（**図3-4**）。

この方式を用いると、完璧な、解像度の高い画像に対するフレームレートは三〇ヘルツですが、空間的解像度が低い、奇数番目、偶数番目の走査線のみから構成される画像に関しては六〇ヘルツとなります。人間のCFFは空間解像度の低い画像に対しては高いのですが、空間解像度の高い画像に対しては低くなります。したがって、画面の低解像度の成分を高いフレームレートで送っておけば、詳細な要素のフレームレートが低くてもフリッカー感は生じないわけです。すばらしい工夫だといえるでしょう。現在では、受像器側が高度化し、飛び越し走査方式で送られて来た画面を内部のメモリーに蓄積し、完全な画面を六〇ヘルツで表示するものもあります（プログレッシブ方式）。しかし、カメラで収録している画像、放送局から送り出される画像の、またアニメ制作の基本となるフレームレートは三〇フレームレートです。ちなみに、コンピュータの画面のフレームレートは六〇ヘルツが一般的であり、インターレース方式は使用されていません。

C　映画前史

映画は仮現運動の原理に基づいているといわれ、実際、本章でもそうした流れに沿った記述をしてきました。映画の原型といわれるキネトスコープは、一八九一年にトーマス・エジソンによって発明されましたが、これはのぞき見型の機械でした。現在の映画に近い、映写するタイプのものは、フランスのリュミエール兄弟によって一八九五年に発明され、シネマトグラフと名づけられました。エクスナーによる仮現運動の論文は一八七五年に発表されており、この二つの発明はこうした仮現運動の研究に触発されている可能性もありますが、当時は動画を表示する玩具が広まっていたこともあり、両者に直接の関係があるのかどうか、詳細はよくわかりません。

その当時、動画を見ることのできる玩具は、さまざまなものが存在していました。パラパラ漫画の特許は一八六〇年に取得されたといわれていますが、紙とペン、本やノートがあれば思いついた人間がいないはずはなく、実際の発明はもっと早かったのではないでしょうか。また、動画を提示する機器として最も古い物は、漢代の燈籠（走馬燈）であるともいわれています。そうした機器の中で、最も有名なものはゾートロープでしょう。ゾートロープは、ウェルトハイマーがはじめの実験に使ったといわれています。イギリスの数学者ホーナーが一八三四年に発明し、のちにゾートロープという商品名でアメリカに持ち込まれ人気を博したといわれています。その後、ゾートロープはさらに改良され、プラキシノスコープというものに進化し（原理は同じ）、その後一八八〇年代には、プラキシノスコープと幻灯機（スライド・プロジェクター）を組み合わせた投写型の動画提示玩具が発明されました。こうした流れから、エジソンやリュミエール兄弟による発明が唐突に出現したものではないことが見てとれるでしょう。

ゾートロープは、**図3-5**のように、円筒の周囲に十数個のスリット（縦長の穴）を切り、円筒の内側、スリットの間に、パラパラ漫画が一コマずつ描いてあるという簡単な機器です。円筒の中心に回転軸があり、それを中心として円筒を回転させることができます。外からスリットを通して、片眼で円筒の中心をにらむと、眼の前をスリットが通過する間、スリットを通して、絵の縦長の断片が一方の端から反対側の端に向かって、順次網膜に投影され、見えてきます。このように、実際には細長い断片が順次、網膜に描かれていく、つまり見えるわけですが、残像の効果により、主観的には、完結した静止画が次々と提示され、それによってつくりだされる仮現運動が知覚されているように感じられます。スリットが眼の前を通り過ぎると、しばらくの間、黒い紙が見えるだけですが、次のスリットが現れると、次のコマが見えてきます。このような形で、実効的に静止画の順次提示が実現され、動画が知覚されます。つまり、ゾートロープの原理は映画と同じであり、仮現運動が実現されていることになります。

図3-5　ゾートロープ（立命館大学蔵）

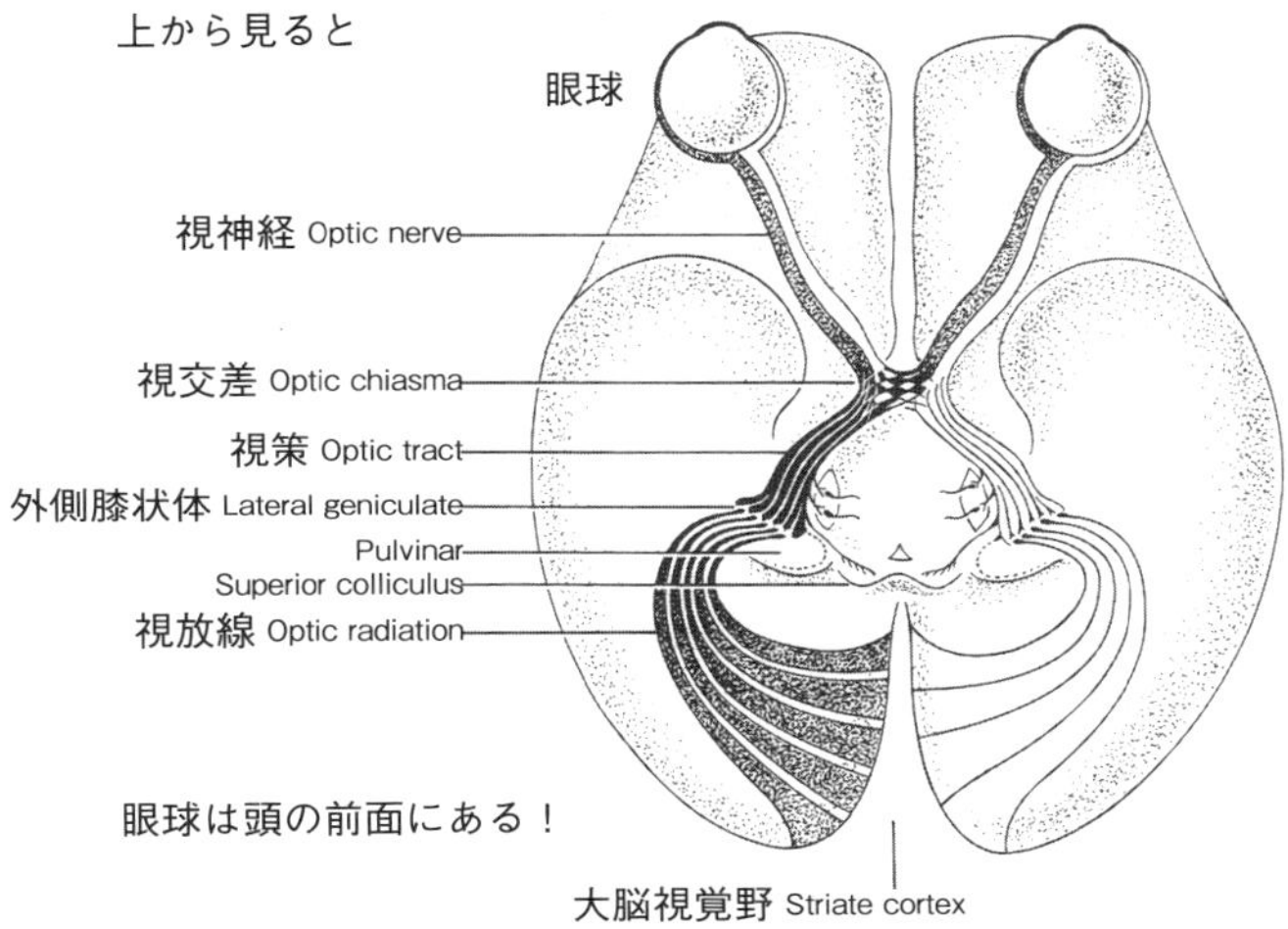

図 3-6　視覚系の構造

3 運動知覚の原理

A　視覚系の構造

目玉の裏側にある網膜から脳に至り、視覚の働きを支える神経のシステムを「視覚系」と呼びます。**図3-6**は視覚系の概略を示したものです。眼球の前面から入ってきた光は、眼球の前側にある角膜とレンズ（水晶体）の働きで、後面内部の網膜に投影されます。網膜には、光に感応する受容器細胞がマトリックス状に配置されており、この受容器細胞が光を神経系の電気信号に変換して、脳へと送り届けます。つまり、受容器細胞のマトリックスはデジタルカメラやビデオカメラのCCD素子に相当します。明るいところで働く受容器細胞である錐体は、各眼あたり六〇〇万個ほどありますが、網膜自体がもつ複雑なネットワークでさまざまな前処理が施されることにより、最終的に網膜から脳へと信号を送る視神経は一〇〇万本程度と少なくなっています。つまり、一〇〇〇×一〇〇〇のマトリックス、現

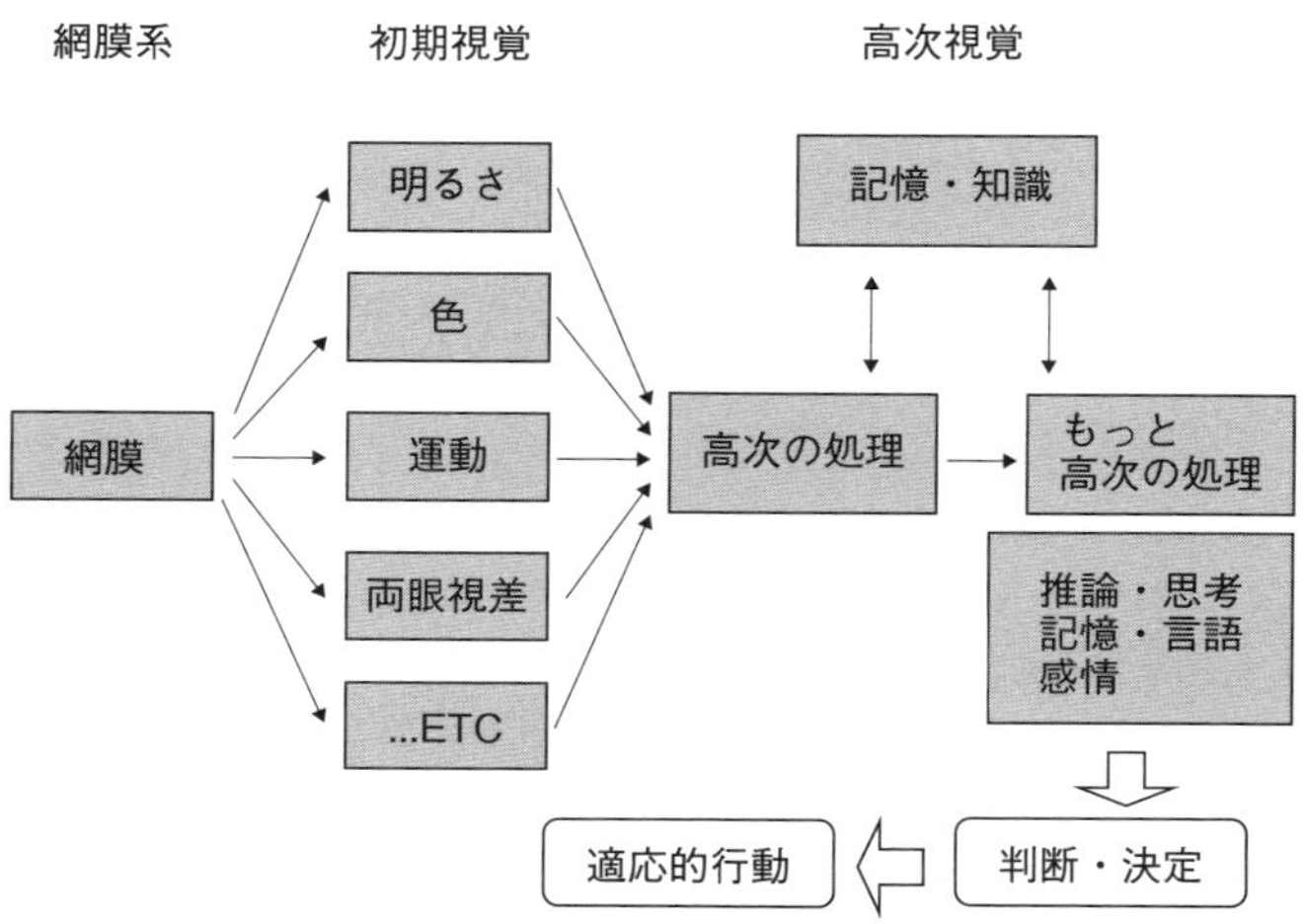

図 3-7　視覚情報処理のダイアグラム

在のテレビ以下の解像度となります。このような貧弱なシステムから、いかにして我々が体験している美しい世界がつくりだせるのか。視覚研究の最大の謎の一つといえます。

網膜からの信号は、脳の底部にある外側膝状体というところで中継され、大脳の後部、後頭葉にある第一次視覚野に伝えられ、さらに、第二次、第三次視覚野、さらに上部の部位へと、順次、処理されつつ伝えられていきます。**図3-7**に、こうした処理の流れを模式的に示しました。この図にあるように、我々の視覚系では、かなり早い段階で、明るさ、色、運動、奥行きなどの情報が分離され、それぞれが専門のシステムによって並列的に処理され、より上部の処理へと伝えられていきます。さらに、そうした処理の結果が再び統合され、実際の知覚が創り上げられると考えられています。**図3-7**で並列的に並んでいる、明るさ、色、運動などを処理する個々のシステムを「モジュール」と呼びます。

B　運動検出器

図3-8aに示したように、画面上を黒い直線が水平方

向に動いていたとしましょう。この図では、運動を矢印で示しています。運動は、奥行きのない二次元画面上の運動であっても、空間のxy座標に加えて、時間（t）を含めて、三次元の情報であり、二次元的な図に示すことは難しいのですが、**図3-8b**のような三次元的な表現を使えば、時間を含めて表現できます。**図3-8b**には、**図3-8a**の直線のx軸上の位置が、時間の経過とともに変化する様子を示しています。この例では、y軸上には何の変化もないので、運動の軌跡は図の直方体をy軸上のどの位置で切っても、その切り口であるxt座標平面の上の斜線（対角線）として表されます（**図3-8c**）。この表現は運動を最も単純化した表現であり、xtプロットと呼ばれています。xtプロットは運動視のさまざまな問題を考えるうえで便利な表現であり、運動視の研究ではよく用いられています。今回の例のような等速運動はxtプロット上で直線となりますが、速度が変化すれば軌跡は変化した点で屈曲し、また連続的に速度が変化すれば軌跡は曲線となります。等速運動の場合、直線の傾きが運動の速度に対応します。直線の傾きが小さければ、tの側から見ると傾きが大きく、つまりt（時間）のわずかな変化に対してx（位置）が大きく変化することになります。つまり運動が高速であるこ

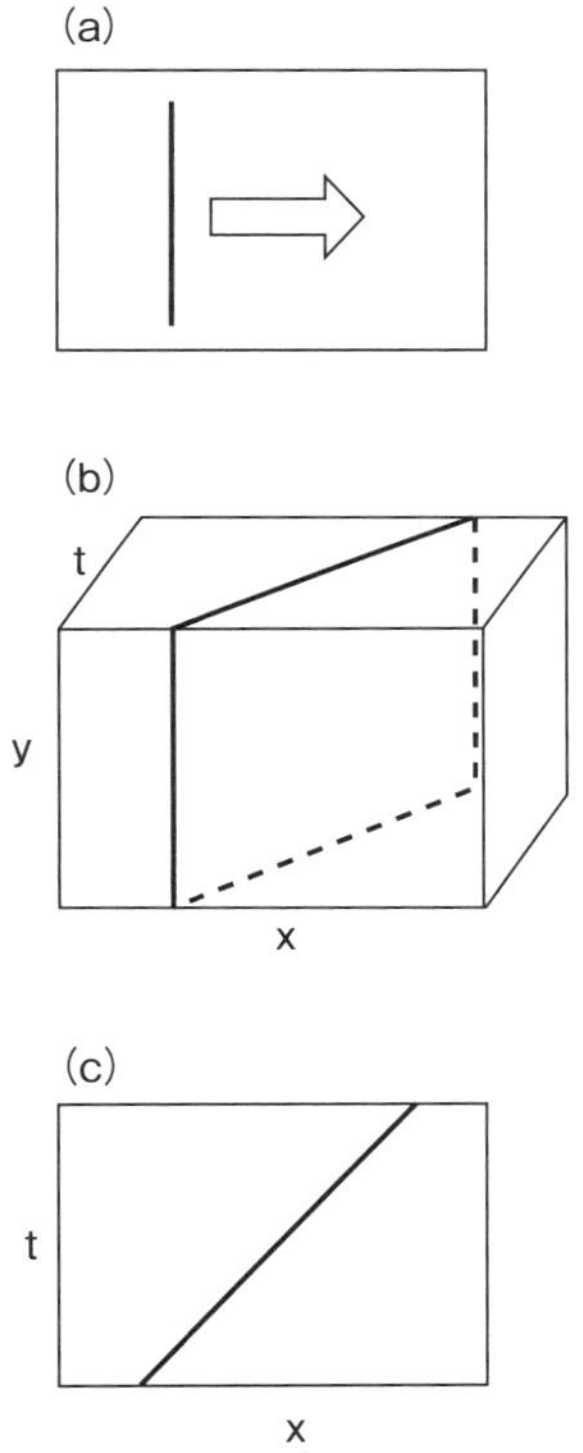

図 3-8　運動の表現：xt プロット

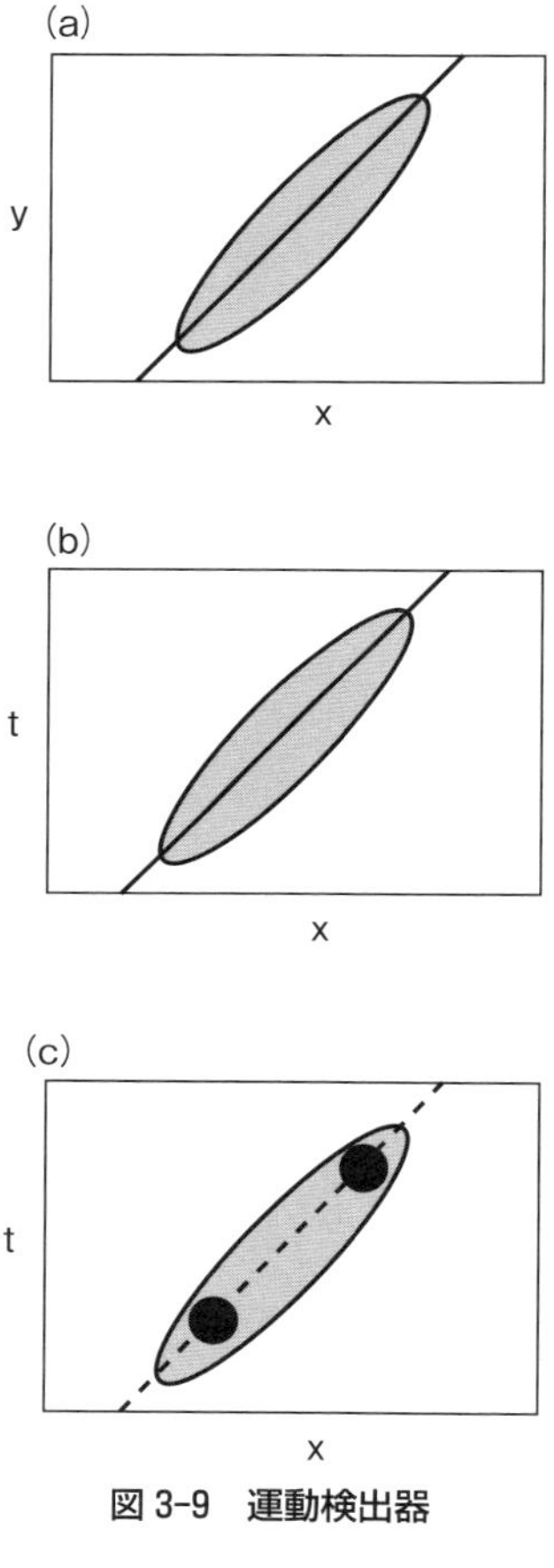

図 3-9　運動検出器

とを示します。傾きが大きければ運動は低速となり、静止していれば直線は垂直になります。

静止した画像としての直線を眺めている場合、大脳第一次視覚野には**図3-9a**に示すような直線状に分布した反応が生じます。この直線を検出するためには、第一次視覚野で、そうした反応の分布を検出する仕組みがあればよいわけです。実際に、第一次視覚野のすべての位置に、さまざまな傾きをもつ楕円形の入力を待ち受ける領域、つまり**図3-9a**の楕円の領域（これを受容野と呼びます）をもつ細胞があり、そうした細胞（単純細胞）が直線の検出をしているわけです。運動に関しても、第一次視覚野のさまざまな位置で、xt座標をもって入力を待ち受け、その受け持ち範囲に直線が入ってきたら反応するようなメカニズムがあれば（**図3-9b**）、そうしたメカニズムによって運動を検出できることになります（**図3-9b**では縦軸がyではなくtになっていることに注意してください）。実際、複雑細胞と呼ばれている細胞がそうした性質をもつことが確かめられています。つまり、複雑細胞は、単純細胞が二次元的な静止した直線を検出する原理とまったく同じ原理、つまり低次の信号処理のメカニズムによって運動を検出しているわけです。

古典的な仮現運動（**図3-1**）をxtプロット上に表示すると、**図3-9c**のようになり、xtプロットとしては斜めに並んだ二つの小さな領域となります。こうした入力ならば，**図3-9b**の実際運動を検出するメカニズムでも，強度は低くなるかもしれませんが反応はするでしょう。つまり，仮現運動は，実際運動の検出器によって検出可能なわけです。断続的な（離散した）入力によって騙していると見ることもできるでしょう。このように考えれば，**図3-9C**における検出器（受容野）の大きさ，つまりx軸，t軸上の広がりが仮現運動の知覚が可能な空間的，時間的限界と等しくなるべきだ，ということになります。こうした考え方が，仮現運動検出の原理として視覚研究者の間で広く受け入れられています。また，こうした運動検出器はランダムドット刺激にも反応し，1-Cで述べたランダムドット仮現運動を検出することもできます。ブラディックが近傍運動を処理するメカニズムとして想定した低次の運動処理機構も，こうした運動検出器であると考えられます。しかし，すべての古典的な仮現運動がこうした低次の運動検出器によって処理できるかどうかは，疑問が残ります。

第一に問題になるのは，空間的，時間的な限界です。もし，古典的な仮現運動が，**図3-9C**に示したような検出器（受容野）によって処理されるならば，古典的な仮現運動，つまり，遠隔運動の空間的，時間的な限界は近傍運動の限界と一致するはずです。しかし，遠隔運動は空間的にも，時間的にも近傍運動の限界を超えた領域でも十分に生起します。初期の視覚野の受容野の空間的な大きさは，その細胞が処理する刺激のパターン要素の大きさに依存することが知られています。つまり，ランダムドット刺激であればドットが大きくなれば，また**図3-1**のような図形であれば黒丸が大きくなれば，受容野も大きくなるわけです。しかし，そうした受容器の大きさの変化にも限界があります。実際，古典的な仮現運動は，刺激の空間的な間隔が視角にして数十度に達しても成立しますが，そのような大きな受容野をもつ複雑細胞は存在しません。

4 一次運動と二次運動

これまで述べてきた仮現運動は、すべて画面上で明るさ（輝度）の違いによってつくられたパターンを刺激とした仮現運動です。こうした、白地に黒いドットのような輝度の差によってつくられる刺激は、その領域や、図と地の関係、形が輝度によって決められていることから、輝度定義刺激と呼ばれ、また一次刺激とも呼ばれています。一方で、輝度に直接定義されないパターンも存在します。

図3-10aに、太い縦方向の縞が見えるでしょう。この縦縞の構成要素である粗い縦縞、つまり縦方向の長方形は、四五度方向、一三五度方向への細い斜め縞によって形づくられています。斜め縞を構成する細い直線は輝度によって定義されていますが、粗い縦縞は輝度によって定義されているわけではありません。それぞれの縦の長方形の内部にある短い斜め直線の傾きの方向の差が、全体としての縞パターンを形づくっています。つまり、全体としての縦縞は、構成要素の傾き（方位、オリエンテーション）によって定義されています。このことから、こうしたパターンは方位定義パターンと呼ばれます。各長方形内部の平均輝度は互いに等しく、また、パターン全体の平均輝度とも等しくなっています。

図3-10bでは、縞の構成要素は、テクスチャー（この場合はランダムドットのドットの大きさ）によって定義された縦縞パターンです。この場合も、それぞれのランダムドット・パターンは輝度定義ですが、粗い縦縞は、輝度によってではなく、ランダムドット・パターンを構成するドットの大きさの違い、つまりテクスチャーの違いによって定義されており、縦長の長方形内部の平均輝度は各々等しく、また、それはパターン全体の平均輝度とも等しくなっています。

このような、輝度定義の要素がもつ属性（**図3-10a**の場合、短い直線の方位）によって定義された、つまり、輝度によって直線が定義され、その直線のもつ方位によって縞パターンが定義されているといった刺激を二次刺激と呼びます。厳密には一次と二次の統計量という概念をもちだして説明しなくてはならないのですが、ここでは、輝度によって直接定義されるものを一次刺激、輝度から直接定義されず、輝度情報を処理した結果に、もう一段階の処理を加えることによって、つまり二段階の処理によってつくられるパターンを二次刺激と呼ぶと考えておけばよいでしょう。二次刺激をつくる属性を二次刺激の定義属性と呼び、そうした定義属性としては、方位、テクスチャー以外に、コントラスト、フリッカー、運動、ステレオなどを挙げることができます。

このような定義属性によって定義された縞パターン、たとえば**図3-10a**の方位定義の縞を水平方向に連続的に動かせば、運動を見ることができます。また、同じパターンを少しずらしたものを継時的に提示すれば、仮現運動を見ることもできるわけです。このように、二次刺激を連続的に運動させ、もしくは、位置を変えたものを継時的に提示したときに観察される運動を二次運動と呼びます。こうした、二次運動は、一次運動に対する検出器と同じものでは検出できません。なぜなら、**図3-9**に示したような検出器は、そして、その実現として想定されている初期視覚野の複雑細胞も、輝度入力、輝度の強さの差分にのみ反応するからです。

しかし、**図3-9b**に示したタイプの運動検出器の入力を多少工夫すれば、二次運動の検出器をつくることができます。たとえば、**図3-10a**の方位定義縞であれば、運動検出器の前に、まず方位検出を行い、次いで方位を角度に応じた強度に変換する前処理を行い、そうした前処理の結

(a)
(b)
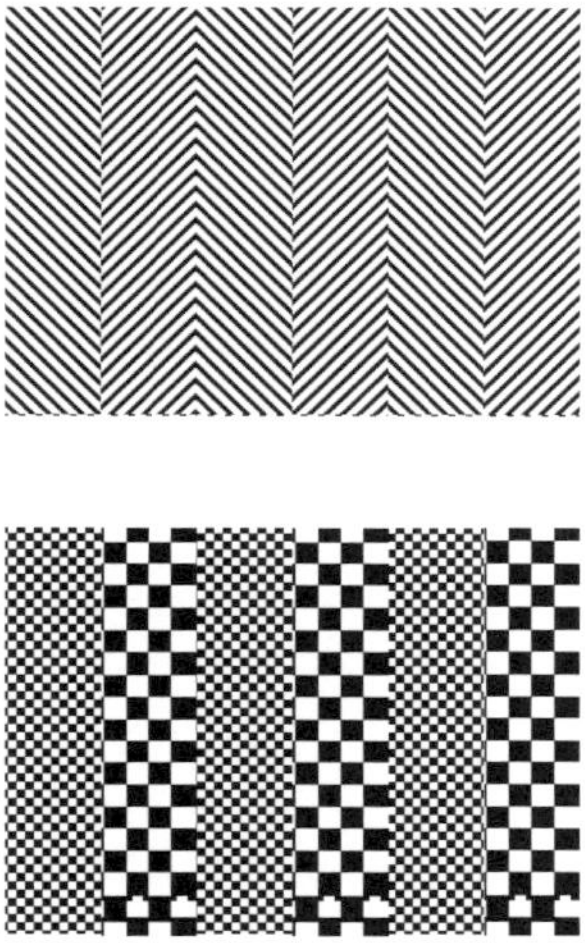

図3-10　二次刺激の例

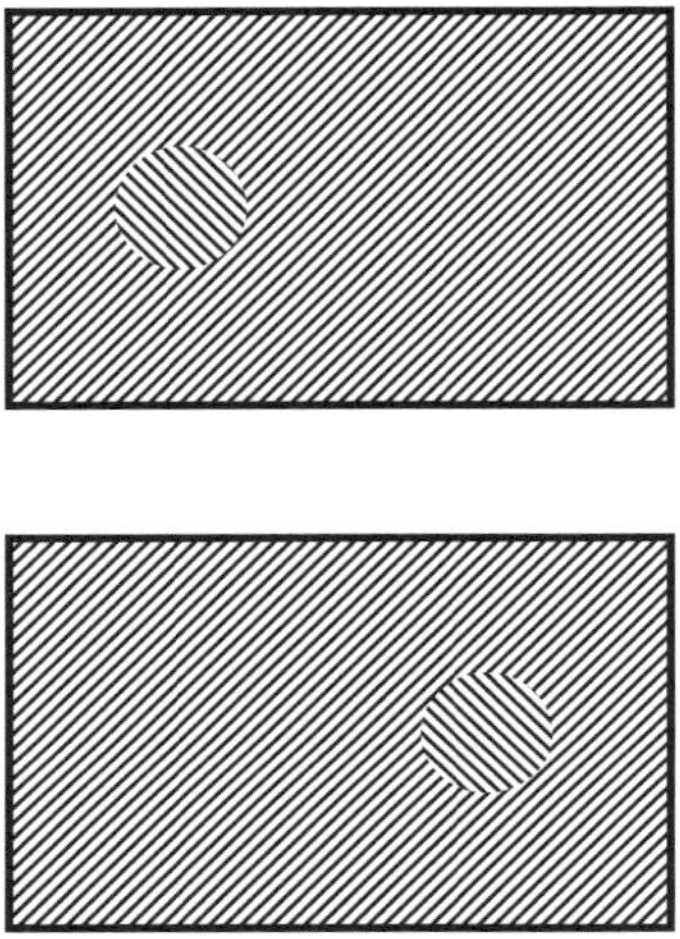

図 3-11　二次の仮現運動

果を図3-9bと同様の運動検出器に送り込めば、二次運動を検出できるようになります。テクスチャー定義縞の場合も、テクスチャーのマスの大きさ（もしくは、空間周波数）に応じた出力を出す前処理を用意すればよいわけです。つまり、運動検出器の前に、二次刺激の様式に応じた前処理、それぞれの特徴を何らかの連続量に変換する前処理を準備すればよいことになります。コントラスト定義の場合は、より簡単な処理、入力を整流しローパス処理を施した信号を通常の検出器に送り込めば検出が可能となります。

図3-11に示した二枚の画像を継時的に提示すれば二次パターンによる仮現運動が知覚されます。こうした二次の仮現運動も**図3-9b**のような一次運動検出器では検出できませんが、上で述べたように、二次刺激の定義属性を連続量に変換することによって、一次運動検出器と同様の検出器によって運動を検出することが可能になります。こうした考えに基づき、カバナーとマーザーは、運動刺激を一次刺激、二次刺激に分類し、それぞれに応じた、運動検出器が存在すると考えれば、仮現運動と、実際運動を区別する必要もないし、また、ブラディックが主張したように、近傍運動と、遠隔運動を区別する必要もなくなると論じました[4]。

カバナーらの主張は、以下の六点にまとめることができます。①運動刺激は一次、二次の二つのタイプに分類できる、②一次運動の検出器は古典的な仮現運動、ランダムドット仮現運動の両者を検出できる、③したがって、実際運動と仮現運動を区別する必然性はない、④同様に、近傍運動、遠隔運動を区別する必然性もない、⑤一次運動検出器では二次運動は検出できない、⑥しかし、比較的単純な前処理を準備することにより、一次運動の検出器と同じ方式の運動検出器で二次運動を検出することが可能となる。

こうしたカバナーらの主張は、その後、広く受け入れられ、その結果として近傍、遠隔運動の区分は理論的には意味のないものと見なされ、また、対応づけに基づく仮現運動のメカニズムという発想も消え去っていきました。しかし、カバナーらの議論は、少なくとも一部の古典的仮現運動は、輝度定義刺激の実際運動と共通のメカニズム、一次運動検出器によって検出されること、さらにランダムドット仮現運動も同様のメカニズムによって検出されることを明確に示してはいますが、対応づけに基づく運動検出が存在しないことを示しているわけではありません。さらに、ブラディックが見出した、近傍運動・遠隔運動間の現象的な差異に関しては、まったく説明を提供していません。

この文脈で、近傍・遠隔運動の差異として、空間的・時間的限界の違い、および両眼分離提示で運動が生じるか否かの違いの二つは、重要な意味をもってきます。第一に、ランダムドット仮現運動は、第一刺激と第二刺激の間のずれが視角にして数十分程度の範囲でしか生じませんが、古典的な仮現運動は数十度の距離があっても運動知覚が生じます。時間的な制約についても、ランダムドット仮現運動は、一〇〇ミリ秒程度のＩＳＩが上限となりますが、古典的な仮現運動は一秒近いＩＳＩがあっても、鮮明な運動印象が生じることがあります。ランダムドット仮現運動の空間的、時間的な上限は一次運動検出器の特性とよく一致し、ランダムドット仮現運動が輝度定義の実際運動と同一の検出器によって検出されることに問題はありません。しかし、遠隔運動が成立する時間・空間的な上限は一次運動検出器の、また、その生理的に実現されたものとして想定されている複雑細胞の、時間・空間的な上限をはるかに超えています。さらに、ランダムドット仮現運動は、二刺激を両眼に分離して提示すると運動知覚が成立しませんが、古典的仮現運動では両眼分離提示でも運動知覚が成立します。この両眼分離刺激に対する感受性の差は、両者が同じメカニズムによって検出されるとすると説明できません。さらに、古典的仮現運動は、片眼を閉じさせて、開いた眼の右視野に第一刺激を、左視野に第二刺激をというように、両視野間に分離して提示しても成立します（視野間提示）。最も極端なケースとして、第一刺激を右眼の最も右の端、第二刺激を左眼の最も左の端に提示しても、時間的な条件を整えれば視野全体を横切る運動が知覚されます。低次の、つまり第一次、第二次、第三次視覚野では、右視野への入力は大脳の左半球で、左視野への入力は右半球で、それぞれ独立して行われ、また、両視野にまたがる受容野をもつ細胞は存在しません。つまり、両視野間にまたがる一次運動検出器は存在できないわけで、もし、すべての仮現運動が一次運動検出器で検出されているとすると、両視野をまたぐ仮現運動は知覚されないはずです。しかし、実際には運動は知覚されます。このことは、視野間の仮現運動は、刺激としては一次刺激ですが、その刺激からの運動は一次運動検出器ではなく、別のメカニズムによって検出されると考えるのが合理的です。そして、そのような運動検出のメカニズムとして最も有力な候補は対応づけに基づく運動計算のメカニズムであると考えられます。

以上に述べてきたことをまとめると、輝度定義の実際運動および、時間的・空間的な隔たりの小さな仮現運動（近傍運動）は、**図3-9**に示したような信号処理に基づいた一次運動検出器によって検出されると考えられますが、時間的・空間的な隔たりの大きな仮現運動（遠隔運動）は、そうした運動検出器によって検出されず、おそらくは対応づけに基づいた運動検出によって検出されているということになります[5]。また、二次運動に関しても、運動検出に先だってそれぞれの定義属性に応じた前置処理を想定すれば、一次運動とまったく同じ原理で処理可能であるということになります。このように考えると、ブラディックが提案した遠隔・近傍運動の区分は、現象レベルの区分を述べたものであり、またカバナーらの一次・二次運動の区分は刺激レベルの区分を述べたものであり、どちらの議論も必ずしもメカニズムの差異に直結できないものである、といえるでしょう。メカニズムに関しては、刺激レベルの区分、現象レベルの区分、また生理的な実現性を全体的に検討して論じていく必要があります。

5　おわりに――アニメーションと仮現運動

アニメーションは、映画、テレビという媒体によって動画を提示することによって成り立っています。映画、テレビの場合、静止画を継時的に提示することによって運動印象を実現していることから、仮現運動の原理に基づいているといえます。しかし、二四ヘルツ、三〇ヘルツという比較的高いフレームレートを用いているので、実際運動に近いものであり、また画像は輝度定義のものであることから一次の近傍運動と見なすことができます。こうした動画表現は、多くの静止画を継時的に提示することによって実際運動をどう忠実に模倣できるかという発想の延長にあります。

しかし、アニメーションの場合、二四フレームをフルに使う、いわゆるフル・アニメーションによる表現が行われることは比較的まれであり、二コマ打ち、三コマ打ちといった表現が使われることが多くなっています。二コマ打ちのアニメーションとは、同じ絵を第一、第二フレームに書き込み、次の絵を第三、第四フレームに書き込んだものです。三コマ打ちのアニメーションとは、それぞれの絵に三コマずつ使ったものです。フル・アニメーションではコマ間の時間が四二ミリ秒ですが、二コマ打ち、三コマ打ちでは、それぞれ、八五ミリ秒、一二五ミリ秒と長くなり、近傍運動の限界に近いものになって来ます。また、二つの画像間の空間的な隔たり、ずれも大きくなってきます。映画は、実際運動を模倣するために生まれたということができます。その意味では、フレームレートは高ければ高いほどよいということになります。しかし、二コマ打ち、三コマ打ちのアニメーションは、そうした流れから外れた発想に基づいているともいえます。フレームレートが低くなり、結果として連続する二コマの間の時間的・空間的な隔たりが大きくなると、**図3-8**で示したxtプロット

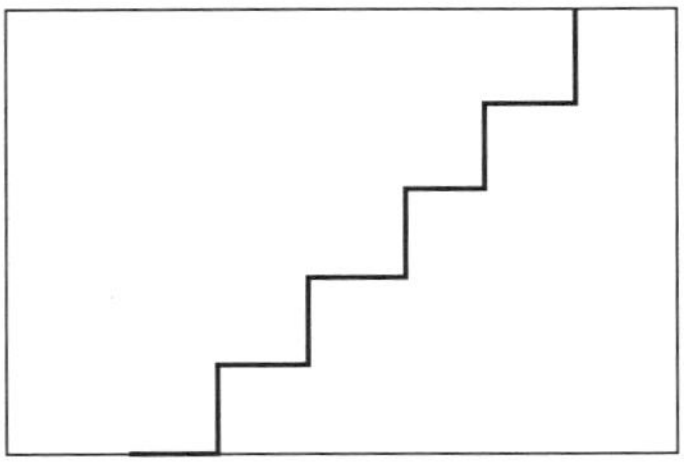

図 3-12　ギザギザな xt プロット
スムーズな仮現運動は二フレーム刺激にかぎられる。

が直線ではなく、**図3-12**に示したようなギザギザな線になってきます（本稿では詳しく述べませんでしたが、空間周波数・時間周波数という概念をもちこむと、**図3-12**のギザギザは、運動の時間周波数的、空間周波数的なスペクトルが広がってくることに相当します）。つまり、運動の表現にノイズ成分が加わり、表現の忠実度が物理的な次元でも低下するということになります。このギザギザが十分に細かく、人間の視覚の空間的・時間的な解像度を超えていれば、ギザギザがある場合とない場合を人間の視覚では区別できないことになります。また、二コマ打ち、三コマ打ちといった技法は、人間の視覚系が検出できる範囲内にノイズを加えることになります。つまり、こうした表現は近傍運動の限界周辺を叩き、ノイズを上手に加えることにより、動きに過度の不自然さが生じることを防ぎつつも、実写のようなヌメヌメした動きではなく、アニメらしいダイナミックで元気な動きを表現しているものと見ることもできます。実際のアニメの表現技術に関する運動知覚研究の視点からの検討は未開拓の分野です。今後、アニメ実作者と視覚研究者の協力を強め、研究を進めていく必要があると考えられます。

【引用文献】

（1） Braddick, O. J. (1974) A short-range process in apparent motion. *Vision Research*, **14**(7), 519–527.
（2） Julesz, B. (1971) *Foundations of cyclopean perception*. Chicago: The University of Chicago Press.
（3） King, B. D. & Wertheimer, M. (2007) *Max Wertheimer and Gestalt theory*. Piscataway: Transaction Publishers.
（4） Cavanagh, P. & Mather, G. (1989) Motion: The long and short of it. *Spatial Vision*, **4**(2–3), 103–129.
（5） Sato, T. (1998) Dmax: Relations to low- & high-level motion processes. In T. Watanabe (Ed.) *High-level motion processing: Computational, neurobiological, and psychophysical perspectives*. Cambridge: MIT Press, 115–151.

第4章 視覚機能から見たアニメーションの特徴

【中村　浩】

アニメーション制作者であるウィテカーとハラス(1)は、アニメーションにおけるキャラクターの動きについて次のように述べています。

あるキャラクターをAからBへ動かそうとする場合、その動作を起こさせる力というものを考えなければならない。第一は、重力がそのキャラクターを地面に引っ張っているということ、第二は彼の体がコレコレこういう方式でできており、コレコレこういう方法でつなぎ合わされているということ。重力に対抗して働くように組み合わされた筋肉で行動しているということだ。第三には、心理的な理由、つまり動くための動機があるということ。

このようにアニメーションの制作者サイドでは、キャラクターの動きに関わるさまざまな要因を自らの経験を通して理解し、それをアニメーション制作のノウハウとして積み重ね、それを基に動きを描き分けようとしてきたことがわかります。この章ではこれらの要因とそれに関する知覚現象を心理学サイドから、視覚機構および視覚機能という観点に立って考えてみることにします。また、連続的に提示された静止画が動いて見える原理として考えられている仮現運動の知覚プロセスとアニメーションの動きとの関係についても、最近の研究を手がかりとして考えてみたいと思います。

そこでまず、他のメディアと比べてアニメーション全般に共通する特徴として以下の三点を取り上げ、それらを中心に考察を加えることにします。

(1) 動きがある　vs　漫画
(2) 動きの強調が可能　vs　実写動画
(3) 動くものが輪郭に囲まれている　vs　実写動画

1 動きがあることのメリット

アニメーションと漫画の大きな違いは、前者では画像が動くことです。しかも主人公などのキャラクターだけが動くのではなく、それを取り巻く周囲の環境も同時に動きます。キャラクターが動くことによってそれがあたかも生命や意図をもつものであるかのような印象が生じ、キャラクターと自分の心理を一体化して見ることが容易になるという効果が生じます。それは実写映画の主人公に自分自身を同化させることによって主人公と同じ情動を体験するのと同じ効果だといえます。またキャラクターの動きに伴って生じる周辺環境の動きによって、観察者はその環境の中に引き込まれ、あたかもキャラクターと同じ空間にいるかのような印象を強くします。アニメーションの種類によっては周辺の動きが重要ではないものもありますが、リアリティを求める作品では視聴者がその画面の中に引き込まれること、すなわち映像の臨場感を疎かにするものは少ないといえるでしょう。では知覚心理学ではキャラクターの動きに生物性を知覚するということ、そしてキャラクターの周辺が動くことによって生じる臨場感はどのように説明されているのでしょうか。以下に、人の動作の知覚、および映像による臨場感の印象がどのような視覚プロセスを経て得られるかについて解説します。

A　対象の色や形、動きを知覚する視覚神経機構

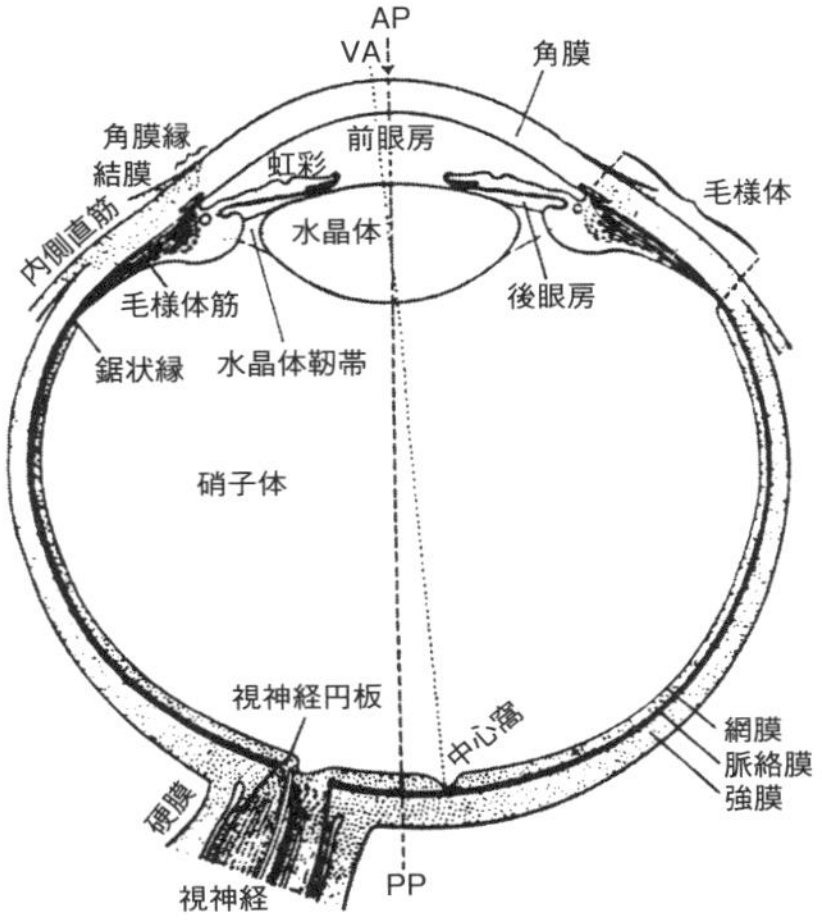

図 4-1　眼球の構造

視対象に反射した光は眼球の水晶体および硝子体を通って網膜に到達する。我々が対象を注視したとき，その対象の視覚像は網膜の中心窩付近に結像するが，その部位の空間解像度（視力）が高いことがわかっている。

図4-1、**図4-2**に示すように、視覚の神経経路は視対象表面の反射特性（波長の吸収特性）に応じて反射した光が眼球の水晶体および硝子体を通って網膜の最奥部に分布する光受容細胞（錐体《すいたい》と桿体《かんたい》）を刺激するところから始まります。この光刺激によって生じた反応を処理する経路は、現在のところ大きく三つの経路に分けて考えられています。①主に形や色（とくに赤と緑）の知覚に寄与する小細胞系（Parvocellular System）、②運動知覚や対象の空間定位に寄与する大細胞系（Magno-cellular System）、③主に青と黄の識別に寄

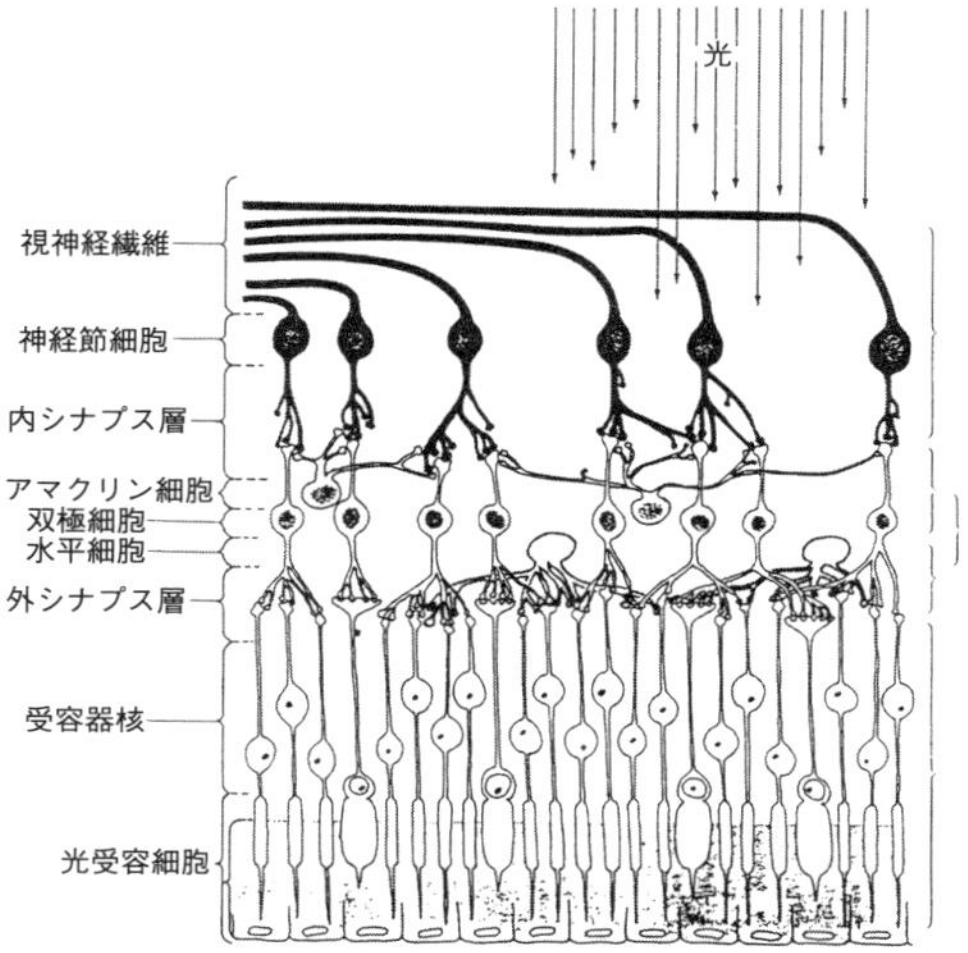

図 4-2　網膜の構造

網膜に達した光は網膜最奥部に分布する光受容細胞を刺激し，その反応は水平細胞，双極細胞，アマクリン細胞を介して神経節細胞に到達する。

与する顆粒細胞系（Koniocellular System）、の三つです。これらの名称は網膜と大脳後頭葉第一次視覚野の間を仲介する外側膝状体の部位（層）の名称に由来するもので、それぞれの部位の視覚機能の特徴がそれぞれの系の機能として考えられています。実際はそれらが相互作用しながら、しかもいったん高次な視覚野で処理された情報が低次な視覚野にフィードバックされるなど複雑な処理系ではありますが、ここではそれぞれの機能について簡単に解説することにします。

光受容細胞の一種である錐体（cone）は網膜の中心窩に集中して分布し、その数は片目でおよそ六〇〇万個存在するといわれています。錐体には波長（可視光線の波長は三八〇～七八〇ナノメートル）に対する吸収特性が異なる三種類があり、長波長（赤～黄）に反応するL錐体と中波長（黄～緑）に反応するM錐体、短波長（青～藍）に反応するS錐体が網膜中心窩付近に多く分布しています。我々はそれぞれの錐体の反応の強さに応じて色を知覚しているのです。桿体（rod）は網膜周辺部に分布して中心窩にはほとんど存在せず、その数はおよそ一億一千万個といわれています。これら光受容細胞の反応は同じ網膜上に層を成して分布する水平細胞、双極細胞、アマクリン細胞を経て網膜の最上層部にある神経節細胞に伝達されます。神経節細胞の数はおよそ一〇〇万個といわれており、およそ一億二千万個の光受容細胞の反応がこの一〇〇万個に集約されて（処理されて）、中心窩から内側におよそ一〇～一二度の位置にある視神経乳頭部（神経節細胞からの神経繊維が集まる場所で光に反応する細胞が存在しないため盲点とも呼ばれています）から、視神経および視索を介して、多くの反応が外側膝状体～第一次視覚野へと伝達されます。

網膜神経節細胞には上記三つの処理系に対応した細胞がそれぞれ分布しており、外側膝状体の小細胞層に連絡するmidget細胞、大細胞層に連絡するparasol細胞、顆粒細胞層に連絡するbistratified細胞があります。midget細胞はparasol細胞に比べて小さく、明所視（昼間視）を担っており、その数は神経節細胞の七〇～八〇%程度を占めています。midget細胞のコントラスト感度は低く、伝達速度は遅い反面、色への応答性が高く、とくに赤と緑の識別に関与しているといわれています。中心窩付近に多く分布するこの細胞は、on領域とoff領域が中心部と周辺部に別れたon－off中心周辺拮抗型の小さい受容野をもち、高い空間解像度を備えていることがわかっています。周辺視に比べて中心視の視力が高いのはこの高い空間解像度に依存しています。神経節細胞全体のおよそ一〇%を占めるparasol細胞は暗所視（夜間視）と明所視を担う大きな細胞で、高いコントラスト感度、速い伝達速度、on－off中心周辺拮抗型の大きい受容野をもっているのですが、色への応答性は弱いことがわかっています。同じように神経節細胞全体の一〇%程度を占めるbistratified細胞は青と黄（赤＋緑）の識別に関与しています。コントラスト感度、空間解像度、伝達速度ともにmidget細胞とparasol細胞の中間程度で、受容野が非常に大きいことや、拮抗する周辺部をもたず、S錐体の反応にon反応、M錐体とL錐体の反応にoff反応（抑制反応）を示すことがわかっています。

それぞれの細胞の機能的特性から、小細胞系は色の識別と高い解像度による対象の形の知覚に寄与するものの、処理に時間がかかることがわかります。逆に大細胞系は、解像度は低いが、速い処理速度を必要とする運動知覚および空間定位に主に寄与していると考えられています。これらの処理系は第一次視覚野のそれぞれに対応する部位に伝達されて、色知覚は第四次視覚野、運動知覚は第五次視覚野において主に処理されます。**図**

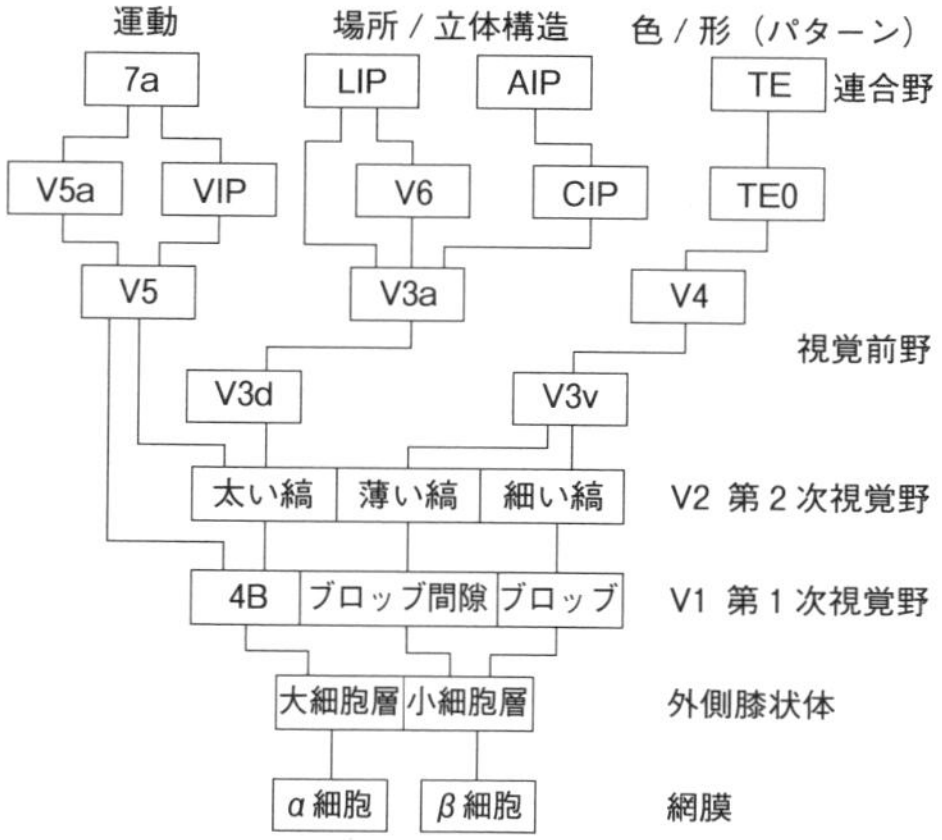

図 4-3　大細胞系～背側路，小細胞系～腹側路の階層的結合

網膜神経節細胞の parasol 細胞（α細胞）～外側膝状体の大細胞層～V1の4c α層～4b 層～V2の太い縞層を経由して V5（MT 野）へ続く経路は運動知覚を担い，V2の太い縞層を経由して V3d～V3a～V6・CIP へ続く経路は視対象の空間内定位や立体視に寄与している。網膜神経節細胞の midget 細胞（β細胞）～外側膝状体小細胞層～V1の4C β層～4b 層のブロッブ（酵素の塊）～V2細い縞層から V3v を経由して V4続く経路は色覚を担っており，V14b 層のブロッブ間を通って V2の薄い縞層～V3v～V4～TE へ続く経路は形やパターン認識を担っている。

4-3②はとくに小細胞系と大細胞系の伝達経路を簡単に示したもので、この図から知覚機能を大別したときの形の知覚、色の知覚、運動の知覚、対象の空間定位がそれぞれ異なる神経経路で処理されていることが理解できます。

B　運動を引き起こす力の知覚

上記のような視覚処理系を通して伝達された情報によって対象の形や色、ならびに運動が知覚され、それらの情報とそれまでの経験が連合して運動を引き起こしている力や、動作の性質ならびに動作主体の意図および心理的状況も知覚されます。

たとえば、**図4-4**に示すような物体の正面衝突事象を観察したとき、両物体の衝突前の速度と衝突後の速度を手がかりとして、それぞれの質量の違いが知覚されます。とくに衝突前は同じ速度で接近し、衝突後は異なった速度ではね返る事象に対しては、ほとんどの人が衝突後遅く移動するほうが重いという印象をもちます。発達的に見ると三歳児では無理ですが、五歳児のほとんどが大人と同じように衝突後ゆっくり移動する物体のほうが重いと判断するようになることが報告されています。[3]

衝突事象にかぎらず、さまざまな力学的事象（たとえば、人がものを持ち上げる動作、ものを投げる動作など）の知覚全般についてルネソンとフライクホルム[4]は運動学的力学特定原理（the principles of kinematic specification of dynamics）という考えを提唱しています。この原理は、運動学的（移動速度や加速度）に定義可能な動きには必ず原因となる力学的な背景が存在しており、運動学的性質からその原因となっている力学的特性を知覚的に特定できるというものです。たとえば重いものを持ち上げるときと軽いものを持ち上げるときでは当然筋肉の緊張度が異なりますのでそれが動作に反映し、その観察者はどの程度の重さの荷物を持ち上げているかをその動作から知覚できるという考えです。さらにルネソンとフライクホルム[4]は、実際には軽いものを、重たいものを持ち上げているかのように見せかけようとした動作を観察したとき、観察者はその裏に隠された動作者の意図を見抜くことができることも示しています。アニメーションでもキャラクターの動き方によってそこに加わっている外力あるいはキャラクター自身に備わった自動力の強さだけではなく、キャラクターの特徴（たとえば力が強い人物かどうか、その人物の年齢や性

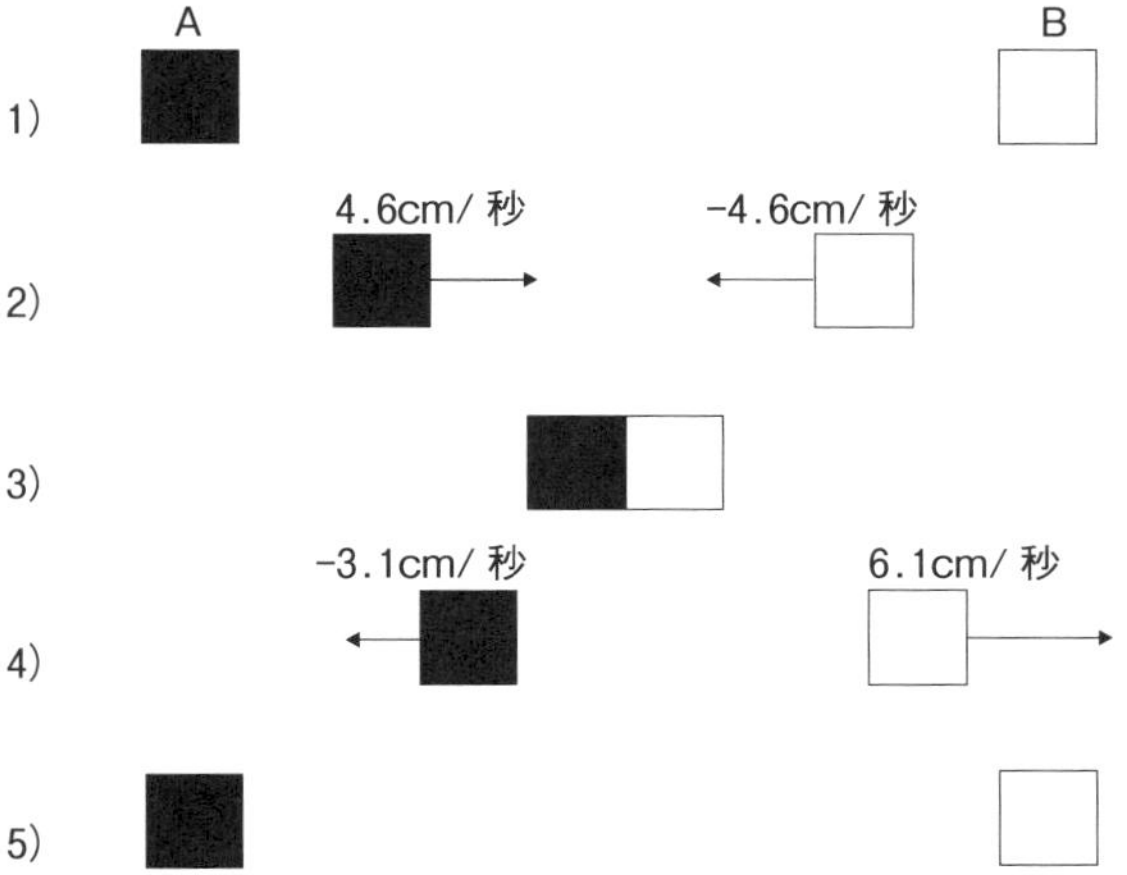

図 4-4　正面衝突事象における相対質量の知覚

対象ＡとＢが左右から互いに向かって同じ速度で接近し，画面中央で約60ミリ秒の接触後，それぞれ反対方向へ異なる速度ではね返ると，２対象の衝突印象と同時に衝突後の移動速度が遅いＡのほうが重いという印象が得られる。

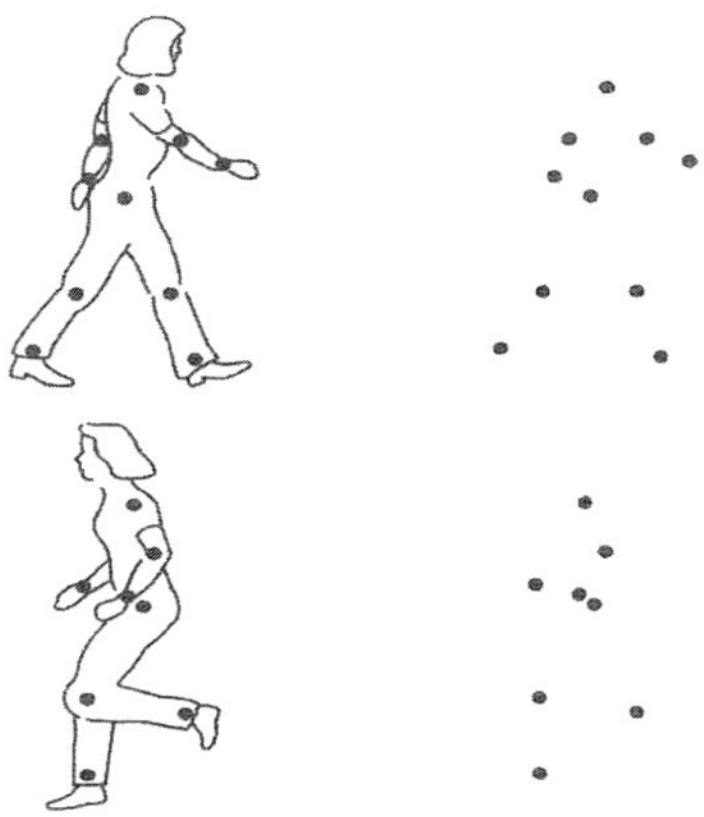

図4-5　ヨハンソンのバイオロジカル・モーション

人体の主要な関節部（頭部，肩，肘，手首，腰，膝，足首）にライトあるいは反射板を取りつけてその部位の動きだけを写した動画を用い，静止状態から歩行を開始する。静止状態では複数の点が集まっていると知覚されるだけだが，歩行を開始した途端にそれぞれの点が人体の部位であり，歩行していることが知覚される。

別など）やキャラクターが置かれた内的・外的状況（たとえばキャラクターの元気度、どの程度の重さのものを動かそうとしているか、背負っている荷物が重いか否かなど）が識別されることになります[5・6]。

ルネソンとフライクホルムの研究[4・5]は、ヨハンソン[7]のバイオロジカル・モーション（biological motion）を刺激材料として実施したものですが、これは人の主要な関節に取りつけられたポイントの動きを観察しただけで動作の性質や内容が知覚されることを示す研究でした（**図4-5**）。最初は人の歩行動作を主な研究の対象としていましたが、この研究手法を用いて、人や動物のさまざまな動作内容や動作主体の性質の知覚など、現在まで多くの研究が報告されています。たとえば動作主体の性別[8]、動作主体の力の入れ具合[5・6]、あるいは動作主体の意図[4]、さらには動作環境[9・10]などもバイオロジカル・モーションから知覚されることが多くの研究によって報告されています。このことは最初に述べたウィテカーとハラスの[1]「重力に対抗して働くように組み合わされた筋肉で行動している」という考えと一致するもので、関節という身体各部位のつなぎ目の動きが動作の性質を理解するうえで多くの情報を提供していることを示すものといえます。動きを自由に表現できるアニメーションでは、その動きの描き方によって動作主体の心理的状態など、表現の幅が大きく広がると同時にその制作者が伝えようとする主題が観察者に伝わりやすくなるといえます。そしてこれは次に述べるアニメーションの利点、すなわち特徴的な動きを強調するこ

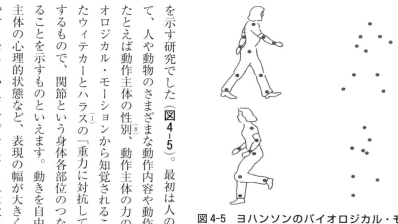

とによって実写映像よりも明瞭に表現することが可能になるという利点をもたらします。

このような人の動きの性質を知覚する中枢として考えられている大脳の部位が、上側頭溝（ＳＴＳ：Superior Temporal Sulcus）という領域です。この領域は、観察している動作と実際に自分が経験した動作とを統合することによってその性質を知覚するという機能を果たしているといわれており、ポイント・ライト・ウォーカーなどのバイオロジカル・モーションの知覚[11]や、先述の衝突事象の知覚[12]にも関与していることが報告されています。

Ｃ　動作知覚の発達的プロセス

自分の体験と観察した運動事象の統合ができるようになる発達的プロセスについては、次のピアジェの説明が最もわかりやすいものといえます[13]。

ピアジェが提唱した発達段階では、誕生から生後二年頃までを感覚運動的知能段階と呼んでいますが、この段階では主に身体的動作によって環境との関わり方を学習しており、まだ視覚経験と自分の身体感覚としての動作経験を統合することはできない段階といえます。しかし身体的な経験はこの発達段階でも積み重ねられており、そこで獲得した身体的図式（たとえば、物体を自分の手で押せばその物体からの抵抗を感じると同時に、その物体を動かすことができる）に視覚経験（視覚的表象）を同化して、知覚した内容を理解するというプロセスに至るのが次の前操作的知能段階（二〜六歳）です。たとえば衝突事象知覚研究の代表的なものとして、ミショット[14]の因果関係知覚研究があります。彼が用いたラウンチング効果は以下に述べるような衝突事象です。

最初、画面の真ん中に赤い正方形が、その左のほうに間隔を空けて黒の正方形が配置されており、次に黒の正方形が赤のほうに移動し、赤と接触して停止する、その後およそ四〇ミリ秒の時間間隔をおいて赤だけがさらに右のほうに移動して停止するという事象で、これを観察した多くの人が「黒が赤にぶつかって赤を動かした」という二物体間の因果関係を知覚するというものです。前操作的知能段階にある幼児のうち、三歳児はこのような動きを見ても因果関係を報告することが少ないのですが、五歳児ではほとんどの幼児が因果関係を知覚するようになります。ピアジェによると、感覚運動的知能段階で形成した身体的図式にこのような視覚的経験を取り込むことによって両者を統合して視覚経験の図式をつくりあげ、それをもとに理解できるようになると説明されています。この考えについてピアジェとランベルシエ[15]は、幼児では、実際に接触しているかどうかではなく、二物体の接触が知覚されたときは因果関係が知覚されるが、接触が知覚されなければ因果関係は知覚されないという実験データを根拠として説明しています。身体的図式では、自分の身体と対象が直接・間接に接触しないかぎり力を行使できないからです。中村[16]の研究でも、動いている物体への身体的関与を経験した幼児では経験しない幼児に比べて因果関係知覚が促進されることから、身体的経験と視覚経験の統合の重要性が論じられています。またシャルパンティエ効果あるいは大きさ−重さ錯視（size-weight illusion）という錯視現象があります。これは、重さが同じ（たとえば一〇〇グラム）で大きさが異なる物体を交互に持ち上げたとき、成人ではほぼ全員が小さいほうを重たいと感じるという錯視現象です。このような錯視が生じるためには視覚経験と身体的経験が統合されていることが前提となりますが、この錯視現象が見られるのは五歳になってからであり、ほとんどの三歳児は大きいほうが重いと答えることからも身体的関与の経験がこの統合を促進することが理解されます。

D　臨場感を高める運動知覚機構および頭頂部多感覚領域

第一次視覚野の小さい受容野をもつ細胞群によって処理された対象の個々の部位の運動は大きな受容野をも

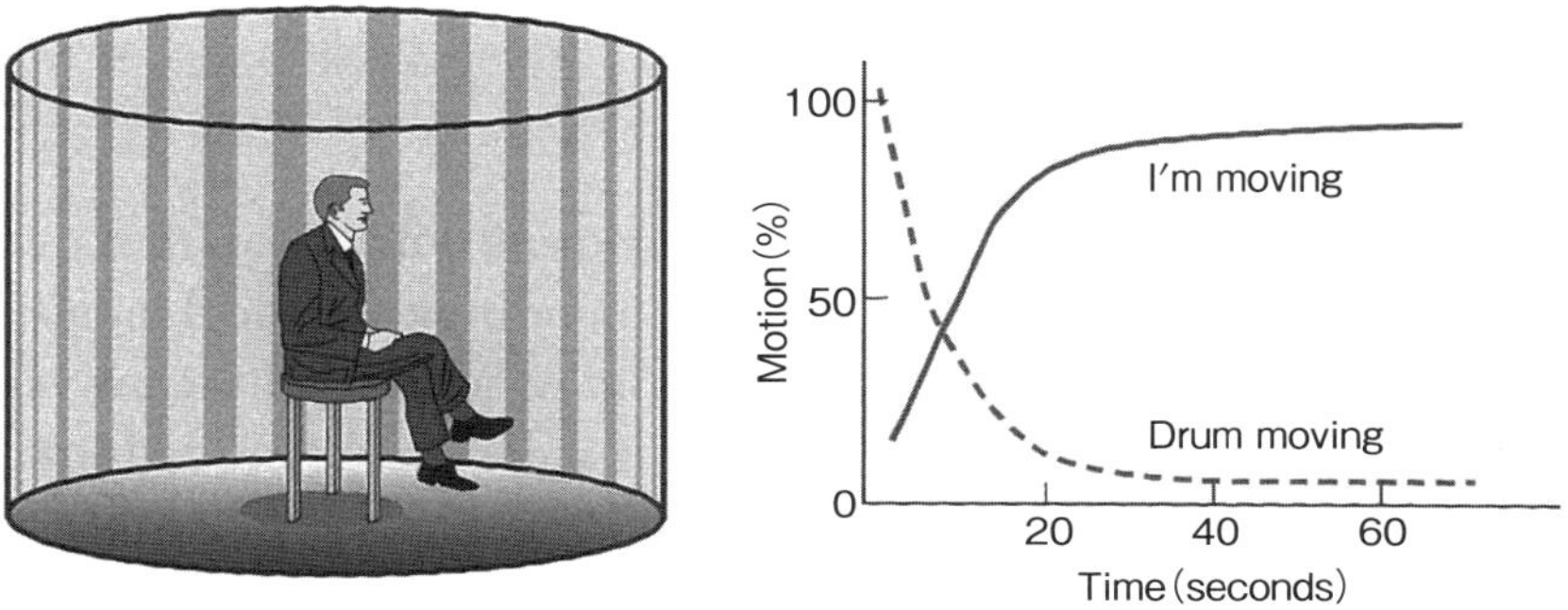

図 4-6　ベクション（Vection：視覚誘導性自己運動感覚[18]）
回転する大きな円筒の中に座っている人が円筒の内側に描かれた縦縞の動きを見続けると，最初は自分を取り巻く円筒が回転しているように知覚するが，10秒も経つと自分自身が回転しているかのように感じ始める。

つ第五次視覚野（MT野：Middle Temporal）の細胞群によって一つにまとめられて対象全体の動きとして処理されます。対象をとりまく環境の動きは、周辺視に依るところが大きく、主にMST野（Medial Superior Temporal）において処理されます。この周辺視による運動は、ギブソン[17]がオプティカル・フロー（optical flow：光学的流動）と呼んだもので、たとえば自分自身の前進歩行運動によって生じる周辺環境の流動（遠方から手前への動き）を知覚することによって自分がその環境内を移動しているという知覚体験を強めることになります。これらの運動の処理が身体感覚、たとえば体の揺れや足の動きなどによって生じる体性感覚と統合されることによって、よりリアリティの高い臨場感が生まれます。それを司っている大脳皮質領域が、大脳中心溝（その前部が運動野でその後部が体性感覚野）の後方に位置する腹側頭頂間溝領域（VIP）と呼ばれる領域です。たとえば、ベクション（Vection：視覚誘導性自己運動感覚）という現象がありますが、この代表的な例を示したものが**図4-6**です。[18] 回転する大きな円筒の中に座っている人が円筒の内側に描かれた縦縞の動きを見ると、最初は自分を取り巻く円筒が回転しているように知覚するのですが、一〇秒も経つと回転しているのは円筒ではなく、自分自身であるかのように感

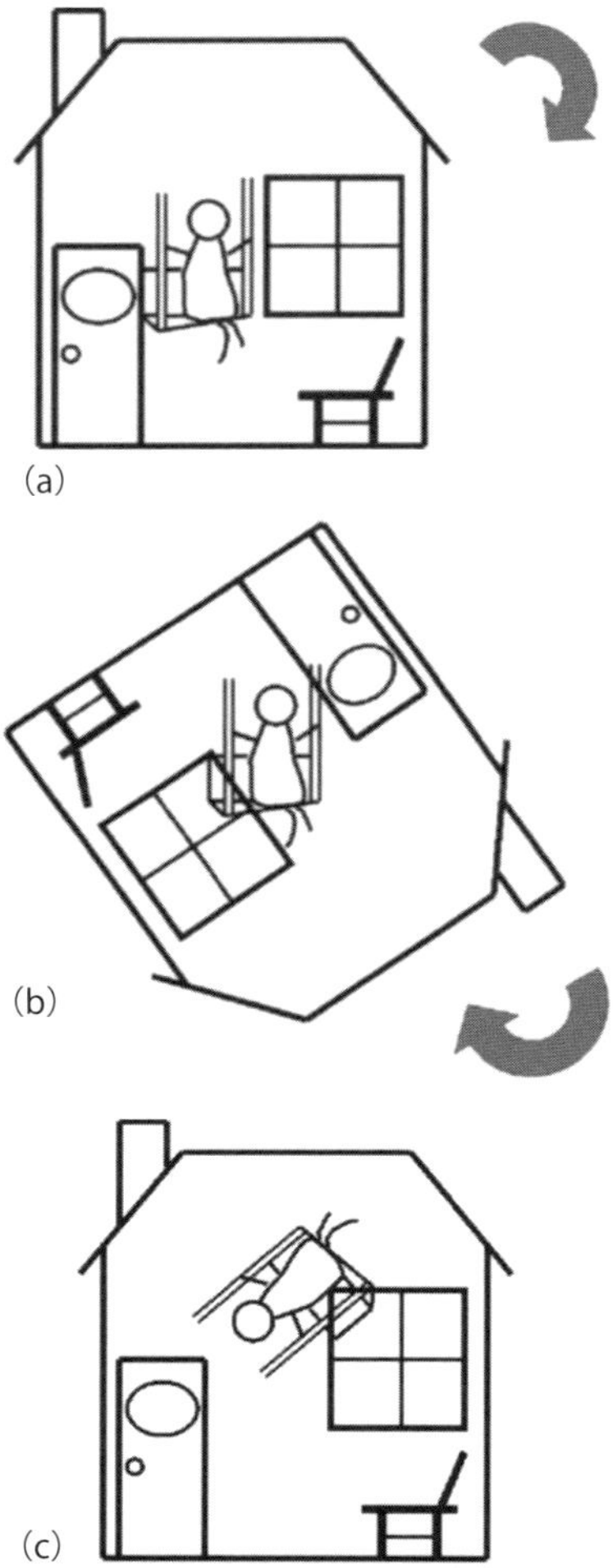

図4-7　ビックリハウス[19]

観客が座ったベンチは前後に少しだけ揺れるだけだが(a)，部屋の壁全体が回転すると(b)自分が座っているベンチが回転しているような感覚(c)に襲われてしまう。

じ始めるという現象です。この現象を利用しているものが、いわゆるバーチャルリアリティを用いたさまざまなアミューズメントです。たとえば、ビックリハウスと称されるアトラクションが設置されている遊園地がありますが、これは**図4-7**に示すように、[19] 観客はまず部屋の中央部に設置された椅子に腰かけます。その椅子は前後に少しだけ揺れるのですが（**図4-7a**）、それと同時に部屋の壁全体が回転するのです（**図4-7b**）。それによって観客は自分が座っている椅子が回転しているような感覚に襲われ（**図4-7c**）、多くの人はその椅子から放り出されまいとそれにしがみついたりしてしまいます。このようなバーチャルリアリティを用いたアミューズメントは最近の映画鑑賞でも見られるようになっています。立体メガネを用いた3D映像によっても十分臨場感は高まりますが、それだけではなく、主人公の動きに同期して座席が動くというものです。このことによって観客はあたかも自分がその映像の中で主人公と同じ体験をしているかのような知覚体験をすることになります。

このような視覚環境を備えた映像を比較的容易に、しかも次節で述べるような重要な動きを強調して描くことによって、キャラクターの動きへの一体感および臨場感を高めることが可能な点は、実写映画に比べてアニメーションの大きなメリットといえます。

2 アニメーションでは実写動画に比べて動きの強調が可能

アニメーションには、人物や擬人化された動物あるいは物が登場します。物語性をもたせてその内容への共感を期待する以上、観客が同化の対象とするキャラクターは人間的な感情をもっていることを前提とした動きを示す必要があります。感情を表現する主な方法としては表情やその変化を描くことが有効ですが、アニメーションの作成過程では、歩行や走行など身体全体の動きをよりリアルな人の動きに近づけると同時に、その特徴を強調することによってその動きの意味およびその背景となる心理状態を明瞭に伝えようとする工夫がなされています。たとえば人が平面上を歩行しているとき、身体全体は前進運動するだけではなく、上下運動を繰り返しています。しかもその歩き方によって上下運動の幅も変化します。急いでいるときは歩幅が広くなるために上下運動も大きくなりますが、とぼとぼとゆっくり歩く場合や重い荷物を背負っている場合などは歩幅が小さくなるので上下運動も小さくなります。このように全体の上下運動の幅によって歩行者がもつ肉体的・精神的エネルギーの違いを表現できますし、上下運動の幅を強調することによってその違いを明瞭に描き分けることも可能となります。もちろんこの場合、ウィテカーとハラスのように人の動作の特徴をアニメーション制作者が十分に理解し、どの動きを強調すればどのような印象が強くなるかについての知識を、事前の観察や経験によって蓄積しておく必要があることは言うまでもありません。

A　アニメーションで生物的動きを強調するための「先づめ」の手法

ある対象が空間上を等速運動する場合、運動開始時点での対象の速度は実際に比べて速く知覚され、その後減速するように知覚されることがわかっています。[20] これは運動を開始した対象の動きに追視が追いつかないために生じる現象と考えられます。アニメーションでは人が何か意図をもって（たとえば物を追いかける、あるいは逃げるなど）運動を開始する場合、**図4-8**に示すような予備動作（アニメーション制作ではアンティシペーション anticipation と呼ばれています）を加えることによって追視の遅れを回避し、その運動の力強さあるいは勢いを印象づけるという手法を用いることがあります。[21] **図4-8**に示したものは、運動方向とは反対方向への姿勢をいったんとることによって運動の勢いを印象づけるためによく用いられる手法ですが、ここまでしなくても、動き始めの運動速度を落とし、その後上げるという手法も一般的に用いられており、これを「先づめ」と呼びます。ただしこの場合「先づめ」したフレームから高速に動くフレームの間の速度のギャップが必要であり、そうすることによって「先づめ」した動きでは力を蓄えている印象が強まり、「先づめ」後の動きはより勢いのある動きとして印象づけられます。実際に人が動き始めるときの動作を考えてみると、力を急に入れて即座にある一定の速さで動くことは困難なために、どうしても最初の動きは遅く、一定の速さに到達するのに時間がかかることは十分に理解できることです。したがって人の動作開始を表現する場合、「先づめ」することによって移動開始時の力動的な印象が強くなり、人らしい印象が強められるといえます。たとえば、**図4-9**は、アニメーターの間では「ルパン走り」と称される走行動作を表現するために描かれた動画[22]の一フレームを示したものですが、この動きを動画として表現するときに、後述する「三コマ打ち」で提示した場合と、第一フレームを提示した後の二つのフレームを空白として提示した場合では、姿勢が変わるフレームの提示タイミ

図 4-8　予備動作の例[21]

この動作を加えることによってその後の動作を予測し，追視の遅れを防ぐことができる。

図 4-9　「ルパン走り」の 1 フレーム画像

これは，8フレームで1サイクルの走行動作を描いた動画[22]から抜き出したもの。

ングは同じであるにもかかわらず、「三コマ打ち」で提示したほうが走行動作は遅く、重い印象が得られます。逆に間の二コマを空白にした場合、そこで得られる印象は軽快で速く感じられます。これは、三コマ打ちの場合は同じコマが三フレーム連続してその直後に次の姿勢のフレームに移行するため、「先づめ」同様、「ため」の効果が生じ、動きの重さと同時に、その動作に要する力の強さを印象づけるためと思われます。

また、重力加速度に従った動きに対しては物体の動きであるという印象が強く、逆にそれに反する動きに対しては生物性の印象が強くなることが報告されています[23]。多くの釘を打ち付けた傾斜板の上を球体が転がるとき、その動きは釘にぶつかって方向を変えながらも重力加速度に従った動きをします。すなわち、釘にぶつかって方向を変えた直後はゆっくりで、その後重力加速度によって加速するという動きになります。中村[23]は、このような映像から転がる球体を点に置き換え、その動きだけを観察したときに得られる生物性印象について調べました。重力に従った動きの場合は無生物の動きであるという印象が強いのですが、この動きを逆転すると重力に反した動きとなるため、生物性の印象が強くなることが明らかになりました。たとえば、魚が遊泳しているときの動きを観察してみると球体の転がりを逆転したときの動きに近く、トゥレムレットとフェルドマンは、方向変化直後の速度が速い場合に生物性印象が強くなることを報告しています。[24] これは一方向への動きだけを切り取って見ると「後づめ」のようにも思われますが、方向を変える直前の減速している状態から方向変化後の高速の動きへの連続として考えるならば方向変化前の減速状態が「先づめ」で、方向変化後の速度とのギャップの大きさが生物的印象を強めることに寄与しているものと考えられます。

B 「後づめ」の手法

高速で移動してきた人物が急に停止する、あるいは急に方向を変えるという状況では、その速度に応じて反対方向への力が必要となります。アニメーションではこの反対方向への力を強く印象づけるために、停止直前のフレーム数を多くすると同時にフレーム間の対象の空間距離を短くするという手法を用いることがあり、この手法を「後づめ」と呼びます。これによって運動を制御しようとする意図、ならびに運動の目的地点に対する意図の印象を強くし、それが運動物体の生物性印象を強くすることにつながります。

これに関連した知覚現象として表象的慣性（representational momentum）というものがあります。等速で水平運動する物体が画面の途中で消失した後、観察者にその消失点の位置判断を求めると、実際に消失した地点よりも先のほうで消失したという判断が多く見られるという現象です。[25] とくに運動が垂直下方運動の場合、そのズレが大きくなることも報告されています。これは追視のオーバーラン現象といえるものですが、アニメーションで主要な対象の動きをしっかりと追視するためにはこの追視のオーバーランを抑制する必要があり、そのために停止直前あるいは運動方向変化直前に対象の動きを減速させること、すなわち「後づめ」という手法が有効になります。

また、運動対象を追視する際に運動の目的地点が画面上に明示されている場合、注視点は対象に先んじて飛

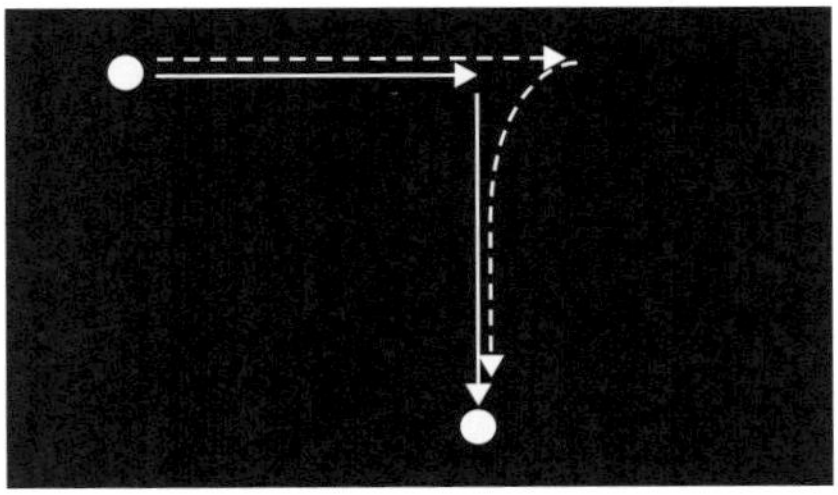

図4-10　直角方向変化に対する7の字軌跡知覚の例

画面左から等速水平運動をして現れた点が画面中央付近で直角に方向を変えて下方へ運動するが，多くの観察者は図の点線で示したような軌跡を描いて方向変化しているように知覚する。

越運動（saccade）によってその目的地点に移動し、そこで対象の到着を待つために追視が遅れることは少なくなります。逆に画面上に目的地点が存在しない場合は対象の動きを飛越運動によって後追いするという傾向が認められ[26]、そのために対象が急に停止したときや急に方向変化したときに注視点のオーバーランが生じて動きの知覚が歪められることがあります。それを顕著に示すものが**図4-10**に示す現象です。実線で示したように、黒の背景上を左から右へ水平に白い点が移動し、画面中央で急に下方へ九〇度方向変化したとします。この場合、観察者の多くが直角に方向変化したとは知覚せず、点線で示したように、方向変換点から少し行き過ぎたところから手前に、数字の「7」あるいは平仮名の「て」に似た軌跡を描いて方向変化したという報告が多く見られます。方向変化する位置に手がかりとなる刺激を提示するとこのような見え方はなくなるのですが、移動物体が方向変化する際にこの手がかり刺激が左右に移動すると、その動きに影響されて直角の方向変化が歪んで知覚されてしまいます[27]。

　アニメーションでは背景が描かれており、それが運動の枠組みを形成していることが多いので、このような歪みが生じることは少ないと思われますが、「後づめ」の手法を用いることによってこのような問題も解消できると考えられます。

　プレマックとプレマック[28]は単一物体運動の生物性印象を高める要因として、①対象の自動性と②目標指向的運動の二点を挙げています。アニメーションが命あるものの動きを描こうとするかぎりは、この二点を充足するための手法を用いる必要があると考えられます。その代表が「先づめ」と「後づめ」といえるのではないでしょうか。

3 アニメーションで対象が輪郭線に囲まれていることによるメリット

これまで主流であったセル・アニメーションには、キャラクターの多くが輪郭線によって囲まれているという特徴があります。もちろん輪郭線を描かないという手法もありますが、この場合セルとセルの間の対象の空間的距離が不明瞭になると同時に、流れるような動きとなり、メリハリの効いた通常のアニメーションとは異なった印象を与えることになってしまいます。流れるような動きを意図した場合は輪郭を描かないという手法が有効だとは思いますが、テレビアニメなどの商業アニメには不向きな手法といえるでしょう。輪郭線を描くことによって、その輪郭線を手がかりとしてフレームとフレームの間の対象の空間的ずれを容易に描き分けることが可能となりますし、見る側にとっても対象の形態知覚が容易になります。以下、輪郭線の存在のメリットについて視覚系の輪郭処理機構の説明を加えながら考えてみたいと思います。

A 「二コマ打ち」・「三コマ打ち」作画

連続した静止画像を一秒間に二四フレーム提示し、フレーム間の仮現運動によって画像に描かれた対象が動いて見えるという仕組みについては、アニメーションと実写動画の間に違いはありません。しかし両者間で大きく異なる点は、実写動画では一秒間に提示される二四フレームの静止画像の一枚一枚が連続的に変化するのに対して、アニメーションでは「二コマ打ち」あるいは「三コマ打ち」という手法によって同じ静止画像が連続して二フレームあるいは三フレーム提示された作品が多いという点です。**表4-1**は二四フレーム／秒のフ

表4-1　24フレーム／秒のフレームレートで提示したときの0.5秒間（12フレーム分）におけるフル・アニメーション，「2コマ打ち」，「3コマ打ち」のフレーム配置

コマ番号	0.5秒（24コマ/秒）											
	1	2	3	4	5	6	7	8	9	10	11	12
フルアニメーション	A	B	C	D	E	F	G	H	I	J	K	L
2コマ打ち	A	A	C	C	E	E	G	G	I	I	K	K
3コマ打ち	A	A	A	D	D	D	G	G	G	J	J	J

レームレートで提示したときの〇・五秒間（一二フレーム分）のフレーム配置を示したものですが、実写映像およびフル・アニメーションでは〇・五秒の間に提示されるA～Lの一二フレームすべてが異なるのに対し、「二コマ打ち」ではAのフレームを二回繰り返し、Bのフレームを省略してCのフレームを次に二コマ提示する、「三コマ打ち」ではAのフレームを三コマ連続して提示し、B・Cのフレームを省略して四コマ目から六コマ目にDのフレームを提示するという手法をとります。したがって二コマ打ちの場合は一秒間に一二フレームの静止画像を、三コマ打ちでは八フレームの静止画像を作成するだけでよいことになります。ディズニーの初期のアニメーションや最近のCGアニメーションでは、実写動画と同様に二四のフレームがすべて異なるフル・アニメーションの手法がとられていますが、近年ではむしろ二コマ打ちや三コマ打ちのほうがよりアニメーションらしい動きになることを指摘する意見も多く、アニメーターはこれらの手法を、描く場面や動く対象によって使い分けています。

日本で連続テレビアニメが登場した当初（『鉄腕アトム』1963など）、「二コマ打ち」・「三コマ打ち」の手法は作成すべきセル画の数が少なくて済むという、時間的・経済的負担を軽減させるという消極的な意味合いが強く受け止められていました。たとえば一週間に一回二〇分ものの作品を放映しなければならないとなれば、フル・アニメーションでは二八八〇〇枚の原画が必要となりますが、二コマ打ちであればその半分でよいし、三コマ打ちであればその三分の一の九六〇〇枚で済むことになります。コンピュータを用いて作画することが多くなってきた現在でもこの手法を用いることが多く、それで十分であるどころかむしろアニメーションらしい動きが表現できるとの意見も根強くあります。この背景にはもちろん、これまでのアニメーションにおける動きに対する慣れが存在することは十分考えられますが、「二コマ打ち」や「三コマ打ち」のメリットを積極的に考えようとする意見も多くあります。

その一つは吉村が第2章で述べているように、動きを実写動画に近くしようと努めることによって生じる「不気味の谷」への転落という現象があります。とくにロトスコープという手法によって作成した初期ディズニー・アニメーション（例えば『白雪姫』1937）の動きに対しては、違和感をもつアニメーション作家も少なくなく、この違和感を「ヌメリ感」あるいは「ヌルヌル感」という言葉を用いて表現することもあります。この点の説明については第2章に譲るとして、ここではアニメーションにおける輪郭の存在に焦点を当て、それと「二コマ打ち」や「三コマ打ち」との関連性について考察を進めていくことにします。

B　アニメーションセル画における輪郭の存在

アニメーションにおける動きは、一九一二年にウェルトハイマーによって提唱された仮現運動（apparent motion）の原理によって説明されています[29]。仮現運動とは、連続して提示される静止画像に描かれた対象の位置が変わった場合、前のフレームと次のフレームの提示条件の時間的空間的変数が適切であれば、それらの画像に描かれた対象が滑らかに運動しているように知覚されるという現象のことです。ウェルトハイマーはこの滑らかな運動が知覚される現象をϕ現象あるいはβ運動と呼んでいます。ただしウェルトハイマーの実験では、一つの点を左右に位置を変えて交互に提示したときにその点が滑らかに移動しているように知覚される状態をϕ現象と呼んでおり、四〇～六〇ミリ秒の刺激間時間間隔（interstimulus interval：ＩＳＩ）のときに滑らかな運動が知覚され、その状態を最適時相と呼んでいます。ＩＳＩをさらに短くしていくと二つの点が同時に別の場所に知覚されますが、その状態を同時時相、そしてＩＳＩを二四〇ミリ秒以上にすると運動ではなくそれぞれの位置に別の刺激が提示されるように知覚され、その状態を継時時相と呼んでいます。

その後、この滑らかな運動知覚（φ現象）に関与する変数および変数間の関係は、コルテの法則として次のようにまとめられています[30]。

コルテの法則：φ＝f(s/ig)

φ：ファイ現象（滑らかな仮現運動）

s：第一刺激と第二刺激の空間距離

i：刺激強度（刺激輝度とされる場合が多い）

g：ＩＳＩ（第一刺激提示終了後、第二刺激が提示されるまでの時間間隔）

この式は、他の条件が一定のとき、滑らかな仮現運動（φ現象）を維持するために必要な条件間の関係を示すものですが、次の第一から第四法則として言い換えることができます。

（1）刺激強度が増大した場合には最適空間距離も増大する必要がある（第一法則）。

（2）ＩＳＩが増大した場合には刺激強度を減少する必要がある（第二法則）。

（3）ＩＳＩが増大した場合には空間距離を増大する必要がある（第三法則）。

（4）ＩＳＩが増大した場合には刺激提示時間を減少する必要がある（第四法則）。

その後、カーネマンら[31・32]は、刺激の提示時間が一〇〇ミリ秒以下の場合、φ現象は、第一刺激の提示時間とISIの合計、すなわち第一刺激の提示開始から第二刺激が提示されるまでの時間（stimulus onset asynchrony：SOA）に依存することを示しました。これを受けて上記コルテの法則も、ISIではなく、最初からSOAを用いて表記されることが多くなっています。現在一般的に用いられている液晶ディスプレイのISIはほとんど〇ミリ秒となっています。ISI＝一〇ミリ秒の条件で、空間的に離れた二つの刺激を交互に点滅させると、ウェルトハイマーが示した同時時相（第一刺激と第二刺激が同時に観察される）になってしまいますが、映画やアニメーションのように一連の画像が連続的に提示される場合はISIが〇ミリ秒であっても運動知覚には何の支障もなく、この点からもSOAがより有効な指標だと理解できます。

上記コルテの第三法則は、第一刺激の提示時間を長くした場合、空間距離を増大させたほうがφ現象が生じやすくなることを示しています。そしてこの法則に従うならば、先に述べた三コマ打ちでは一つのフレームの刺激提示時間を一フレーム（二四分の一秒）から三フレーム（二四分の三秒）へと長くすることになりますので、前のフレームと次のフレーム間の空間距離が大きくても滑らかな動きを知覚できると考えられます。

しかしここで問題になるのが、フレームとフレームの間の対象間の対応問題、すなわち前のフレームに描かれている対象と次のフレームに描かれた対象が同一のものであると認識できるか否かという問題です。アニメーションでは背景などが比較的単純に描かれている場合が多いので、対応関係に支障をきたすことは少ないとは考えられますが、それでも空間距離が大きくなれば、前のフレームと次のフレームに描かれたものの間の対応関係に問題が生じることが考えられます。この対応問題の解決の手がかりになるものが、それぞれの静止画像に描かれた輪郭です。もともと漫画などの静止画をもとにそれらを動かそうとしてアニメーションという新しい表現手段が構築されてきたわけですから、用いていた静止画には明瞭な輪郭が描かれていることが多いことは誰もが認めるところでしょう。しかし、実写動画では対象の輪郭が描かれているわけではなく、観察者はそれぞれの画像から次に述べるような輪郭を抽出するという作業を余儀なくされることになります。すなわち、アニメーションでは、この輪郭抽出作業の負担が軽減するため、対象の対応関係が成立しやすくなるというメリットがあると考えられるのです。

このように考える根拠としては、単純反応時間に影響を与えるコントラスト（背景と対象の輝度の違いによって決まる）の効果を挙げることができます。単純反応時間とは、眼前に特定の刺激（ライトの点灯など）が提示されたと認識したらできるだけ速くボタンを押すなどの反応をしたときの、刺激の提示からボタン押し反応までの時間間隔を示します。通常、背景に対する刺激対象のコントラストが高い場合の反応時間はおよそ二〇〇ミリ秒です。ところがコントラストが低下すると反応時間は遅くなってしまいます。認識からボタン押しまでの時間は一定と考えられますから、コントラストが低いときは対象の認識に時間がかかることがわかります。

対象にあらかじめ輪郭が描かれていれば、背景とのコントラストが高い線分によって囲まれた対象を認識することになるため、その処理時間は短くなり、それがフレームとフレームの間の対象の対応関係を認識するうえで有利に働くことは十分考えられます。逆に、輪郭が明瞭に描かれていない実写動画ではその輪郭を検出するのに時間を要するため、フレーム間の対象の位置変化が大きいときに対応関係の形成に負担が生じ、滑らかな動きが知覚されにくくなることが考えられます。３Ｄアニメーションなどはフル・アニメーションとして作成されることが多いのですが、この場合、３Ｄにして立体感を強くするためには輪郭を明確に描かないほうが好ましく、そのため実写動画と同じように輪郭検出の作業に時間を要するものと考えられます。

Ｃ　輪郭検出のプロセス

輪郭を検出することによってそれに取り囲まれた対象の形の知覚が可能になるわけですから、視覚系の輪郭検出機構は対象認知において重要な働きをしていることになります。ここでは対象の輪郭がどのような視覚プロセスを経て検出されているかを説明することにします。

（1） 網膜光受容細胞の反応に関連する輪郭検出プロセス

眼球はつねに微細運動をしています。それぞれの網膜上の光受容細胞に光が当てられたとき、その微細運動によって当該細胞に入力される刺激の強さに変化が生じるのですが、その変化によって輪郭および輪郭に囲まれた形の知覚が可能になります。しかし眼球の微細運動によって一つの細胞に入力される刺激値の変化が弁別閾以下であれば輪郭は知覚されず、それに伴って対象の知覚も消失することがあります。

図4-11に示したトロクスラー消失では、図の中心部を片目で凝視し続けると最初は見えていた周辺のリングが消失してしまいます。このリングはグラデーションによる緩やかな輝度変化によって描かれているのですが、凝視したときの眼球の微細運動によって生じる単一光受容細胞に対する刺激変化が閾値を下回るために輪郭が消失し、周りの色によってその領域が充塡されて消失すると考えられます。

この周囲（灰色面）の充塡による消失現象が網膜光受容細胞のレベルだけではなく、上位の処理レベルも関与して起きていることを理解するために、**図4-12**を観察してみてください。灰色を背景として、左側に背景より濃い灰色の円、右には背景よりも薄い灰色の円が描かれています。どちらの円も緩やかなグラデーションによって描かれてはいるものの普通に観察していればその存在を知覚することはできます。次に、両者の中間にある凝視点（＋印）を注視し続けてみてください。二〇～三〇秒ほど注視していると左右両方の円が消失するはずです。そして消失の直後に画像上部の凝視点から下部の凝視点に目を移してみてください。そうすると凝視点の左には明るい円が、右には暗い円が知覚されるはずです。実際にはその領域は一面の灰色ですから、円は存在していません。にもかかわらず円が知覚される理由は、上部の円が、周りからの充塡によって消失して

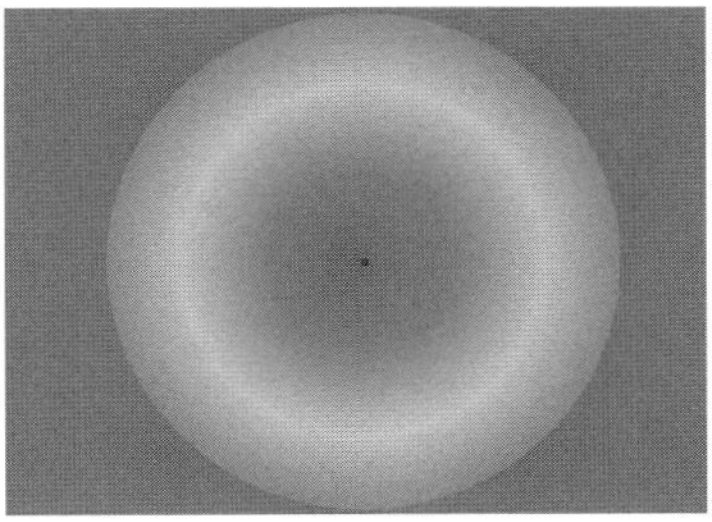

図 4-11　トロクスラー消失（リングの消失）
図の中心部を凝視し続けると，最初は見えていた周辺のリングが消失する。

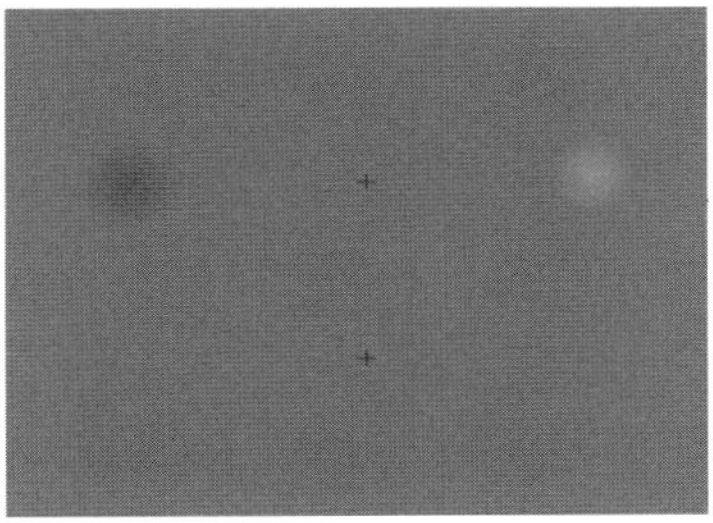

図 4-12　トロクスラー消失（網膜の残像）[18]
図の上部の凝視点（＋印）を凝視し続けると，左右の白い円と黒い円が消失する。その状態で図下部の凝視点（＋印）に目を移すと，白黒の円の左右が入れ替わって知覚される。

いても網膜上の光受容細胞の反応は持続しており、その残像が、下の凝視点に目を移したときに見えることを示しています。このことから、このトロクスラー消失およびその領域の充塡が網膜の光受容細胞レベルだけではなく、それよりも上位の処理系が関与することによって生じる現象であると考えられているのです。

（2）網膜神経節細胞の on - off 中心周辺拮抗型受容野による輪郭検出機構

先に述べた網膜上の神経節細胞のうち、とくに midget 細胞は視対象の輪郭の検出に寄与しています。これらの細胞は on - off 中心周辺拮抗型の受容野をもち、それが輪郭の検出に関わっていると考えられています。通常、各細胞は刺激がない状態では一定の自動的反応レベルを維持しているのですが、**図 4 - 13 e** に示すように、on - off 中心周辺拮抗型の受容野では、on 領域が刺激される（たとえば光が当たる）と（＋）の反応が生じて強い反応が生じます。それと同時に off 領域も刺激されると（−）の反応（抑制反応）が生じて、on 領域の（＋）反応と相殺し合い、反応は弱くなってしまいます。逆にどちらも刺激されなければ、弱い自動的反応レベルが維持されるだけとなります（**図 4 - 13 a**）。また**図 4 - 13 c** のように on 領域と off 領域がそれぞれ半分ずつ刺激された場合も、反応

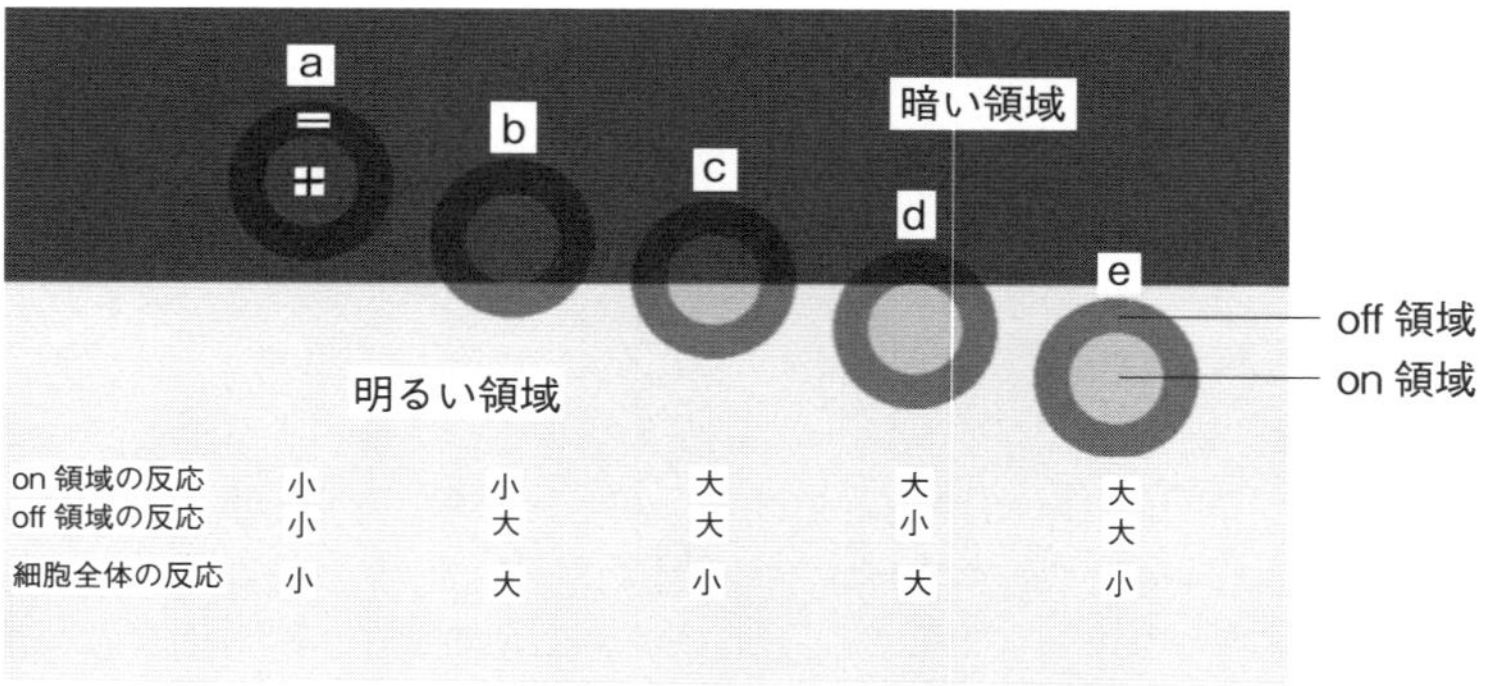

図 4-13　on-off 中心周辺拮抗型受容野の輪郭検出機構

図は on- 中心 off- 周辺型神経節細胞の反応を示したもの。(a)ではどちらにも光が当たっていないので反応は小さいが，(b)では周辺部だけに光が当たっているのでマイナス（抑制）の反応が大きくなる。(c)と(e)では on 領域と off 領域に同程度の光が当たっているので，それぞれの反応（＋と－の反応）が相殺して，細胞全体の反応は小さくなる。(d)では on 領域，off 領域両方に光が当たっているが，中心の on 領域のほうに多くの光が当たっているので，プラスの反応が大きくなる。このように，この受容野をもつ細胞に対象の輪郭部が投影されたときに＋あるいは－の反応が生じて輪郭を検出できる。

が相殺し合ってその受容野の反応は弱められてしまいます。しかし**図4-13d**のように、on領域の全体が刺激され、off領域の一部が刺激される場合は（＋）反応が優位となって輪郭が検出され、**図4-13b**のようにoff領域の一部だけが刺激される場合も（－）反応が優位になり、輪郭が検出されます。

このように、網膜上の神経節細胞は視対象の輪郭（エッジ）がその上に投影されたときに反応が顕著になるという輪郭検出器としての役割を果たしており、この処理によって神経節細胞から外側膝状体へ送られる主な情報の一つは輪郭線によって形成されたものであると考えられています。これは視覚的に体験されるものではありませんが、この段階での視覚像の特徴は、観察対象が**図4-14a**であるとするならば、**図4-14b**のような輪郭が抽出された形で伝達されているといわれています[18]。

図4-15はヘルマン格子錯視（Hermann grid illusion）と呼ばれるものですが、格子の中心部を見ていると、周辺視された格子の交点に灰色の影が知覚されます。灰色の影を確認しようとして目を移す

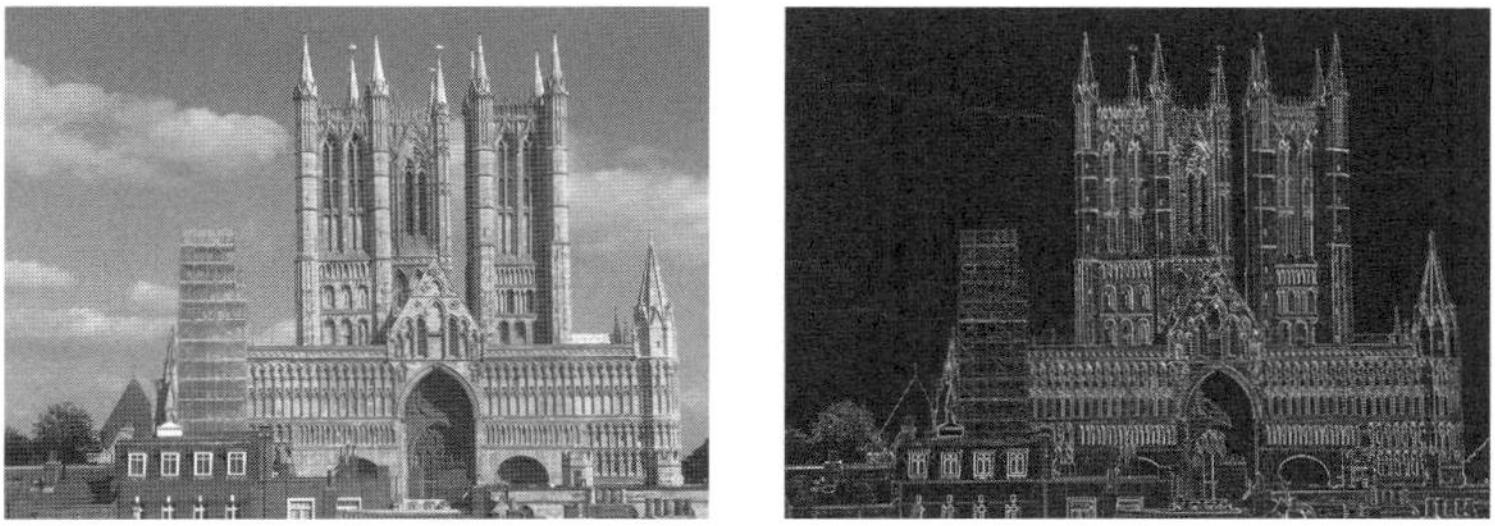

(a)　(b)

図 4-14　リンカーン大聖堂(a)とその輪郭図(b)

視覚像が網膜の神経節細胞で処理され，その輪郭像が視覚情報の一つとして外側膝状体へ伝達されていると考えられている。

とそこには影は見えず、周辺視された交点にだけ影が見えます。この錯視現象が生じる一つの理由として、上に述べた神経節細胞のon-off中心周辺拮抗型受容野の性質が挙げられています。[33] すなわち、**図4-16**の左側に示された受容野のように、受容野の左右のoff領域だけが反応する場合に比べて、格子の交点では上下左右のoff領域が反応し、その分on領域の反応をより強く抑制するために、格子の交点だけが暗く知覚されることになるという説明です。また、中心視では影が知覚されず、周辺視のみで知覚される理由としては、網膜の中心窩付近の受容野のサイズが周辺視に比べて小さいことによるものと考えられています。

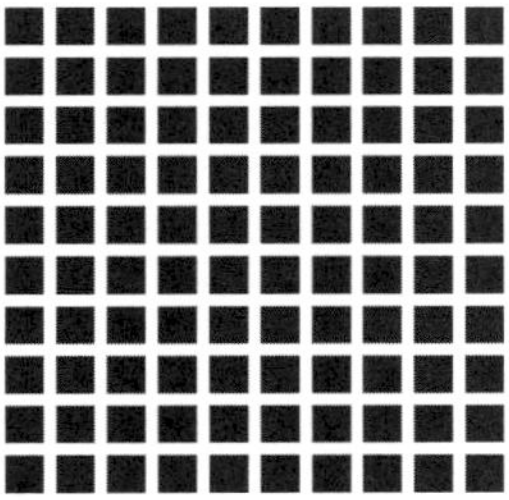

図 4-15　ヘルマン格子錯視

周辺視している交差部位に灰色の影が知覚される錯視現象。

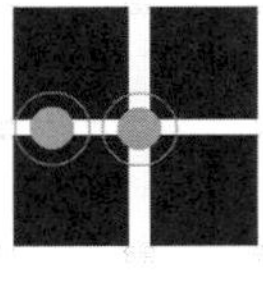

図 4-16　ヘルマン格子錯視説明図

格子図形の交差部位と水平部位がon-off中心周辺拮抗型神経節細胞の受容野上に投影されたとき，左右二方向からの抑制反応が生じる水平部位に比べて，上下左右から抑制反応が生じるため交差部位は暗く感じられると考えられている。

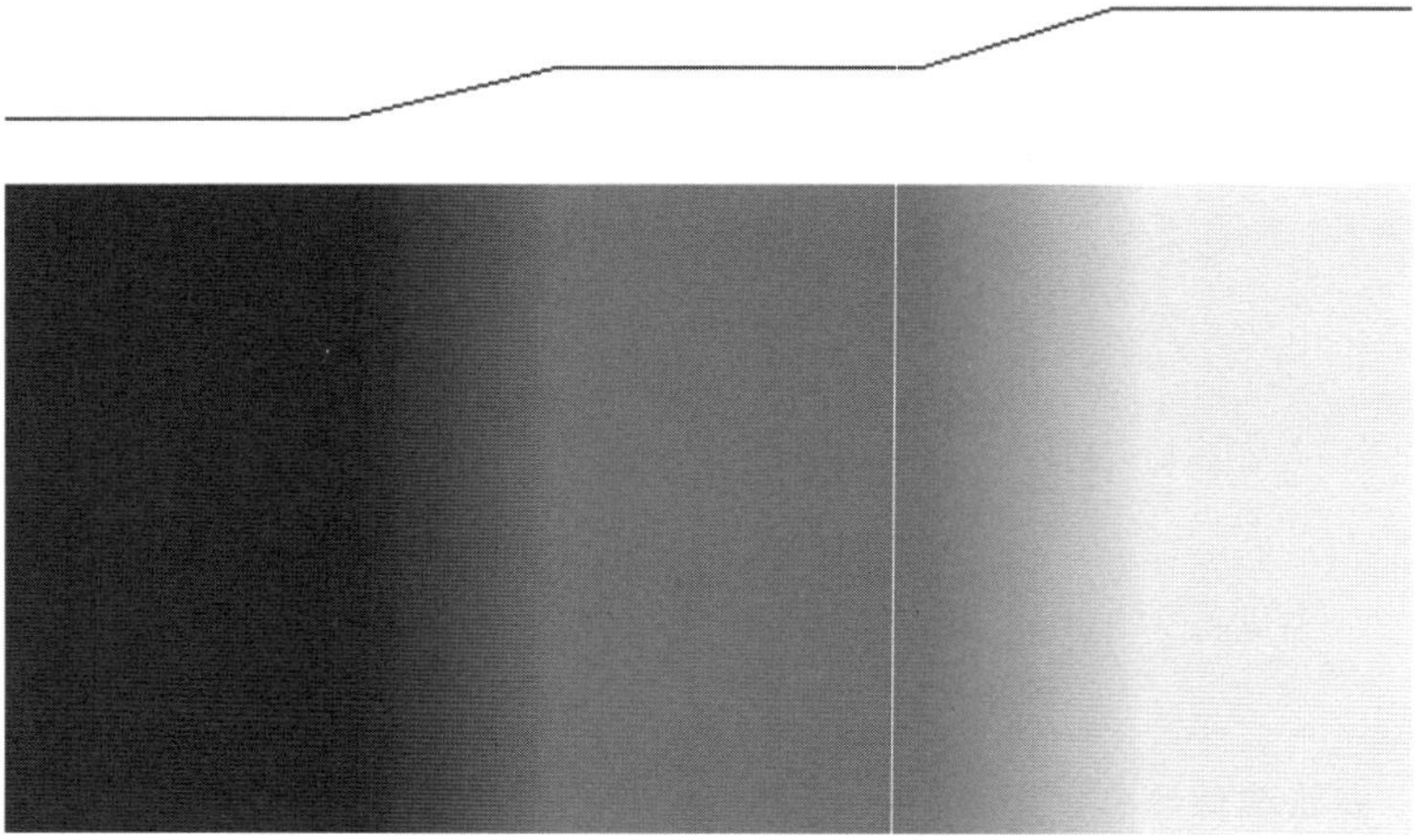

図 4-17　マッハの帯

左側の暗い面から右側の明るい面のほうへ勾配をもって輝度が変化しているが，輝度変化の始まる部位に暗い縦の帯が見え，輝度変化が終わる部位に明るい縦の帯が見える。この現象は輪郭を明瞭にするための側抑制機構によって説明されている。

（3）網膜神経節細胞の側抑制による輪郭検出機構

神経節細胞のレベルにおいて、輪郭をより明瞭にするための側抑制（lateral inhibition）という機構が働いていることもよく知られています。**図4-17**はマッハの帯（Mach band）と呼ばれるものですが、図の上に示された輝度変化勾配を見てわかるように、三つの明るさの異なる面とその間を、明るさの低いほうから高いほうへ変化するグラデーションでつないだものです。この図で見られる特徴的な現象は、暗い面とグラデーション面との境界領域に、より暗い縦の帯が知覚され、明るい面とグラデーション面の境界領域には、より明るい縦の帯が知覚されることです。この現象は、神経節細胞が反応する際、隣の神経節細胞に対して抑制的な信号を与えることによって生じることがわかっています。

わかりやすくするために、神経節細胞が横一列に並んでいるものとして**図4-18**を用いて説明します。たとえば一〇の強さの信号が一つの神経節細胞に伝達されるとき、両隣の細胞に対して二〇％の抑制信

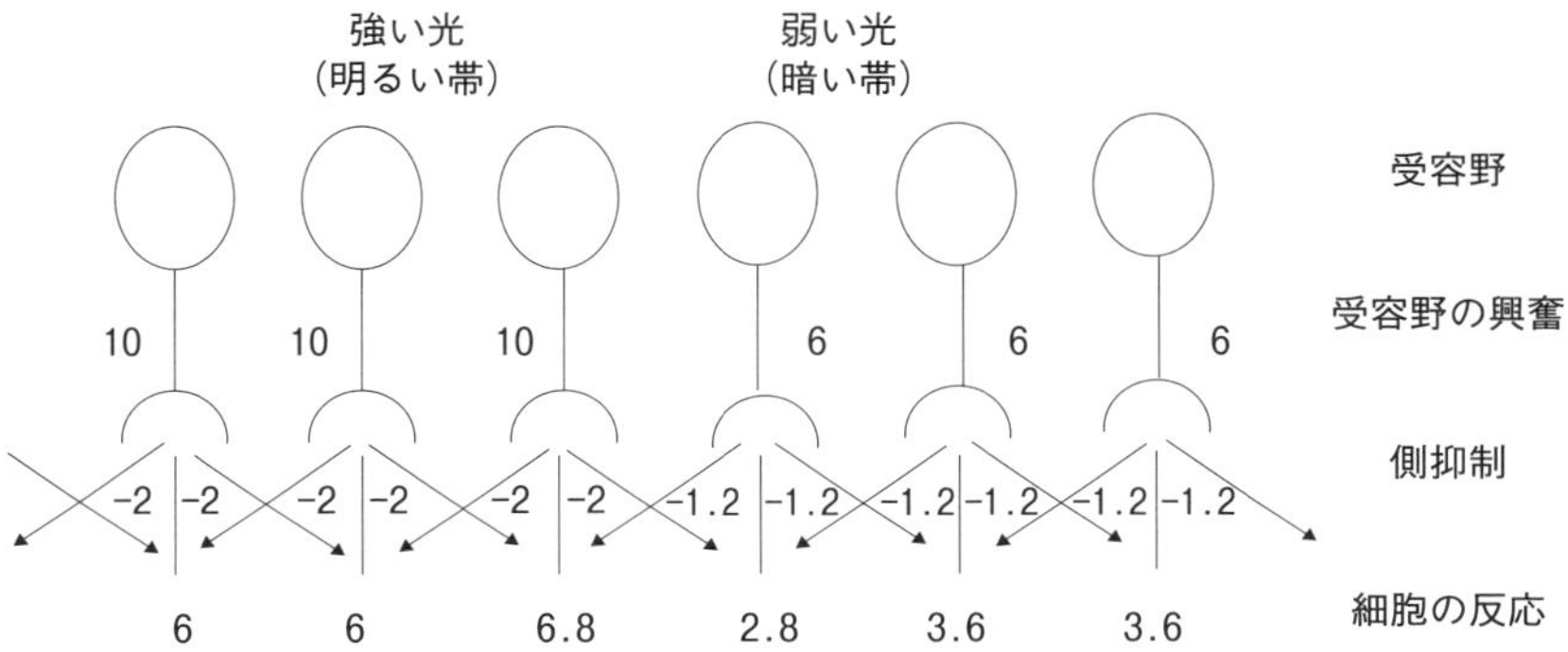

図 4-18　側抑制の説明

輪郭をより明瞭に知覚するために隣接する神経節細胞同士で互いに抑制信号を与えていることがわかっている。たとえば両隣の細胞に対して20％の抑制信号が送られるとする。この場合，一つの神経節細胞の出力は両隣の細胞から抑制信号を受けて，10の信号を受ける明るい部位に対応した細胞はどれも同じ出力10－2－2＝6となり，6の信号を受ける暗い部位に対応した細胞は6－1.2－1.2＝3.6の出力となる。しかし図4-18の中央部の二つの細胞のようにエッジに隣接した10の入力を得た左の神経節細胞の出力は両サイドの細胞から20％ずつの抑制が働いて10－2－1.2＝6.8となり，エッジに隣接して6の入力を得た右側の細胞の出力は6－2－1.2＝2.8となる。多くの細胞群の出力は6あるいは3.6であるのに対し，エッジに隣接した細胞群の反応は明るいほうが6よりもより明るい6.8となり，暗いほうがより暗い2.8となって，輪郭部の明るさの違いを際立たせる働きを果たしている。

号が送られたとしましょう。当該の神経節細胞を含めた近傍に同じ強さの信号が入力されるならば、相互に抑制信号を送るため、一つの神経節細胞の出力は両隣の細胞から抑制信号を受けることになります。したがって、輝度変化がない明るい部位ではどれも同じ出力一〇－二－二＝六となり、六の強さの信号が入力された細胞群では六－一・二－一・二＝三・六となります。しかし**図4-18**の中央部のエッジに隣接して一〇の入力を得た左の神経節細胞の出力は両サイドの細胞から二〇％ずつの抑制が働いて一〇－二－一・二＝六・八となり、エッジに隣接して六の入力を得た右側の細胞の出力は六－二－一・二＝二・八となります。多くの細胞群の出力は六あるいは三・六であるのに対し、エッジに隣接した細胞群の反応は明るいほうがより明るい六・八となり、暗いほうがより暗い二・八となって、輪郭部の明るさの違いを際立たせる働きをすることになります。このような機構により、**図**

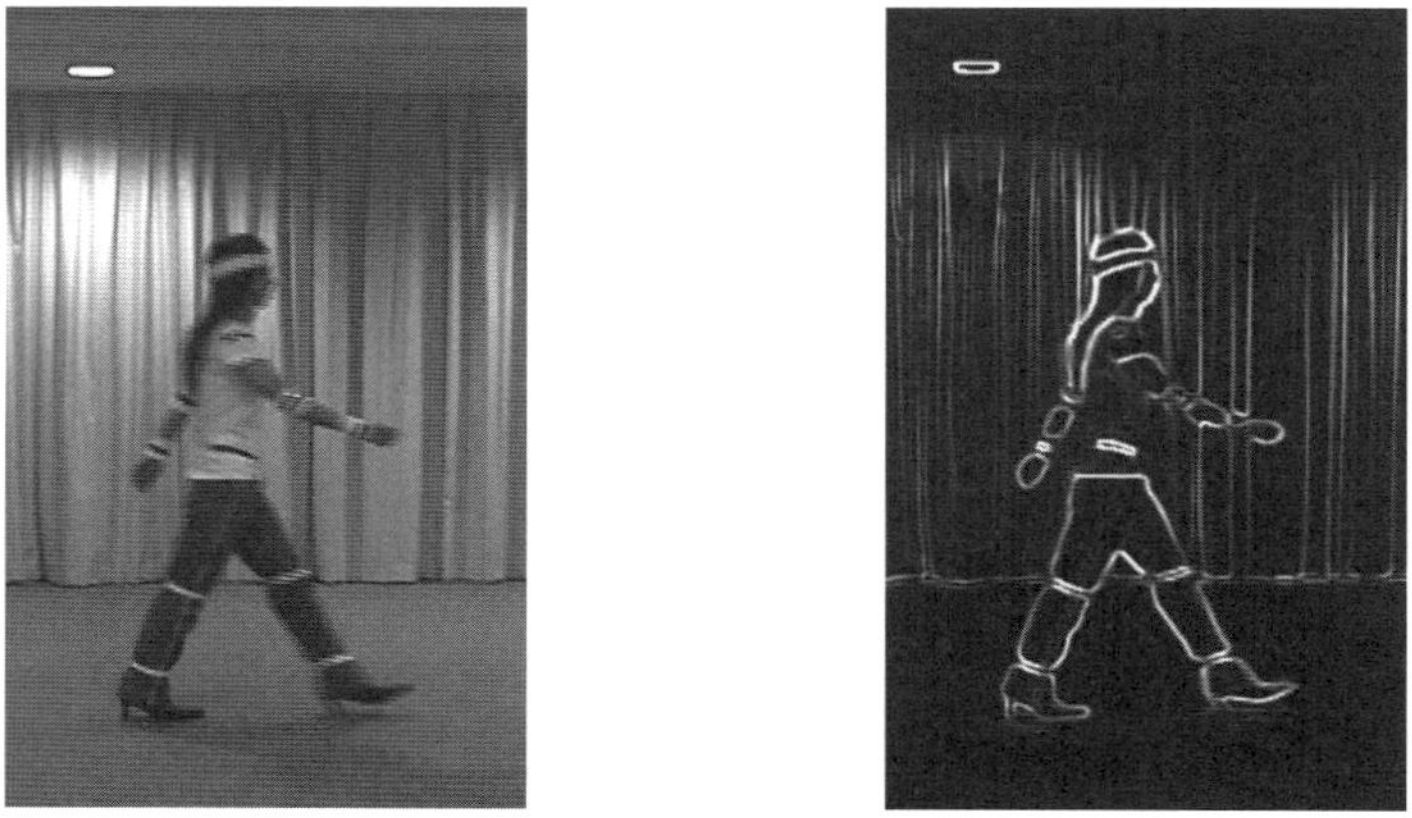

図 4-19　実写動画と輪郭動画

歩行動作映像の一画面を示したもの（左）とその画像を Adobe Photoshop のフィルター機能を利用して輪郭部分だけを抽出した画像（右）を示したもの。

4-17に示すような物理的には存在しないマッハの帯が知覚されるわけです。なお、この抑制信号を送っているのが、神経節細胞間をつなげるアマクリン細胞であるといわれています。

（4）実写動画と輪郭動画の違い

図 4-19は、人の歩行動作映像の一画面を示したもの（左）とその画像を、Adobe Photoshop のフィルター機能を利用して輪郭部分だけ抽出した画像（右）を示したものです。動画のすべての画像に同様の処理を施して輪郭線動画を作成し、これと実写動画について二コマ打ちから六コマ打ちまでの動画を作成して比較してみます。すると、歩行動作のようにゆっくりとした動きの場合に比べて、走行動作のようにフレームとフレームの間の人物の位置変化が大きい場合は、明らかに輪郭線動画のほうが滑らかな印象が強いことがわかります。また輪郭線動画についてはフル・アニメーションよりも二コマ打ちや三コマ打ちのほうがメリハリのある、躍動感のある動きになることもわかりました。さらに、五コマ打ちや六コマ打ちの動画を作成しても輪郭線動画における動きの知覚に大きな問題は生じな

いのですが、実写の場合は途中で削除するコマが多くなると動きの不自然な印象が強くなってしまいます。このことからも、アニメーションにおける輪郭の存在が、形の知覚やフレーム間の対応関係の認識を促進していることが理解されます。

4　アニメーションと仮現運動

ここではアニメーションにおいて対象を動かす原理として考えられている仮現運動知覚の処理プロセスについて考えてみることにします。

連続的に描かれた静止画を動かす最初の方法は、プラトーが一八三二年に発明した「驚き盤（フェナキストスコープ：Phenakistoscope）」といわれるものでした（**図4-20**参照）。人や動物の動作を連続的に描いた画像を円盤上に描き、それを垂直に立てて回転させながらスリットを通して観察すると、あたかも対象や人物が連続的な動きをしているように知覚されるという手法です。その後、一八三四年にホーナーが、円筒の内側に等間隔に開けられたスリットとスリットの間に連続した静止画を描き、円筒を回転させてスリットを通して観察するという回転のぞき絵（ゾートロープ：

図4-20　驚き盤（フェナキストスコープ）
人や動物の動作を連続的に描いた画像を円盤上に描き，それを垂直に立てて回転させながらスリットを通して観察すると，対象や人物が連続的な動きをしているように知覚される。

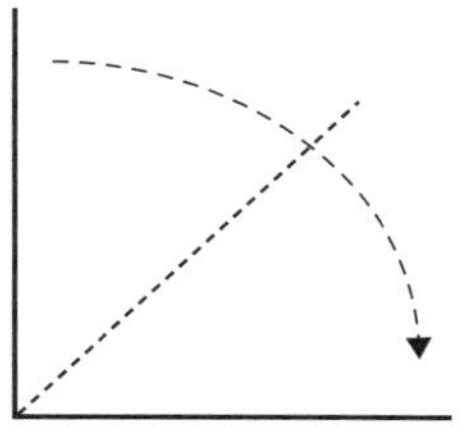

図 4-21　仮現運動実験状況

図の縦線分を第１刺激，横線分を第２刺激として適切な時間間隔で連続的に提示すると縦線分が矢印の方向に倒れる様子が仮現運動として知覚される。

Zoetrope）を開発していますが、原理的には「驚き盤」と同じものといえます。その後、録画技術および映写技術の発展とともに一九二〇年代から、アメリカン・アニメーションにおいて、連続的な動きを描いた静止画のコマ撮りを動画フィルム同様に映写するという方法がとられるようになりました。これによって大衆的な商業アニメが発展し、アニメーションは一般的なものとなっていきました。静止画像の各フレームをどのように作成するかについてはさまざまな手法があり、それについてはここでは省略しますが、ある一連の動きを想定したときにその動きを作者の意図に応じて間欠的に抽出し、それを静止画像として制作するという方法が一般的な方法といえます。

実写動画では一秒間に連続的に二四フレームを提示するという方法をとり、それによって実際運動とほぼ同じ滑らかな運動を観察することができることは映画やテレビの視聴経験があれば理解できるものと思われます。しかしそれぞれのフレームに描かれた対象の位置は動きに応じてフレーム間で空間的なずれが生じています。それにもかかわらず、なぜそこに滑らかな動きが観察されるのでしょうか。従来の仮現運動研究では、運動が滑らかに知覚される現象を基準として、それを可能とする刺激条件に関する研究が中心でした。しかし、当該の条件の仮現運動において、なぜ滑らかな動きが知覚されるかについては、十分に理解されているわけではありません。

たとえばこれまでの仮現運動研究では、**図4-21**に示すような第一刺激と第二刺激がおよそ四〇ミリ秒の時間間隔（ISI）を置いて提示されたときに、それぞれの画像に描かれた対象の一方から他方へのスムーズな運動が観察されることなどが示されてきたのですが、その動きの軌跡上に対象の内的表象が生まれていると考え、この点を実験的に研究するようになったのは、そう古いことではありません。

A　仮現運動軌跡上の内的表象の形成

ヤンティスとナカマ[34]の研究は、仮現運動の軌跡上に生じる内的表象について実験的に検証した代表的研究の一つといえます。

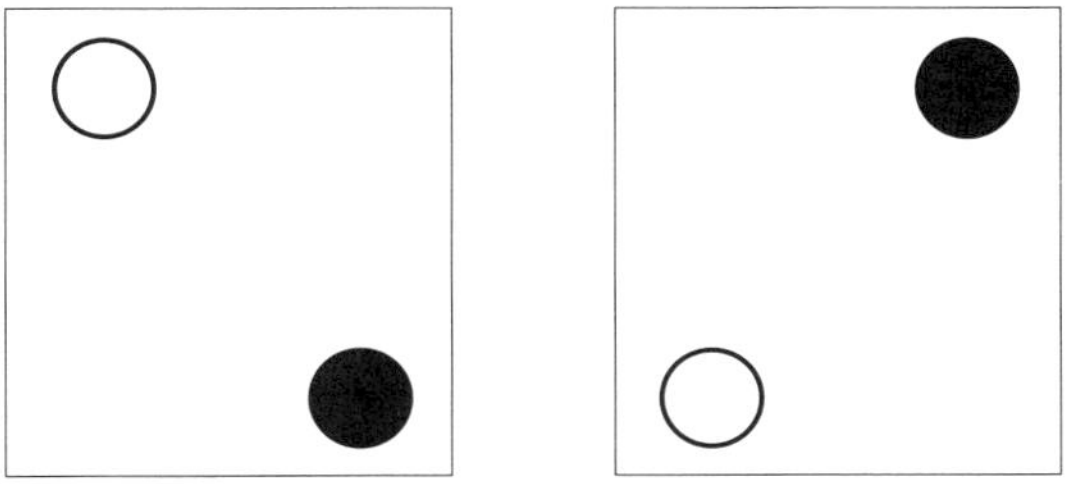

図 4-22　ヤンティスとナカマの実験刺激図

図の第１刺激と第２刺激を適切な時間間隔で交互に提示すると仮現運動が知覚されるが，この場合の仮現運動は両義的であり，上下の仮現運動を知覚する被験者もいれば，左右の仮現運動を知覚する被験者もいる。そこで彼らは第１刺激と第２刺激のＩＳＩにおいて，左右，あるいは上下に運動する軌跡の中間点に，ちょうどその対象がその上を通過すると考えられるタイミングに合わせて文字を提示し，それに対する認知反応時間を調べた。

彼らは**図4-22**に示す第一刺激と第二刺激を仮現運動が生じる条件で交互に提示しました。この刺激で知覚される仮現運動は両義的であり、上下の仮現運動を知覚する被験者もいれば、左右の仮現運動を知覚する被験者もいます。そこで彼らは第一刺激と第二刺激のＩＳＩにおいて、左右あるいは上下に運動する軌跡の中間点に、ちょうどその対象がその上を通過すると考えられるタイミングに合わせて文字を提示し、それに対する認知の反応時間を調べたのです。その結果、上下の仮現運動を知覚している被験者では上下の軌跡上に提示された文字に対する反応時間が遅れ、左右の仮現運動を知覚している被験者の場合は左右の運動軌跡上に提示した文字に対する反応時間が遅れるという結果が得られたのです。このことから彼らは、仮現運動を知覚しているときはその軌跡上に対象の内的表象が形成され

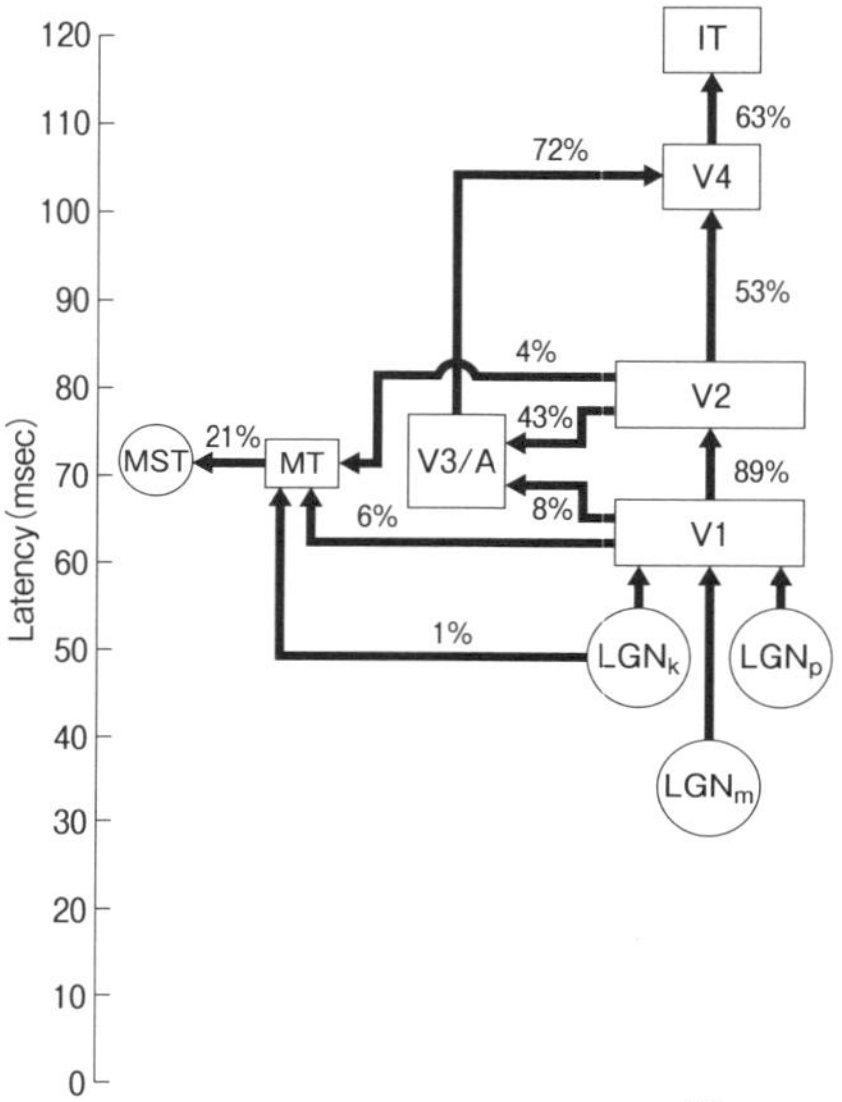

図 4-23　視覚系の処理時間の違い[37]

大脳 MT 野および MST 野において運動が処理されており，連合野である IT 野（下側頭葉：図4-3の TE に該当する）において形や色が最終的に処理されて対象の認知に至る各領域の処理時間を比較してみると運動の処理時間が70ミリ秒前後であるのに対し，形の知覚には120ミリ秒と時間がかかることがわかる。

ており、その表象が軌跡上に提示された文字の認知を妨害したために認知が遅れたと考えました。このような仮現運動事態において、実際には刺激が提示されていない領域に対応する第一次視覚野（V1）に反応が生じ、それが内的表象を生じさせていることについては多くの研究者が指摘するところではありますが[35]、それがどのような神経プロセスによって可能になるかという点については十分な研究がなされているわけではありませんでした。この点を実験的に検証した研究がシュテルツァーら[36]の研究といえます。彼らはｆＭＲＩ（Functional Magnetic Resonance Imaging：機能的磁気共鳴画像法）を用いた実験によって、仮現運動の軌跡に対応する内的表象はＭＴ野（第五次視覚野）からV1（第一次視覚野）へのフィードバックによって表現されるという説を提唱しています。すなわち、**図4-23**に示すように[37]、形の知覚に比べてＭＴ野での運動の知覚の処理時間は短いために運動が先に処理され、その結果が対象の知覚に寄与するV1にフィードバックされて、実際には対象が提示されていない位置に対象の内的表象が形成されると考えたのです。シュテルツァーら[36]の実験方法および仮説を証明する根拠となる結果を、以下に示します。

仮現運動を生じさせる刺激の一例が**図4-24**に示したものです。この刺激では画面の右上に縦棒を、左下に横棒を交互に提示します。通常、提示した刺激間を最短距離で移動するように仮現運動は知覚されるのですが、**図4-24**のように両刺激を少し傾けることによって、図示したような弧を描いて運動するように知覚されます。逆に縦棒と横棒を反対方向に傾けると、画面右下を弧を描いて運動するように知覚されます。統制条件として、縦棒と横棒が同時に点滅するフリッカー条件を設定しています。そのうえで、刺激を提示したときのV1とＭＴ野の反応をｆＭＲＩによって測定したのです。その結果、以下のことが明らかになりました。

(1)　仮現運動の軌跡に対応するV1領域と対応しないV1領域の反応を比べると、前者の反応のほうが大きい。

(2)　フリッカー刺激を提示した条件で同様の比較をしても、各領域の反応の間に違いは認められない。

(3)　仮現運動条件とフリッカー条件とで、V1領域全体の反応と仮現運動の軌跡に対応しない領域の反応とを比較しても、違いは認められない。

(4)　ＭＴ野の反応を仮現運動条件とフリッカー条件で比較す

図4-24　シュテルツァーらによる実験刺激
図の縦棒と横棒を交互に提示すると両者が若干傾いていることによって２刺激間の最短距離を移動する仮現運動ではなく，図に示した矢印の軌跡に沿った仮現運動が知覚される。

ると、前者の反応のほうが大きい。

フリッカー条件においては仮現運動軌跡に対応するV1領域の反応が小さいことから、この領域は二つの刺激の単純な提示によって生じるのではないことがわかります。このことからシュテルツァーら[36]は、仮現運動の軌跡に対応するV1領域の反応は運動を知覚したMT野からのフィードバックによって生じると考えたのです。

アルスティラ[38]も、これまでの仮現運動研究をまとめるなかで、シュテルツァーらの考えを支持しました。彼は、MT野は仮現運動知覚に重要な役割を果たしているが、とくにMT野の反応がV1にフィードバックされて初めて仮現運動が明瞭に知覚されるようになると述べています。

図4-25　ルパン走り動画の１フレーム画像

８フレームから成るルパン走り動画における人体の主要な関節部に点をつけて提示したときの１フレーム画像。左図では人物の主要な関節部位にポイントが取り付けられている。

このシュテルツァーらの主張を、アニメーションによってわかりやすく示したものが、**図4-9**の「ルパン走り」動画に一つの修正を加えたものです（**図4-25**参照）。

ここでは、「四コマ打ち」によって作成したアニメーション動画を基本としています。そして左の走行する人物の動画では、人物の主要な関節部に黒丸をつけてポイント・ライト・ウォーカーの要素も付け加えることにしました。また左の走行動画では、走行する人物が描かれていない空白のフレームが二フレーム設定される場合と三フレーム設定される場合があるのですが、そのいずれにおいてもポイント・ライト・ウォーカーのポイントについては空白のフレームを設定することなく、右の人物と同じ四コマ打ちで提示されています。すなわち、左の動画では、空白フレームが介在する動画と空白フレームのないポイント・ライト・ウォーカーの動画が混在したものとなるわけです。人物が提示されない空白フレームが二コマ設定された動画を観察すると、動作が切り替わるタイミングはまったく同じであるにもかかわらず、線画の人物の動きとポイントの動きにずれが生じるという現象が観察されます。たとえば膝の部分だけを見ますと、線画の人物の膝はポイント・ライト・ウォーカーの膝のポイントに先駆けて次の動作に移っているように見えます。すなわち人物の膝の位置は、ポイントの位置と次の動作のフレームの中間の位置にあるように知覚されるのです。このことは空白のフレームがある場合は次のフレームの中間に心内表象が形成される、というヤンティスとナカマ(34)およびシュテルツァーら(36)の研究結果に一致する現象を呈していると考えることができるのです。

もう一点この動画からわかることは、左の動画をポイントだけにするとその動画から人の走行が知覚できないという点です。もともと線画による動画は一連の走行動作のなかから特徴的な姿勢を八つだけ取り出して描いたものですが、実際の人の走行とは程遠い動作を示しています。したがって点の動きだけを観察してもそこに走行動作を知覚することはできないのですが、それを囲む線画を加えることによって、線画のもつ意味が付与され、人の走行動作が知覚されることになるわけです。実際の動きとは違っていても、線画が付与されて形が知覚できれば、全体の動作を一つの意味のあるものとして知覚できることを示す好例ともいえるのです。すなわち、形や対象の特徴を知覚しただけでは仮現運動による運動知覚として十分ではなく、動きの知覚と形の知覚が融合して、刺激対象の滑らかな仮現運動が知覚されるようになると考えられるのです。

B　「林の影の運動による色の捕捉」現象

運動が知覚されることによって、不完全に提示されている対象の形や特徴が運動に捕捉され、実際には提示されていない位置にもそれが存在するかのような知覚が生じる錯視現象に「林の影の運動による色の捕捉」と

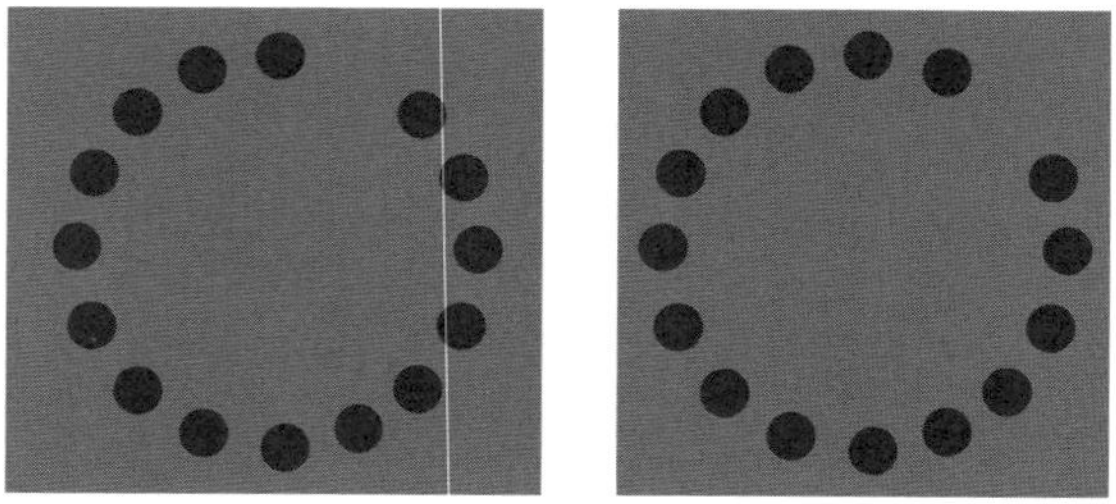

(a)　(b)

図 4-26　林の影の運動の説明図

(a)から(b)のように，灰色を背景として円周上に等間隔に配列された16個の黒丸が１個ずつ順に反時計回りに消えては現れるという刺激を提示すると，その消えている時間が長い条件（たとえば250ミリ秒）では，(a)の空白の位置にその右側にあった黒丸が反時計回りに順次移動するという様子が観察される。しかし，それぞれの黒丸が消えている時間を短くすると（たとえば60ミリ秒），形のない灰色が時計回りに回転運動している様子が知覚され，その動きを「林の影の運動」と呼ぶ。

いう現象があります。[39] これは前述の「仮現運動における心内表象の形成」という説の傍証ともいえるものです。

「林の影の運動」とはハヤシ[40]によって new apparent motion (v-movement) として紹介されたもので、以下に示すような現象です。

図4-26のaからbのように、灰色を背景として円周上に等間隔に配列された一六個の黒丸が一個ずつ順に反時計回りに消えては現れるという刺激を提示すると、その消えている時間が長い条件（たとえば二五〇ミリ秒）では、**図4-26a**の空白の位置にその右側にあった黒丸が反時計回りに仮現運動する様子が観察されます。したがってその位置変化が一周するときの全体の動きとしては、次々と反時計回りに黒丸が一つずつ仮現運動を繰り返しているように見えます。次にそれぞれの黒丸が消えている時間を短くすると（たとえば六〇ミリ秒）、黒丸一個一個の反時計回りの仮現運動は知覚されず、形のない灰色が時計回りに回転運動している様子が観察されます。ハヤシはこの現象を連続的な off-neuron の反応による仮現運動であり、これまで研究されてきた仮現運動とは異なる「新しい仮現運動（v-movement）」と呼んでいます。

この現象を運動検知モデルに照らし合わせてみますと、[41] 対象の運動に伴って生じる明るさの変化を検知する機構（energy-based motion detector）および色や形などの特徴をもった対象の位置変化を検知して運動を知覚

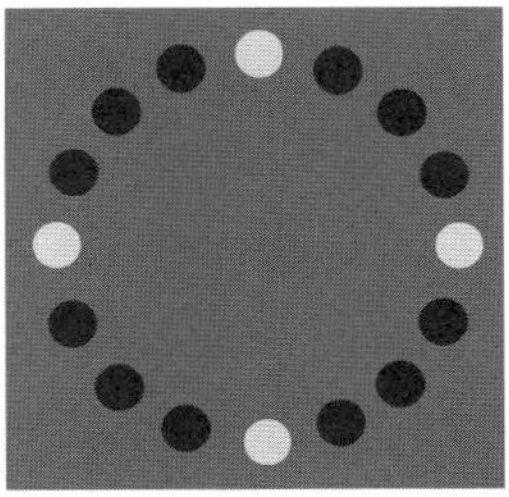

図 4-27　林の影の運動による色の捕捉錯視現象の説明図①

林の影の運動の刺激条件において動きのタイミングに合わせて上下左右の 4 カ所に青丸を提示すると，全体の回転運動に青丸が捕捉されて，青丸が時計回りに回転運動する様子が知覚される。

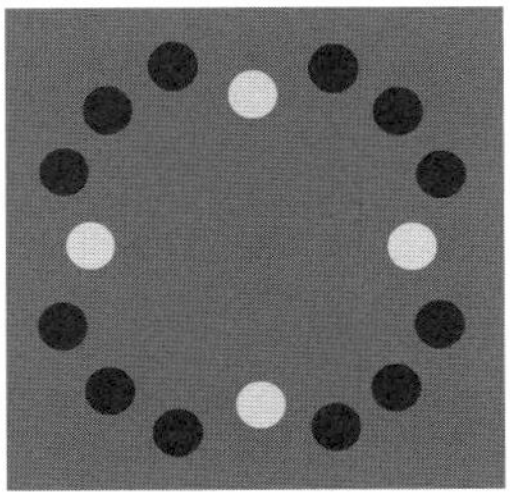

図 4-28　林の影の運動による色の捕捉錯視現象の説明図②

青丸の提示位置を実際の運動の軌跡上から内側にずらして提示しても青丸が回転運動しているように知覚される。

する機構（feature-based motion detector）のうち、前者だけが機能している状況と考えることができます。なぜならば、運動対象の特徴である黒丸の運動は知覚されず、黒丸の位置変化に起因する明るさの変化に伴う運動だけが知覚されているからです。

　しかし、我々が日常生活の中心視で観察するほとんどの運動は、この二つの運動検知機構が同時に働いた結果として得られるものです。energy-based motion detector だけが機能する特殊な状況は、周辺視において、何かはわからないが、何かが動いたことだけはわかるという現象を挙げることができます。また feature-based motion detector だけが機能する稀な現象は、いわゆる二次運動と呼ばれるものが挙げられます。この代表的なものは輝度変化を伴わない刺激面のテクスチャー変化によって知覚される運動ですが、この二次運動を日常生活で経験することはほとんどありません。

　この林の影の運動の一部（たとえば上下左右の四カ所）に色付きの○（たとえば青丸）を提示した場合（**図 4-27** 参照）、その青丸の特徴がこの影の運動に捕捉されて青丸が円周上を一周するという運動が観察されます。これを上記の運動検知機構に当てはめて考えてみると、検知された energy-based motion に青丸というfeatureが捕捉されて時計回りに回転しているように知覚されるものと考えられます。

誘導刺激（黒丸）による影の運動の運動軌跡上にタイミングを一致させて青丸を提示することによって、捕捉現象は観察されます。また、**図4-28**のように捕捉される青丸の位置あるいはタイミングを空間的・時間的に少しずらしても捕捉され、時計回りの青丸の回転運動が観察されることもわかっています。これはシュテルツァーら[36]が主張しているように、視覚処理系のV5（MT野）で処理された運動がV1にフィードバックされることに起因するものと考えられます。なぜならば、MT野の受容野はV1の受容野に比べて広いため、フィードバックされたときに広い受容野で運動処理し、それが実際の対象の位置から多少ずれたとしても捕捉現象が生じると考えられるからです。

また影の運動を誘導する刺激として青（#0000ee）を用い、上下二カ所にピンク（#ff66ff）を影の運動とタイミングを合わせて提示するだけでも、ピンク円の全体回転運動が観察されます。このように特定の方向に運動だけが知覚されているとき、その軌跡上にある特徴をもった刺激を提示するとその特徴が運動全体に捕捉されることが理解できます。しかもこのような回転運動という軌道が予測される配置だけではなく、仮現運動がスムーズに生じる範囲内でランダムに配置された状況での運動でも、同じような捕捉現象が観察されます。このことは運動方向の予測によって捕捉現象が生じるのではなく、上述の運動知覚が先に生じ、その運動がフィードバックされることによって捕捉が生じるという考えにも一致するものだといえるでしょう。

この「影の運動による捕捉現象」をアニメーションに当てはめて考えてみますと、「二コマ打ち」であれ「三コマ打ち」であれ、対象の位置の変化およびそれに伴う明るさの変化によって、上記二つの運動検出器が機能して運動が知覚されている状況といえます。そうすると、前のフレームにおける対象の位置と次のフレームにおける対象の位置が大きく変わっていたとしても、上記の捕捉現象と同じように対象の特徴は運動に捕捉されて滑らかな連続的運動が知覚されると考えることができます。ただし、この場合も対象間の対応問題は発生するため、その問題を解決するうえで、対象の認識をその輪郭の存在が助けていることも重要なことといえるでしょう。

【引用文献】

（１）Whitaker, H. & Halas, J. (1981) *Timing for animation.* Waltham: Focal Press.（青木義郎訳〈1983〉『アニメーションのタイミング技法』ダヴィッド社）

（２）酒田英夫・山鳥重・川村満・田邊敬貴（2006）『神経心理学コレクション――頭頂葉』医学書院

（３）Nakamura, K. (1995) Young children's judgments of relative mass of two objects in a head-on-collision event. *Perception,* **24**(10), 1189–1200.

（４）Runeson, S. & Frykholm, G. (1983) Kinematic specification of dynamics as an informational basis for person and action perception: Expectation, gender recognition, and deceptive intention. *Journal of Experimental Psychology: General,* **112**(4), 585–615.

（５）Runeson, S. & Frykholm, G. (1981) Visual perception of lifted weight. *Journal of Experimental Psychology: Human Perception and Performance,* **7**(4), 733–740.

（６）Bingham, G.P. (1987) Kinematic form and scaling: Further investigations on the visual perception of lifted weight. *Journal of Experimental Psychology: Human Perception and Performance,* **13**(2), 155–177.

（７）Johansson, G. (1973) Visual perception of biological motion and a model for its analysis. *Perception & Psychophysics,* **14**(2), 201–211.

（８）Kozlowski, L. T. & Cutting, J. E. (1977) Recognizing the sex of a walker from a dynamic point-light display. *Perception & Psychophysics,* **21**(6), 575–580.

（９）中村　浩（2007）「ポイント・ライト・ウォーカーによる歩行環境の知覚」『北星学園大学短期大学部北星論集』五号（通巻四三号）、三五–四三頁

（10）Stoffregen, T. A. & Flynn, S. B. (1994) Visual perception of support-surface deformability from human body kinematics. *Ecological Psychology,* **6**(1), 33–64.

（11）Oram, M. W. & Perrett, D. I. (1994) Responses of anterior superior temporal polysensory (STPa) neurons to "biological motion" stimuli. *Journal of Cognitive Neuroscience*, **6**(2), 99–116.

(12) Blakemore, S. J., Fonlupt, P., Pachot-Clouard, M., Darmon, C., Boyer, P., Meltzoff, A. N., Segebarth, C., & Decety, J. (2001) How the brain perceives causality: An event-related fMRI study. *Neuroreport*, **12**(part 17), 3741–3746.

(13) Piaget, J. (1963) Le development des perception en fonction de l'age. In P. Fraisse, et J. Piaget, (Eds) *Traite de psychologie experimentale. VI.* Paris: Pressed Universitaires de France.（久保田正人訳〈1971〉「第1章 知覚の年齢による発達」『現代心理学Ⅵ 知覚と認知』白水社）

(14) Michotte, A. E. (1946) *La perception de la causalité.* Louvain: Publications Universitaires de Louvain. (Translation by Miles, T. R. & Miles, E. 〈1963〉 *The perception of causality.* New York: Basic Books)

(15) Piaget, J. & Lambercier, M. (1958) La causalité perceptive visuelle chez l'enfant et chez l'adulte. *Archives de Psychologie*, **36**, 77–201.

(16) 中村 浩（1996）「運動刺激に対する操作の経験が幼児の因果関係知覚に及ぼす促進的効果」『発達心理学研究』七巻二号、一一九–一二七頁

(17) Gibson, J. J. (1979) *The ecological approach to visual perception.* Hillsdale: Lawrence Erlbaum Associates.（古崎 敬・古崎愛子・辻敬一郎・村瀬 旻共訳〈1985〉『生態学的視覚論――ヒトの知覚世界を探る』サイエンス社）

(18) Snowden, R., Thompson, P., & Troscianko, T. (Eds.) (2012) *Basic vision: An Introduction to visual perception.* Oxford: Oxford University Press.

(19) 高橋士郎「ビックリハウス」[http://www.shiro1000.jp/gravitation/equilibrioception/bikkuri/bikkuri.html]

(20) Runeson, S. (1974) Constant velocity: Not perceived as such. *Psychological Research*, **37**(1), 3–23.

(21) 渡邊恵太（2015）「UI／UX 未来志向――進化の方向を予測し、今必要なことを知る 第11回 アニメーションの原理とデザイン」[http://gihyo.jp/design/serial/01/ui-ux/0011]

(22) ボーンデジタル社「ルパン走りに見る3コマ打ちと2コマ打ちの違い」[https://www.wgn.co.jp/cgw/ozawa/110/]

(23) 中村 浩（2010）「釘にはね返りながら斜面を転がる球体の動きに対する生物性印象――球体のはね返り係数と重さの効果について」『アニメーション研究』一一巻一号、三三–四一頁

(24) Tremoulet, P. D. & Feldman, J. (2000) Perception of animacy from the motion of a single object. *Perception*, **29**(8), 943–951.

(25) Hubbard, T. L. & Bharucha, J. J. (1988) Judged displacement in apparent vertical and horizontal motion. *Perception*

& Psychophysics, **44**(3), 211–221.

(26) 中村　浩（1979）「因果関係知覚に付随する眼球運動の研究」『札幌医科大学人文自然科学紀要』二〇巻、一–一六頁

(27) 中村　浩（2002）「運動方向変化に対する運動軌跡錯視とそれに及ぼす誘導図形運動の効果」『北星学園女子短期大学紀要』三八巻、六五–七二頁

(28) Premack, D. & Premack, A. J. (1995) Intention as psychological cause. In D. Sperber, D. Premack, & A. J. Premack (Eds.) *Causal cognition: A multidisciplinary debate.* Oxford: Clarendon Press, 185–199.

(29) Wertheimer, M. (1912) Experimentelle Studien über das Sehen von Bewegung. *Zeitschrift für Psychologie*, **61**, 161–265.

(30) Korte, A. (1915) Kinematoskopische Untersuchungen. *Zeitschrift für Psychologie*, **72**, 193–296.

(31) Kahneman, D. (1967) An onset-onset law for one case of apparent motion and metacontrast. *Attention, Perception, & Psychophysics*, **2**(12), 577–584.

(32) Kahneman, D. & Wolman, R. E. (1970) Stroboscope motion: Effects of duration and interval. *Perception & Psychophysics*, **8**(3), 161–164.

(33) Spillmann, L. (1994) The Hermann grid illusion: A tool for studying human perceptive field organization. *Perception*, **23**(6), 691–708.

(34) Yantis, S. & Nakama, T. (1998) Visual interactions in the path of apparent motion. *Nature Neuroscience*, **1**(6), 508–512.

(35) Muckli, L., Kohler, A., Kriegeskorte, N., & Singer, W. (2005) Primary visual cortex activity along the apparent-motion trace reflects illusory perception. *PLoS Biology*, **3** (8), e265

(36) Sterzer, P., Haynes, J.-D., & Rees, G. (2006) Primary visual cortex activation on the path of apparent motion is mediated by feedback from hMT +/V5. *Neuroimage*, **32**(3), 1308–1316.

(37) Mather, G. (2009) *Foundations of sensation and perception*, 2nd ed. New York: Psychology Press.

(38) Arstila, V. (2016) Theories of apparent motion. *Phenomenology and the Cognitive Sciences*, **15**(3), 337–358.

(39) 中村　浩「影の運動による色の捕捉現象」『第８回錯視・錯聴コンテスト２０１６』(http://www.psy.ritsumei.ac.jp/~akitaoka/sakkon/sakkon2016.html)

(40) Hayashi, K. (1990) The new apparent movement: V-movement. *Gestalt Theory*, **12**, 3–32.

(41) Smith, A. T. & Snowden, R. J. (Eds.) (1994) *Visual detection of motion.* London and San Diego: Academic Press.

第5章 動きの造形論

【森田宏幸】

1 動きをつくるアニメーターの頭の中

A 絵は下手だけど動きは上手いアニメーター

私は二二歳の一九八七年から動画マンとして仕事に携わって以来、アニメーター、演出、監督として、日本の商業アニメーションの制作に三〇年以上従事してきました。

アニメーターになったきっかけは、高校時代に八ミリフィルムで『ガラスわり少年』（1981 福岡県立筑紫高等学校）という自主制作アニメーションを同級生と一緒につくったことです。私が描いたのは、同級生がデザインしてくれたキャラクターを用いた、走って逃げる少年と車に乗った少女との追っかけカーチェイスという他愛ないものでした。しかし、私が描いた動きは、キャラクターが空間を縦横無尽に走り回り、量感や躍動感も備え、とてもうまく動いていたということで、周囲から褒めてもらえたのです。

プロになって一年目、駆け出しの動画マンとして大友克洋監督『ＡＫＩＲＡ』(1988)の制作に参加したときに、『ガラスわり少年』を見てくださったある先輩の原画マンが「絵は下手だけど動きはわかるヤツだ」と私を評価してくれたと、人づてに知りました。「絵は下手」は余計ですが、少なくとも「動き」は褒めてもらえたことは、大いに自信になりました。

その後、絵に関してはデッサンに取り組むなどそれなりの努力もしました。しかし、心のどこかで「描けないものはしょうがない」「いっそ絵なんて描けなくてもいい」と居直っていたところもあり、根本的にはあまり変わらなかったと思います。

反面、動きに関しては、出崎統監督『ルパン三世　バイバイ・リバティー・危機一発！』(1989)で初原画を担当したシーンや、『ガラスわり少年』で自信をつけたカーチェイスに再び挑んだ神戸守監督『忍者龍剣伝』(1991)など、褒めてもらえる機会が度々ありました。おおすみ正秋監督『走れメロス』(1992)で原画を担当した旅立ちのシーンでは、メロスの意志がしっかりと感じられ、しかも振る舞いが自然であると、同僚や先輩に好評でした。

そんなこともあって「絵は下手だけど動きは上手い」は、私への評価どころか、売り文句として固まっていきました。

ところで、「絵は下手だけど動きは上手いアニメーター」と聞いて、私のことを心配する読者もおられるかもしれません。アニメーターが「絵が下手」などとはえらい言われようですし、「絵なんて描けなくてもいいや」という私の態度も決して感心できるものではありません。

日本の商業アニメーションの制作システムに詳しい方ならご存知のとおり、原画が多少下手でも、作画監督が修正して助けてくれるもので、そうしたシステムに私が甘えられたという側面はあります。とはいっても、下手だ下手だと言われれば、嫌になるのが人間です。しかし私は、おおむね平気でアニメーターとして生きてきてしまいました。

いったいなぜ平気だったのでしょうか。

それは私が**「アニメーションとは動きの造形である」**と定義し、そう信じてきたからです。

「造形」という言葉はもともと、模型や彫刻などの立体物表現を指しますが、今ではもっと広い意味で用います。たとえば絵画表現であっても、額に入ったり木枠に張られたカンバスに描かれていれば立体物に違いないわけですから「造形」と呼べるわけです。同様に、映画はもちろん、モニターやスマホ画面に映されるメディアアートも、最近では「造形」と呼びます。私としては、アニメーションは動きの表現であり、動きが成果物として形づくられている以上、「動きの造形」と定義すればよいと考えてきたのです。

私はこの考えを、専門学校や大学の講義で話したり、ブログ[1]に書いたりしてきました。また、同僚の先生方とお酒を飲む機会があったときには、「アニメーションの定義はシンプルに『動きの造形』でよいのではないでしょうか？」などとよく話します。しかし、賛同を得られることはほとんどありません。研究者やアニメーションに深く関わる人になればなるほどそうですし、他ならぬアニメーター自身に首をかしげられてしまいます。

そもそも「動きの造形」とは聞き慣れない言葉です。しかし、文献を探してみると、「アニメーション映画における動きの造形──自身の制作ノートから」という黒坂圭太の論文[2]がありました。黒坂は、壁面のマチエールを無作為に撮った写真をコマ撮りするなど、自身が制作した抽象アニメーションについて論じています。「動きの造形」とは何なのかを明記していませんが、私の理解では、ストーリーやキャラクターに頼らない映像表現を「動きの造形」と当たり前のように呼んでいるようです。

アニメーションは、ストーリーやキャラクターや音楽などと融合した総合芸術として定義されるのが一般的です。それらの表現形式を差し置いて、「アニメーション＝動きの表現」と定義することはできないとされます。ただし、制作工程のなかで、アニメーターの職域をアニメーションと呼んで、脚本や絵コンテ、レイアウトなど、他の工程と区別する使い方はあります。欧米の作品で「キャラクター・アニメーション」「エフェクト・アニメーション」などの括りでスタッフ名がクレジットされるのがこれです。この意味での使い方は、私の「動きの造形」の定義とマッチします。

しかし、この場合であっても、「アニメーションは動きの造形である」とシンプルに定義しているかどうかは微妙です。なぜなら、たとえアニメーターの技術であっても、動きを表現する手段としての「絵の表現」とセットで語られることがほとんどだからです。

たとえば、手描きの絵によるアニメーションの動きであれば絵に、人形アニメーションの動きであれば人形に、CGアニメーションであればコンピュータ・グラフィックにというように、アニメーションの動きの表現はつねに「動かないもの」に依存します。手描きの絵、人形、コンピュータ・グラフィックなどの動きを表現する手段と、アニメーションの動きはあくまで不可分であり、それをことさら動きの表現だけを切り離し、「これがアニメーションです」と言うのはナンセンスだという話なのです。

確かに人形アニメーションの動きは、人形の手足の関節の構造を元につくられ、人形の構造の都合によるぎこちなさが魅力です。手描きの絵によるアニメーションの動きであれば、絵の自由な変化を生かしつつ、手作業でカバーできる情報量に抽象化した表現が得意となります。CGアニメーションであれば、コンピュータ・グラフィックを描くプログラムによって、精密な動きが強みです。人形や絵やコンピュータ・グラフィックなどの表現する手段が、動きの表現に大きく影響を及ぼしているのは確かです。

しかし、この視点からさらに踏み込んで、「アニメーションの表現は、絵や人形、コンピュータ・グラフィックで決まる」と言いきられてしまうことがあります。論調によっては、「アニメーションは所詮、絵や人形やコンピュータ・グラフィックの魅力でその評価が決まるのだ」と言わんばかりなのです。これに、私は強い異議があります。彫刻にたとえれば、ミケランジェロの作品を、大理石やノミの使い方で論じるようなものです。

アニメーションに対するこうした見方は、一見極端に思えますが、巷に珍しくありません。アニメーションの動きの表現よりも、それを成り立たせるための絵や人形の良し悪しに価値を置く評論や研究は多いですし、一般の視聴者も実は、動きよりも画面に映る絵柄を第一義とする視点でアニメーションを見ているのではないでしょうか。

これは、アニメーションを「動きの造形」と定義しないデメリットです。アニメーションを定義するとき、実は、アニメーションを評価する基準も決めていることになりますから、めぐりめぐって動きの表現が軽んじられる結果につながります。

たとえば、「アニメーションは動く絵の芸術ではなく、絵で描かれた動きの芸術である」というノーマン・マクラーレンの言葉は、アニメーションの動きの表現の価値を押し上げた定義で、多くの研究者やアニメーションの愛好家に支持されています。しかし、このマクラーレンの言葉にさえ、絵との関係で動きの表現を定義せざるを得ない苦しさが現れています。

私はそれを承知のうえで、あえて「アニメーションとは動きの造形である」と定義したい――これが本章のテーマです。このようにシンプルに言いきったほうが、アニメーションの動きの表現の本質にすばやく迫ることができますし、アニメーションに新たな光を当てられると知っていただきたいのです。

その論旨の主発点として、「絵は下手だけど動きは上手いアニメーター」である私自身を、一つの事例として挙げます。

B　アニメーターは絵を描く前に動きをつくっている

私が、日本の商業アニメーションのアニメーターとして一〇年ほど経験を積んだある日、原画になって数年の若いアニメーターから質問されたことがあります。

「森田さんのおっしゃる『絵は下手だけど動きは上手い』というのが、いったいどういう状況であれば成立するのかがわかりません。アニメーションは絵を動かしてつくるのに、絵が上手くなかったら、話にならないのではないでしょうか?」

前述したとおり、この質問はアニメーションの絵と動きを不可分と考える以上、出るべくして出る質問です。しかし、私にはまったく逆の言い方ができます。

「どんなに絵が上手くても、上手い動きが描けていなかったら、アニメーションとして話にならないよね?」

そして私は、絵と動きをあくまで分けて捉える考え方を伝えました。

「絵が上手い下手にかかわらず、絵で表現されている動きの軌道が的確にできているってことはあるよね? 軌道に加えてタイミングや芝居。そうした要素というのは、絵の上手さとは切り離して、動きの上手さとして評価できるってことなんだよ」

念のため補足します。ここでは「上手い動きとは何か?」は論じていません。私が言いたいのは、アニメーションから絵の情報を取り除いて「動きの造形」だけを論じることができるということであって、軌道やタイミング、芝居の評価はあくまで、「動きが上手い」の事例の一つとして挙げたに過ぎません。

論旨を進めます。アニメーションを描く作業をよく「絵を動かす」と言います。前述の若いアニメーターもそう言っていました。しかし、この言い方がそもそも「動きの造形」から目を遠ざけています。私に言わせれば、アニメーターの仕事は「絵を動かす」ではなく「絵で動きをつくる」です。

「絵を動かす」というと、まるで絵を先に描いて、後から動きを付け加えているかのようです。これは動きをつくるプロセスを正確に言い表していません。実際には、絵を描き終わる前に動きをつくっていますし、**絵を描き始める前に動きが出来上がっている**ことすらあるのです。このことが理解できれば、絵と動きが決して不可分ではないことも納得していただけるでしょう。

そのためにはまず、アニメーターがラフな絵で動きをつくりこむ段階をご覧になるとよいでしょう。この場合のラフな絵とは、キャラクターの頭がただの丸で描かれていたり、人の姿がグシャグシャに描かれていたり、身体が一本の針金のような線で描かれているだけ、といった、絵として完成する前の下描きのことです。できれば動きの表現に多くの枚数が費やされるディズニーの劇場作品をぜひご覧になってください。画集を探すこともできますが、ディズニーの公式iOSアプリ『Disney ANIMATED』の「Animation」の項に出ている『塔の上のラプンツェル』(2012)のラフ画がお勧めです。歩いて来たラプンツェルが窓辺に腰かける動きを描いたものですが、ムービーになっているため、一見グシャグシャな絵でありながら動きは緻密に完成している状態がはっきりとわかります。ラプンツェルの場合、身長の何倍もある長い髪をどう動かすかが難しかったことと想像されますが、歩きながら足元に垂れた髪を蹴ったりする動作が独創的です。

こうした下描きは「ラフ」と呼んだり、原画の工程で描かれたものは「ラフ原画」などと呼びます。ラプンツェルのこのラフが、制作工程のどの段階で描かれたものか私にはわかりませんが、こうしてライブラリになっていることから、少なくとも絵を描き上げる前に動きをつくるプロセスが、ディズニーのアニメーションでは自明のこととして認識されていることがわかります。分業が細かいアメリカの長編アニメーションの制作システムでは、このラフで動きをつくる担当者と絵を清書する担当者が分かれていると聞いたことがあります。それどころか、このラプンツェルのラフが示すアニメーターの力量から推察するに、上流職のアニメーション・ディレクターが直接手がけている可能性も考えられます。もしくは、キャラクターの構想段階で、あえて力量のあるアニメーターが試作を手がけた可能性もあります。いずれにしろ、ディズニー・アニメーションの、動きをつくるプロセスに重きを置く考え方の一端が窺えます。

C　絵に後から動きをつけていく日本の商業アニメーション

私の立場では、海外の制作システムについて言及するには限界がありますが、日本の商業アニメーションであれば話は別です。ディズニーの動きをつくる考え方を考察した後で、日本の商業アニメーションの制作システムを振り返ると、考え方が対照的であることを痛感します。だからこそ、そこを詳しく紐解くことで、絵を描く前に動きをつくるプロセスの一端に触れることができます。

日本の商業アニメーションの動きをつくる制作システムを特徴づけているのは「作画監督システム」です。これは、作画監督（以下、作監）が大勢の原画マンの描いた原画の修正作業を引き受けて品質管理するシステムです。作監というからには、アニメーターを指導する立場に聞こえますが、実際には原画マンの癖や力量のばらつきを統一する作業者です。

その原型は、東映動画の芹川有吾監督『わんぱく王子の大蛇退治』（1963）で、森康二が原画監督を担ったシステムにあります。当時はまだ、アニメーターたちが同じ社屋に集合して制作を行っていたので、作監がリーダーとして振る舞う面もあったはずです。しかしその後、業界全体が下請け会社に制作を分散するようになって、作監と原画マンたちが対面する機会は希薄になり、作監はただ黙って絵を直す仕事になっていきました。直すのは動きではなく、絵です。あり体にいえば、絵を綺麗にするのが仕事であって、動きをつくる仕事はやりません。少なくとも今では、作監という作画の上流職が、ラフで動きをつくることがないのです。

東映動画の草創期の藪下泰司監督『白蛇伝』（1958）では、リーダー格の原画マンがラフ原画で動きをつくり、動画マンが清書と動きを具体的に仕上げる作業（クリーンナップと中割り作業）を行っていました。私はこのことを大塚康生著『作画汗まみれ』(3)で知りました。つまり、『わんぱく王子の大蛇退治』より歴史をさかのぼれば、日本にも上流職のアニメーターがラフで動きをつくる制作システムがあったわけです。その名残が、七〇年代頃までは現場に残っていたと私は先輩に教わっています。動画マンと原画マンが同じ仕事場でコミュニケーションがとれる場合には、原画はラフで済ませ、清書は動画マンに担当させることが可能であったそうです。しかし、その後、原画の後の動画工程も、海外へのアウトソーシングが主流となり、原画と動画の協力関係は希薄になっていきました。

私がアニメーターになる八〇年代中盤には、原画はきちんと清書までしなければ動画マンに渡せないようになっていました。動画マンの清書の仕事が消えることはなかったのですが、それはあくまで、原画工程で完成された絵を彩色工程に橋渡しするための引き写しの役割となりました。そして、この原画と動画の間に、作監の原画修正作業が挟まります。この作監による修正も前述したとおり清書された絵です。つまり、原画から作監へ、そして作監から動画へと、必ず清書した素材を渡していくので、ラフで動きをつくる過程は制作工程から消えています。アニメーターが個々の作業の中の下描きとしてラフを描くことはあっても、制作工程としてラフで動きをつくるプロセスはないのです。

とはいっても、作監の立場から見れば、清書された原画を自身の修正作業の下描きとして扱うと割り切れば、原画で動きをつくり作監が清書するという分業と捉えることはできます。身も蓋《ふた》もない言い方をすれば、作監の絵に比べて見劣りする原画マンの絵は、ラフ画のようなものです。なのでラフで動きをつくり、のちに清書して絵を完成させるプロセスが、制作工程として機能しているという見方はできます。しかしそれでも、動きをつくる重要な工程を下級職の原画マンに担当させ、上級職の作監が手を出しにくいシステムをとっている問題は残ります。大勢の原画マンの仕事を作監がたった一人で、動きも含めて修正するには限界があります。つまり、絵の表現の価値に比べて、動きの表現の価値を低く見ているということになります。

この傾向は、その後さらに進化します。作監は修正作業による絵の清書を、原画マンが動きをつくる前の、構図をつくるレイアウト段階に前倒しするようになっていきます。とはいっても、描ける枚数に限界がありますから、カット内で重要な絵を数枚選び出したうえでのことです。その結果原画マンは、レイアウトチェックの段階で作監が清書した絵に、後から動きをつけるのが仕事になっていきました。作監の狙いは、かぎられた枚数であっても、その絵を使って原画が描き進められるため、原画全体の絵の質の向上を期待できるという点にありました。これが、私の記憶では九〇年頃からの作監システムの主流でした（図5-1参照）。

まれに作監が「必要の範囲内であれば、修正（清書された絵）を変えてもいいよ」と申し送る場合もあります。しかしそれは、あくまでスタッフ個々で相談が成立した場合にかぎられる、例外的な話です。

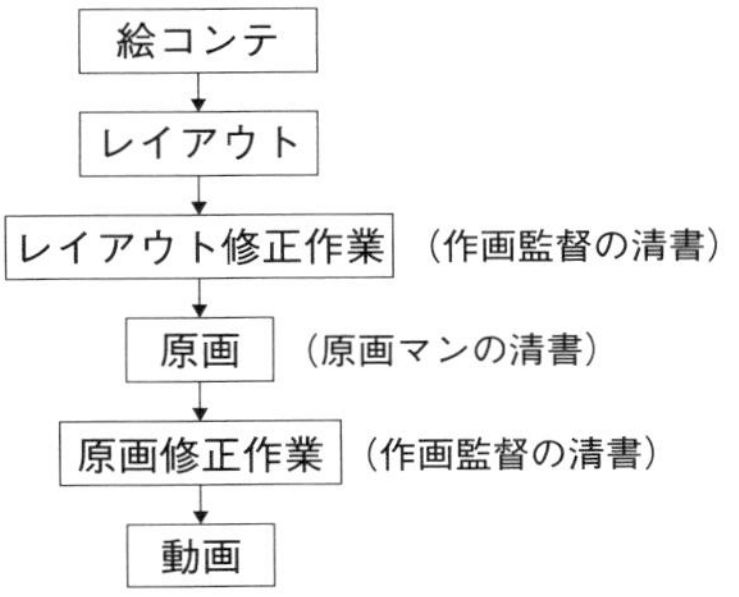

図5-1　1990年頃の日本の商業アニメーションにおける動きをつくる制作工程

動きの造形に重きを置く立場から見ると、この「清書した絵に動きを後からつけていくシステム」は、「絵で動きをつくる」自然な実感に合いません。しかし、だからといって日本の商業アニメーションから魅力ある動きが生まれないかというと、そうではないので恐れ入るのです。

D　頭の中で動きをつくるアニメーターの底力

わかりやすい例としては、作監のマンパワーによって、レイアウトチェック時にかぎられた枚数の絵の清書と一緒に、膨大な量のラフ原を原画工程に提供してしまうという事例があります。原画マンはそのラフ原を清書するのが仕事になります。ただし、作監がこなせる物量にも限界がありますから、すべてのカットに対してというわけにはいきません。なので、動きのラフをすべては描かず、動きのポイントを押さえた数枚の絵の清書で済ませるカットもあります。しかし、動きをつくる能力の高い作監の場合、この清書された数枚の絵に、恐るべき見えない意図が込められます。

作監によっては、レイアウト時に清書された数枚の絵が、どういう動きの流れのどのタイミングで使われるか、頭の中でイメージができています。つまり、作監の頭の中で動きの表現が完成しているのです。数枚の清書された絵とは、その断片を小出しにしたものだというわけです。そして、実力のある原画マンであれば、その絵の断片から動きの流れ全体を読み取ることができるので、レイアウトの段階で清書された数枚の絵が生かされたうえで、無理なく魅力のある動きの原画が完成していきます。仮に、原画マンが作監の頭の中のイメージを読み取り損なったとしても、原画チェックの段階で同じ作監がタイミングも含めた修正作業を行い、最初に頭の中でイメージした動きの再現を図ります。

時には、原画マンの提示する動きのアイディアが、作監のイメージよりも優れているという幸運もあります。そうした場合、作監はイメージの変更を迫られますが、そうした幸運というのは、作監の頭の中のイメージを原画マンがわかったうえで「こうしたほうが良くなる」という形で生まれるものです。作監の頭の中のイメージを読み取ることなく、勝手に動きをつくれば、得てして的外れに終わるものなのです。

このやり方をアニメーター経験のある監督が力業で踏襲すると、演出意図を柱にした理想の高い動きをつくるシステムになります。監督が、レイアウト工程よりさらに溯った絵コンテで、カット内に必要な絵を精度の高い質で描き、その絵を出発点にして、レイアウトや原画で、動きを付け加えるようにして制作を進めていくのです。つまり、監督の頭の中で動きの表現がつくられているというわけです。そして、監督自らがレイアウトチェック、原画チェックで、レイアウト修正、原画修正の元になるラフを描き、作監に清書させて、頭の中にもともとつくっていた動きの再現精度を上げていきます。奇しくも、上級職がラフで動きをつくり、後で絵を清書するやり方になるのです。

この方法の成功例の筆頭が、宮崎駿監督です。私も動画マンとして参加した『魔女の宅急便』(1989)の制作工程がこれでした。そもそも絵コンテの絵やレイアウトの絵を通じてアニメーションの品質管理をするやり方を最初に始めたのが宮崎駿だといわれています。私が監督した『猫の恩返し』(2002)も、その方法を踏襲しています。DVDの特典映像に、絵コンテを本編の音声に合わせて編集した映像がありますので、本編と見比べていただければ検証できるでしょう。

しかし、このシステムはいうまでもなく超人的なマンパワーが前提ですので、諸刃の剣です。また、監督にそれを許すだけの予算とスケジュールの確保も前提ですし、さらには、原画マンと監督、あるいは作監との阿《あ》吽《うん》の呼吸ともいうべきイメージの共有が必要です。なので、分業や多様性が広がる昨今の状況で用いるには無理があります。スケジュールが許されず、力量のあるアニメーターも確保できず、頭の中に描いた理想を形にできずに破綻していく事例も多いわけです。たちの悪いことに、その理想は頭の中にしかないため、周囲からは破綻に気づいてもらえず、監督や作監は孤独に泣くしかないのです。

ここ一〇年ほどの変化としては、作監によるレイアウト時の清書やラフ原画の作成を助けるために、原画マンがレイアウト時にラフ原画を描いてしまうシステムが定着しています。つまり、レイアウト修正作業で作監が絵の清書を施してしまうなら、動きをつくるラフ原画作業もレイアウト段階に前倒ししてしまおう、という早い者勝ちの競争のような変化が起こりました。実はこれは、スケジュールが逼迫して、原画の作監修正ができなくなることを見越した苦肉の策です。結果的にラフで動きをつくるプロセスがシステム化されていますが、下級職が動きのラフを描く状況には変わりません。制作集団の無意識下の共謀による下級職の動きをつくる権限の奪還と解すると面白いですが、分けるべきはずのレイアウトチェックと原画チェックを前倒しで圧縮しているため、膨大なラフ原画の直しに、五人や一〇人の作監補佐や第二原画が投入され、品質管理が霧散する状況は見るに耐えません。

話をまとめます。アニメーターは絵を描き上げる前に動きをつくります。ラフで動きをつくりこみ、後追いで絵を完成させる手順では、そのことがわかりやすいですが、清書された絵を出発点にして、後から動きを付け加えているように見える場合でも、実は、描く前に頭の中で動きをつくっていることがあるのです。

そもそもこれは、難しい話ではありません。画家であれば絵を描き始める前に、まず真っ白なカンバスの上に絵を思い浮かべるでしょう。そして大まかな形状のアタリや、全体の色の調子をラフで構成しながら、画家自身がそのラフからフィードバックを得てイメージをより具体的にしていきます。そのプロセスは、ラフな絵で動きをつくるのとまったく同じです。

ただし、動きの場合にやっかいなのは、動きというものは、時間が進む一瞬ごとに消えてしまうため、具体的につかまえにくいことです。逆に、動きを表現する方法としての絵のイメージはつかまえやすいので、余計に動きのイメージが見失われがちなのです。

アニメーションから「動きの造形」だけを取り出して論じることができることを理解するためには、この問題を乗り越えていただく必要があります。そのためには、絵で表現される前の「動きの情報だけ」が視覚化されている事例に触れるとよいでしょう。視覚化する以上、絵としての情報が完全に消し去られるわけではありません。それでも、最大限に余分な情報を消し去り、動きの情報だけに迫った事例はあります。

次節で、その事例を見ていきましょう。

2　動きをつくるアニメーターの能力

A　ビデオ映像から動きの情報だけを抽出してみる

たとえば人物の動きなら、頭や肩、肘、手、腰、膝、足などの位置を点でトレースし、動画にしてみる方法がそれです。ビデオの映像をキャプチャーして手描きでトレースしてもよいし、人の各部位に光を反射する白い玉を取りつけて暗い場所で撮影すれば、点だけが動くビデオ映像を撮れます。その点の位置情報を3DCGのデータとして記録するのがモーション・キャプチャーの技法です。

この方法を実験し、メディア・クリエイターの佐藤雅彦が行ったプレゼンテーションを、二〇〇八年七月二八日の「ヨコハマEIZONE2008　東京藝術大学大学院映像研究科　OPEN　TALK」で、私は見ました。

「人の走り」のビデオ映像から、身体の各部位の位置をトレースして動画にします。すると、複数の点が人間の動きを表現したアニメーションになります。映像はあくまでバラバラの複数の点に過ぎないのに、動くと人の走りに見えます。この段階ですでに、人の映像（人の絵と同義）がなくても、動きをイメージできる事例として十分なのですが、これではまだ、各部位の位置関係が、元の人の映像に基づいているので、点の動き全体を眺めたときに、大まかな人の形状が浮かび上がっています。これはこれで、止まっていると複数の点に過ぎない画像情報が、動きを伴うことで人の形状に見えるという発見があって興味深いのですが、私が感銘を受けたのは次の段階でした。

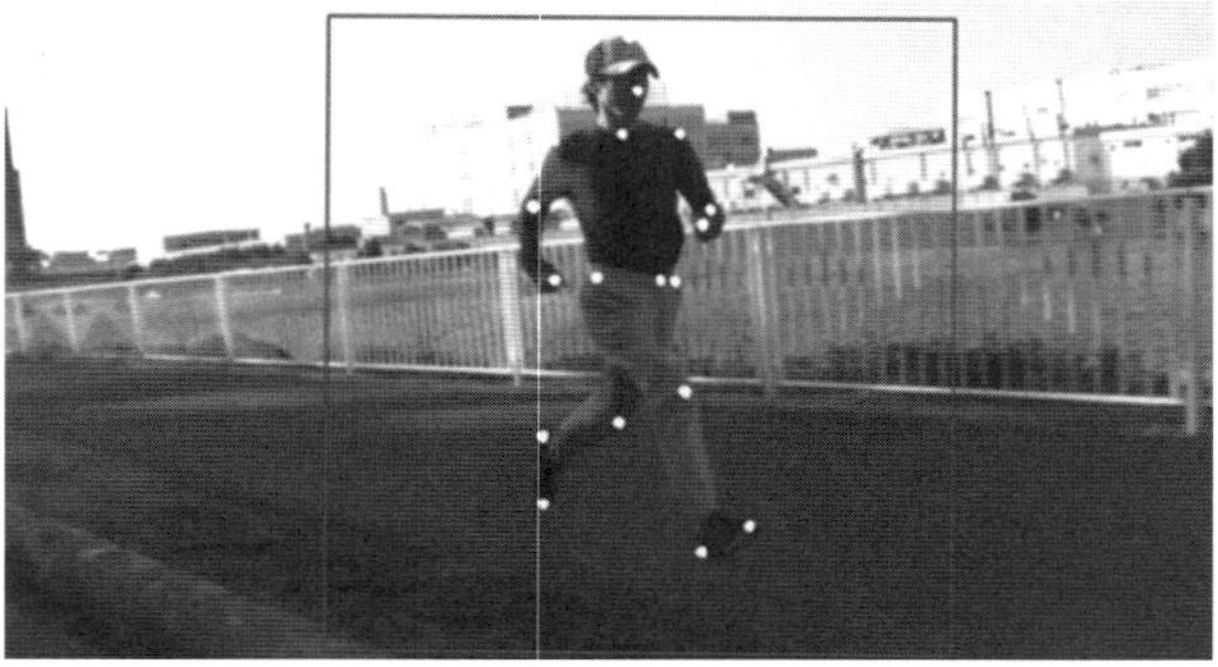

図 5-2　身体の各部位の位置をトレース

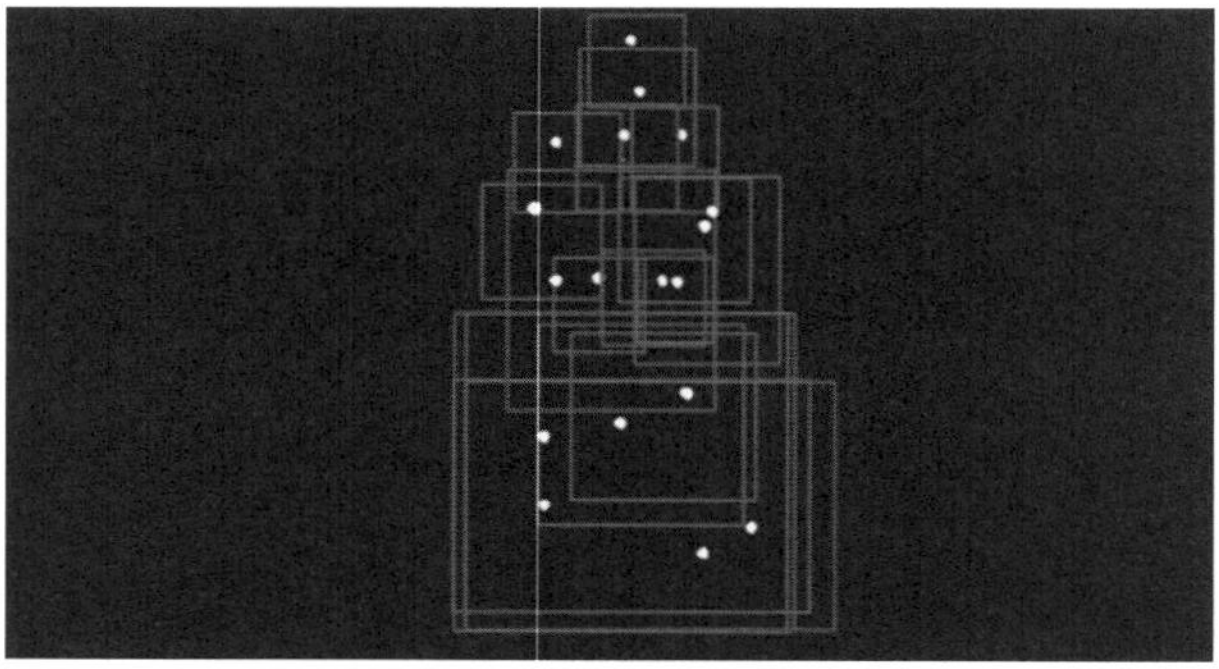

図 5-3　走りの動きを表す複数の点

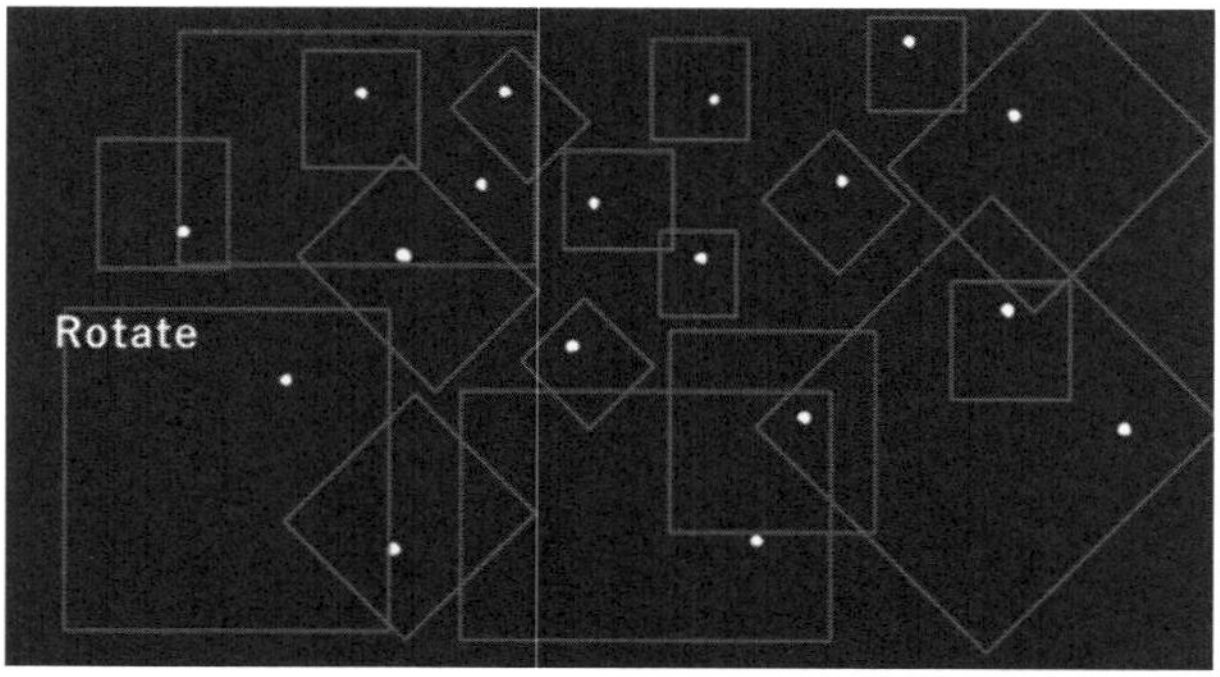

図 5-4　位置関係をバラバラにすると動きの印象だけに
（参考：佐藤雅彦のプレゼンテーション（2008））

佐藤は、これら点の各部位の位置関係を、移動させたり回転させたりして、バラバラにして見せたのです。すると、人の形状が完全に消え去った複数の点の映像となり、走りの動きの印象だけが表現された動画が出現しました。私の言う、絵の情報のない「動きだけのイメージ」にほとんど肉薄しています。人の走りの動画から、動きの情報だけを抽出できたわけです。

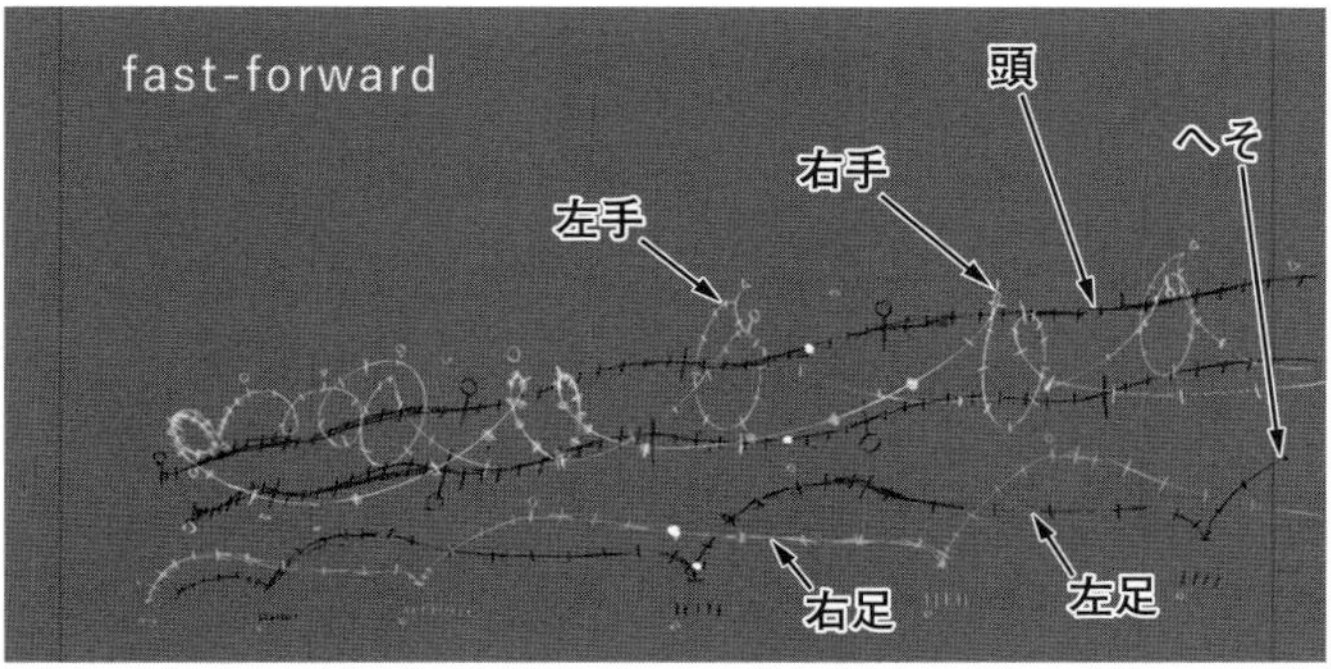

図 5-5　点だけで走りの動きをつくる作業中

私にとっては、目から鱗の実験でした。それで、まったく同じ実験を自分でもやってみました。その結果が**図5-2**～**図5-4**です。動画でお見せできないのが残念ですが、実験の概要をある程度わかっていただけると思います。

ただ、厳しい見方をすれば、この実験はあくまで人が走っているビデオ映像が先にあって、そこから動きの情報を抽出しています。なので、絵を描く前に動きをつくるイメージとしては、今ひとつ真に迫りません。

そこで私は、点だけで人の動きをつくり、結果的に人の映像が現れるデモンストレーションをつくってみました。つくった動きは、走ってきた人が減速して向きを変え、引き返して走り去るというものです。

二〇一三年一二月七日の日本心理学会の研究会で、アニメーションを研究しておられる先生方に、この映像を見ていただいたところ、確かに人の走りに見えると反応をいただきました。作業はペンタブレットを用いたので、パソコンの画面を動画としてキャプチャーし、作業過程を証拠として、併せてお見せしました。**図5-5**は、その動画から画像を一枚キャプチャーし、頭、へそ、手、足の各部位を示す註釈を加筆したものです。

ご覧になってわかるとおり、人の各部位の運動とタイミングを図に描いたうえで、その図に沿って、各フレームに点を引き写しているわけです。人の動きを知っているプロのアニメーターであれば、難しい作業ではありません。しかもフレームの一瞬一瞬で、各部位の位置関係から人の形を類推できますから、厳しい見方をすれば、まったくの点だけで動きをつくったとも言いがたいでしょう。いずれ機会を捉えて、各部位の動きをバラバラに作成し、後から人の形に統合できるか試してみたいです。十分に可能でしょう。

ところで、この軌道を描いた図も見方によっては絵です。そのことから、「やっぱり絵から動きをつくっているじゃないか」と思われる読者もいらっしゃるでしょう。しかし、それは論点が違います。この軌道を描いた図は、あくまで時間軸に沿った情報を現しています。それに対して、「絵で動きをつくる」というときの絵とは、時間軸をもたず止まっている絵のことです。絵を描くことと動きをつくることは、視覚を通じた表現であることは同じですが、後者は時間軸上の造形であることから、止まっている絵を描くのとはまったく違う表現形式なのです。

B 「絵を描く前に動きを頭の中でしっかりイメージするように！」

以上、点の運動の映像を「動きだけのイメージ」の事例として挙げましたが、あくまで読者にわかりやすいと思われた一例です。人の動きは突き詰めると六個程度の点の運動で表現できるからこそ成立する事例です。これが、複数の人が同時に踊るとか、大勢が一斉に走り出すような動きをつくる場合は、動きをイメージするアニメーターの脳の処理能力が試されることになるでしょう。さらには、海のうねりであるとか、揺れる木の枝葉であるとか、動きの情報量が上がれば、頭の中のイメージはぼんやりしたものにならざるを得ません。たとえるならば、深い霧の向こうに見る感じでしょうか。それでも優れたアニメーターならば、絵のイメージがどんなにぼやけても、動きの印象やタイミングは明確に見えているものなのです。もしも、その動きが音を伴うならば、さらにイメージしやすいでしょう。足音や爆発音、キャラクターが発する台詞や音楽が関わるなら、アニメーターでなくても、タイミングを計ることができるでしょう。動きの表現が時間軸上の情報に基づいているからこそ、音声とマッチするわけです。

プロのアニメーターになって、先輩たちから「絵を描く前に動きを頭の中でしっかりイメージするように！」と教わりました。しかし、思い返せば私は、そのことを高校生の自主制作アニメーションづくりから無意識に実践していました。

ただし私は、絵を描く前に「動きだけ」をイメージしていましたが、才能のある先輩に聞くと、頭の中につくる動きのイメージは、すでに完成した絵になっているそうです。しかも細かいディテールまで備わっているといいます。実際に動きを描く作業は、その頭の中のイメージを横に置いて模写するような感覚だそうです。アニメーターで、これほどの能力がある方はそう多くないと思います。きっと絵の下描きが少なくて済むのでしょう。少なくとも、絵が下手な私にはできない芸当です。絵を描く前に霧に包まれた「動きだけ」しかイメージできない私のやり方は、絵をイメージする能力が足りないがゆえの苦肉の策にも思えてきます。

しかし、私としては、最初から明確な絵になっている動きの表現は、絵の制約に縛られて、自由な発想が妨げられてしまうと危惧します。あえて、絵のことは考えずに動きの魅力に集中できることは、「動きの造形」にとって理想的なはずです。

動きをつくるプロセスにおいて、このイメージしている段階が楽しいし、ワクワクする瞬間です。そして、その次の、ラフな絵で動きを視覚化していく段階までは、その興奮は持続します。私が絵を下手だと言われても平気な理由がここにもあります。絵より先にイメージする動きに自信があるので、絵の下手さは顧みないのです。

しかし私にとって、その後に来る、絵を清書する段階はつらいものです。下描きを重ねて時間がかかってしまいます。この点は生業として都合が悪いことでした。

なので、動きをつくる手段として絵は練習しました。仕事のかたわら、教室に通ってデッサンに取り組みました。二〇代の後半頃のことです。極端に上手くなったわけではありませんが、「絵が変わったね」「上手くなったね」と言われたこともありました。

C　動きの仕組みとアニメーターに向いている絵

今さら話をひっくり返すようですが、私の絵が下手だといっても、もともとまったく絵が描けなかったわけではありません。小学校の図画工作の成績はよかったですし、絵を描くことにまったく興味のない方から見れば、私は昔から絵が上手いのでしょう。

図5-6の『ガラスわり少年』の絵をご覧ください。確かに絵が描けています。ただし、プロの漫画家やイラストレーターに見せたら、何だかよくわからない絵だと言われます。私の絵は、見映えしないといいますか、達者でないといいますか、格好よかったり、雰囲気があったり、可愛かったりする絵にならないのです。

しかし、この『ガラスわり少年』の絵を見て、上手いと言ってくれるアニメーターの先輩もいらっしゃいます。なので、話がややこしいのです。玄人受けするということでしょうか。

ここで、一般に絵が上手いと言われる要素を私なりに挙げてみました。

(1)　キャラクターの顔が上手く描けること。とくにドラえもんやトトロのような有名キャラクターの顔をお手本なしで描けると、絵が上手いと言われるには効果的です。(お手本を見ないで描くことが重要です!) また、友達の似顔絵を面白く描けることは、私に言わせれば大変な絵の才能です。思わず笑っちゃうような絵、「可愛い!」と言ってもらえるような絵もグッドです。

(2) 綺麗な色で絵を描けること。微妙な色の変化やグラデーションを表現できると、絵が上手いと言われるには効果的です。同様に、木の肌や金属の光沢など、物の質感を描けるのも絵の上手さの証明には説得力があります。さらに進化して、写真のような絵が描ければ文句なしです。

(3) その人だけの個性的な絵が描けること。自分のスタイルを確立できれば、プロの絵描きに大きく近づくでしょう。

図 5-6 『ガラスわり少年』（1981年 福岡県立筑紫高等学校）

以上、私なりの乱暴な基準ですが、複雑にならないように、わかりやすい言葉で整理しました。そして、私の絵は(1)(2)(3)のすべてに不合格です。

では、私はどんな絵なら描けるのでしょうか。これも箇条書きにしてみます。

(1) 人の動作が描ける。人が「何をしているかわかる絵」が描ける。

(2) 運動を捉えた絵が描ける。その絵の時間の前後を感じさせる絵が描ける。

(3) 物の構造や大きさを捉えて、その同一性を空間の中に保持して描ける。

いかがでしょうか？ 以下に詳しく説明します。

私が何も見ないで描けるキャラクターは、幼い頃に好きだったオバケのQ太郎くらいです。そもそも『猫の恩返し』のヒーロー役・猫男爵バロンの顔が制作当時から描けませんでした。しかし、キャラクター表を見ながらであれば、バロンが芝居をするポーズは描けます。両足にどのくらいの配分で体重が乗っているか？　顔がどの方向を向いているか？　背中や首の姿勢は？　手の先や足の先のポーズは？　身体のどこに力が入り緊張しているか？　――それらの要素すべてに同時に気を配り、全体が的確にまとまると、バロンがどんな気持ちで何をしているかが現れた絵になります。私はそういう「ポーズの表現」は昔から得意でした。キャラクターを表情（つまり顔の上手さ）で表現するのではないところがミソです。

同じ人物の立ち姿でも、右足と左足にかかる体重の割合が六：四なのか七：三なのか描き分ける自信があります。それによって、その絵が動きのどの瞬間の絵で、次にどういう絵が必要になるかが決まってきます。こうした運動の表現に、色や質感の表現が役に立たないことは容易に理解できるでしょう。

私は物の質感にあまり興味がないかわりに、力学的な構造には興味がありました。日本の商業アニメーションは、実在感のあるキャラクター描写が中心なので、その肉体の構造を無視しては動きをつくれません。漫画家やイラストレーターには難しくても、アニメーターに向いている絵というものがあります。逆に、漫画家やイラストレーターには描けても、アニメーターには描けない絵もあるのです。

実際、一枚絵はすごく上手いのに、動きを描かせるとダメという人が、新人や学生さんによく見受けられます。よく精査してみると、キャラクターの大きさや構造が、空間を動くときに保持されないのです。そうした物の同一性が一枚ごとに変わってしまうと、動きも制御できずグニャグニャに崩れてしまいます。一枚絵はとても上手いのに原画を描かせるとまるでダメという状況は一見信じがたく、絵が上手いことで周囲の尊敬を集めていることとのギャップがショックで、見ていて心苦しい気持ちになるほどです。

私が、絵は下手なのにアニメーターに向いている絵にかぎって描けたのは、絵の才能の問題というよりも、もともと物が動く仕組みに興味があって、それが絵に反映されたためでしょう。

私は、人物の動きがどういう仕組みに基づくのかについての分析や観察が昔から好きでした。足がこう動いてこうなるからこういう軌道で歩く、といった人体の構造との関係。こっちからこうぶつかると、こっちに飛んでいく、といった運動の因果関係。そうした動きが決まる仕組みを紐解いて、動きのイメージをつくり、それを絵で具体化することにかぎっては、一般的な意味で絵が下手でも何とかなっていたのです。

D　動きと絵の対立

しかし、私は、頭の中につくった動きのイメージだけが先行するあまり、描くべき絵と喧嘩してしまうことがよくありました。動きのイメージにこだわると、絵が壊れてしまうのです。

わかりやすい一例を挙げると、ある動きをつくるために、ぐっと肩に力が入ったポーズの変化が必要だとします。たとえば、肩が耳にくっつくほどすぼめられたポーズを想像してみてください。このポーズは、やろうと思えば人が実際につくれるポーズですから、決して無理なものではありません。しかし、与えられているキャラクターデザインは首が長く、肩幅が極端に狭くできているとどうでしょう。肩をすぼめさせても感じが出ないので、強引に肩を大きくしたくなります。しかし、それでは、キャラクターの雰囲気が変わりすぎてしまいます。首が長くて肩が狭いという特徴を保持すると、欲しいポーズが描けないのです。

また、キャラクターの線が多い場合も困りものです。線が多くて、一枚清書するのに一～二時間かかってしまうようでは、動きをつくる意欲もなくしてしまいます。そして線が多いということは、ポーズや絵のもつフォルムを変化させるときに、デザインを保持するために、絵の情報量に比例した辻褄合わせをしていかなければなりません。絵を動かすにあたって、その絵がもつ情報量の数倍の手間がかかるのです。

私が原画マンとして最も脂が乗っていた九〇年前後は、アニメーションの宣伝を出版物に頼ることが多く、止め絵の見映えに固執してキャラクターがデザインされる傾向がありました。キャラクターの線が多くて、動かすことは完全に後回しにするつもりではないか、と思われる情報量なのです。そのうえ、肩や肘、膝の関節に複雑なディテールが施されていることもあり、どうやって腕が前に出るのか、どうやって膝が曲がるのかわからず、デザインが崩れないようにと気を配るだけでヘトヘトでした。

私としては、「動きの造形」を絵に邪魔されているような、動きをつくる自由が奪われてしまうような気持ちでした。こうしたときの私は、さしずめ「動きの原理主義者」です。清書に時間がかかる絵でも、枚数を削らずに動かして、スケジュールを遅らせることも多いです。また、動かしにくい絵でも強引に動きのイメージに寄せて、絵を壊してでもポーズをつくろうとしたこともありましたが、得てして絵を崩さないようにと意識するあまり、動きの表現を萎縮させてしまいがちでした。そこでは、やはり私の画力の限界がネックになったといえます。

動かしにくい絵でも、デザインの良さを損なわずにフォルムを変化させる絵の上手さがあれば、動きの表現を萎縮させることなく乗り越えられるのです。具体的な事例としては、磯光雄が有名です。私も原画で参加したおおすみ正秋監督『走れメロス』(1992)や北久保弘之監督『ジョジョの奇妙な冒険』(1994)で磯さんの原画を見たとき、デザインの制約を凌駕できる画力は、アニメーターが動きを表現するうえで非常に有利に働くのだと痛感させられました。

しかしそれも、動きのイメージの発想力があったればこそです。イメージする動きの表現に幅があれば、デザインに合った動きを見つけ出すことができるでしょうし、「こんな動きをつくってやろう」という意欲が、デザインを損なうギリギリまで、絵のフォルムの変化を追い込む原動力を、アニメーターに与えるのです。

ちなみに、同じ日本の商業アニメーションでも、水や炎といった「自然現象の動き」では、絵のデザインによって受ける制約の度合いが少なくて済みます。水や炎は形をもたない不定形なものだからです。「自然現象が描けたらアニメーターとして一人前だ」と私は先輩方に教えられました。不定型な絵でつくる自然現象の動きはつかみ所がないため、動きをイメージする力が試されます。動きの仕組みや印象をしっかりイメージしないと、動きをつくるスタートラインにすら立てないでしょう。しかも、不定形であっても水や炎がそれらしく見える量感やフォルムを与える画力も必要ですから、その意味でも簡単なことではありません。

分業が明確なディズニー・アニメーションでは、キャラクターを描くアニメーターと自然現象を描くアニメーターが別であることは、興味深いことです。キャラクターとは動きをつくる考え方が違うということなのでしょうが、いずれにしろ自然現象の動きが、キャラクターの動きとは違う魅力で捉えられているのです。

自然現象の動きでは、なんといってもスタジオジブリ作品が優れています。自然と人間の関係をテーマにした作品が多いことから、作品が発表されるごとに、自然現象の表現をさらに拡張して、動植物を含めた自然物全般の動きに磨きがかかっていきました。宮崎駿監督『もののけ姫』（1997）のシシ神が歩くその足下から草が生え、瞬時に枯れていく動きはすばらしいものです。芽が膨張する成長の様子には驚きが感じられます。自然物の作画において天才的能力の持ち主である二木真紀子が、原画を担当したそうです。

個々のアニメーターの力量次第で、日本の商業アニメーションの中にも、その枠組みを超えたスケールの表現を見つけることは可能です。さらに、短編アニメーションの分野に目を向ければ、絵のもつ構造や、物理的な仕組みにとらわれない、自由な表現が追求されている事例が多く見つかります。

私は何も「魅力のある動きの造形には、物理的な仕組みが必要である」と言うつもりはありません。表現は自由であり、自由な表現の先に開かれる可能性が私たち作り手にとっても未来の希望です。

私個人としては、自分の理解を超えた「何だかよくわからない動き」ほど怖いものはないと思っています。しかし、そんな動きと出会った途端、ただちに私は探求者となり、表現の裏に隠された秘密を解きにかかります。なぜなら、魅力のある動きには、必ずそれを生み出した考え方や方法論が備わっているものだからです。

「何だかよくわからない動き」が面白いといっても、自由であれば何でもよいというわけではないのです。適当に殴り描きすればそれで芸術かといわれたら違うのと同じように、ある表現にはそれを成り立たせる考え方、すなわちコンセプトが備わっています。

極端にいってしまえば、「わけのわからない表現を狙う」というのも立派なコンセプトです。たとえば、メタモルフォーゼのアニメーションは、次々と変化することで、絵による縛りを排除し、つかみどころのない動きを獲得しています。また、直接フィルムを傷つけて描くシネ・カリグラフのアニメーションの動きは、多分に偶然性に基づいており、その動きをつくる考え方を導くのは酷のようにも思えます。両者の動きは自由でつかみ所がないからこそ、面白いわけです。

しかし、あえて追い込んで考えれば、メタモルフォーゼの動きは、分離や変態を繰り返す細胞レベルでの生命活動の動きの再現と見てとれなくはないし、シネ・カリグラフは、空気中への火花放電と似ていて、自然現象の動きをつくる考え方で説明できなくはありません。

魅力のある動きの表現に出会ったとき、それをどう説明するのか。次節では、動きをつくる考え方に重心を移して、論旨を進めます。

3　動きをつくる、その考え方

A　バンビとアトムの「動きの造形」

アニメーションを、語源のアニマの「命」の意味から引いて、「命を与えること」と定義する研究者がいらっしゃいますが、これもやはり「絵を動かす」という言い方と同様に私には違和感があります。「命のない（つまり動かない）創作物」が先にあって、後から命を（つまり動きを）付け加える印象があるからです。同じことなら「動きをつくる」と同様に、「命を生むこと」「命を創ること」と言っていただきたいものです。

『ピノキオ』（1940）で人形の命を生み出し、『ファンタジア』（1940）で生命の誕生を描き、『バンビ』（1942）で命の循環をテーマにしたディズニー・アニメーションは、まさに命を創る第一人者です。

本項では『バンビ』から、幼い子鹿のバンビが、生まれて初めて立ち上がる表現を例に挙げます。同時に、私が直接詳しい日本の商業アニメーションとの比較として、虫プロダクションによる日本初のテレビアニメーション・シリーズ『鉄腕アトム』（1963）から、アトムが初めて立ち、歩く表現も例に挙げます。キャラクターが、生まれて初めて立つシーンとして共通しているので、比較にはうってつけです。

ところで、前節で紹介した、点で動きの情報を抽出する方法ですが、実写映像に対して行われるのは見かけても、アニメーションの映像に対して行われた事例がないことは意外です。少なくとも私は見たことがなかったので、二〇一三年に専門学校の授業を利用して実験してみました。

『鉄腕アトム』も『バンビ』も、キャラクターと物語の魅力に裏打ちされているため、さまざまな角度から高く評価されていますが、動きに関する評価は対照的です。『鉄腕アトム』は、動きを省略することによって独自の進化を遂げたといわれる日本の商業アニメーションの走りとなった作品です。かたや『バンビ』は、絵の枚数をふんだんに使った、いわゆるフル・アニメーションと呼ばれるディズニー長編作品の代表作の一つです。

これらの動きの表現の比較に際して、色彩や音声、物語性など、アニメーションの総合芸術としての諸要素に惑わされてはなりません。キャラクターの絵の要素さえも取り除き、動きの造形だけを丸裸にして比較検証したいのです。そのためには、前述の動きの情報だけを抽出する方法は役立つのですが、残念ながら、本書でお見せすることはできません。読者には、『鉄腕アトム』と『バンビ』をビデオなどで取り寄せていただき、動きの情報だけに集中してご覧になってください。

幼いバンビが生まれて初めて立ち上がるとき、まずお尻だけを持ち上げて、後ろ足でしっかり支えた後で、上体を前足で持ち上げます。お尻と上体を分けて持ち上げるわけです。しかし、このときバンビは、体重を支えるだけで精一杯なので、その後、一歩も踏み出すことができません。うっかり体重が一方に偏れば、慌ててヨタヨタし、しまいには尻餅をついてしまいます。日が変わると、少しだけ成長したバンビが歩けるようになっていますが、不慣れな様子で足を大きく大げさに踏み出して歩き、調子に乗って歩いていると、やっぱり体重の移動に足が追いつかなくなり、足をもつれさせて転んでしまいます。

以上、私なりに動きだけに集中して観察しましたが、それでもこれだけの表現が伝わってきます。幼いバンビが四本の足で自分の体重を支えようと四苦八苦する見事な動きです。

一方、アトムが初めて立って歩き始める動きはどうでしょうか。研究施設の台の上でゆっくりと上体を起こしたアトムはそこから降りようとしますが、着地に失敗、転倒します。すぐに腕で上体を起こし、足の力で立ち上がりますが、足を滑らせて、股割り（開脚した状態）でペタンと座ってしまいます。それでも、膝を手で持ち上げて、何とか立ち上がります。そして、一歩一歩を確かめるようにして歩きます。

全体に動きが硬く、ぎこちないですが、アトムの動きの表現も、これはこれで立派に動いて見えます。点で動きの情報だけを抽出した映像を学生に見せてみましたが、「転んでしまう」「立ち上がる」「歩く」などの動作がわかる、と言っていました。

とはいえ、アトムとバンビでは、伝わってくる動きの印象に違いがあることは、誰しも感じるところです。使われている枚数が違うということもありますが、そのことによって、バンビは何を表現し、アトムは逆に何を表現していないのでしょうか？

何よりバンビには、重さの表現に強いこだわりが感じられます。足で踏ん張って、筋肉に力を込めたのちに、やっと体重が持ち上がります。そこがシーンの見せ場になっているほどです。

立ち上がるとき、「足で踏ん張る→立ち上がる」という順序を踏んでいます。踏ん張って、筋肉に力を込めた結果、立ち上がることができるという、因果関係が動きにあります。動きを生み出す仕組みが備わっているのです。動く仕組みから発想されているのです。

アトムの動きにこのような仕組みはありません。二度目に立ち上がるとき、足を伸ばすのと体重が持ち上がるタイミングが同じです。しかもそのとき、両足が同時に地面を滑っています。まるで、頭を紐で釣り上げているかのようです。

その後アトムが歩くときも、ゆっくり歩いているにもかかわらず、一直線上をまっすぐに歩いています。これもよく考えればありえないことです。二本足でゆっくり歩くならば、右足と左足に交互に体重を乗せる必要があり、身体の軌道が左右に揺れるはずです。

このように、よく見るとおかしな動きでも、絵によって、立ち上がる、歩くなどの動作が表現されているので、視聴者は納得させられるのです。

実は、アトムの動きには、時々「止め」が入ります。転んだ瞬間、立ち上がる前、立ち上がった後、歩きの一歩ごとなどと頻繁に、二四フレーム／一秒のフレームレートで、八〜一〇フレーム（〇・三〜〇・四秒）絵が止まるのです。止まる絵は、動きのポイントになる絵（キーポーズ）が選ばれています。歩きであれば、足が開いて両足が着地している絵です。このポーズは歩きを絵で表現するのに最もわかりやすい絵です。そのような絵が止めによって印象に残るので、動きの表現が不十分でもキャラクターが何をしているのかわかりやすいのです。

絵の表現は、バンビでも大きな効果を発揮しています。ただし、アトムと違うのは、絵の表現が動きの表現とがっちり嚙み合っていることです。

バンビが立ち上がったあと足を踏ん張るとき、長い足をハの字に広げて体重を支えます。まるで手足が長い竹馬のようで、踏ん張るには持ってこいの、とても効果的なポーズです。このポーズでいったんは安定を見せますが、そのハの字の足から重心がはみ出した瞬間にバランスを崩します。そうして転ぶ瞬間も、幼いバンビは二の腕と太ももが未発達なので、長い足をコントロールできず持て余し、絡まってしまったりします。

こうして絵の情報も見ていくと、バンビの動きの表現は、肉体の構造を踏まえた動きであることがわかります。絵で表現されている肉体の構造と、動きで表現されている構造が一致していると同時に、「筋肉に力を込める→立ち上がる」といった「動きの仕組み」が効果的に嚙み合っています。

その点で最も圧巻なのは、バンビが二度目に立ち上がるときです。バンビのしなやかな足は細くて上品なのですが、よいしょと踏ん張る一瞬だけ、相撲取りがしこを踏むようにガニ股になります。とてもコミカルな瞬間です。そしてその後、体重を持ち上げて歩き始めます。

ここまで絵と動きの表現が相乗効果を上げていると、バンビの動きも絵の表現が先にあって、その後から発想されているのではないか、とも思えてきます。バンビを描くに際して、ディズニーのアニメーターは鹿の肉体の構造をよく調べたと聞きますから、確かにそうした側面もあるでしょう。

しかし、ご注目いただきたいのは、バンビが動くとき、絵で表現されている骨格やフォルムが自在にデフォルメされている点です。絵の構造よりも、動きのダイナミズムが優先されているかのようです。このデフォルメの技法は、ディズニーの教科書といわれる『生命《いのち》を吹き込む魔法』[4]で「動きの原則」と称して掲げられている「スクオッシュ・アンド・ストレッチ（潰しと伸ばし）」のことであり、「アンティシペーション（予備動作）」や「フォロースルーとオーバーラッピング（後追いの工夫）」のことでもあります。これらの技法を裏打ちしているのは、あらゆる物やキャラクターには必ず重さがあり、それを持ち上げたり、支えたり、押し出したりするための**「動きの仕組み」によって、動きがつくられる**という考え方なのです。

アトムの動きの表現には、こうした仕組みはありません。重さを支える仕組みから動きをつくるという考え方をしていないのです。それでも、何とか人の動きに似せることくらいはできるだろうという、**本物の見た目に似せてつくる動き**なのです。

日本の商業アニメーションの、その後のランドマークにもなったこのアトムの動きを、「動きを省略した表現」の一言で片付けてしまっては、あまりに簡単すぎます。アトムは動きを省略しているのではなく、**動きをつくる考え方が違う**のです。

B　「仕組みからつくる動き」と「見た目を似せてつくる動き」

見た目を似せて動きをつくる考え方自体は、同時期に東映動画で制作された劇場作品『わんぱく王子の大蛇退治』にも現れています。しかも、動きを省略することなく、枚数をふんだんに使っていますので、こちらのほうがディズニー・アニメーションとのスタイルの違いが際立っているといえます。当時から、見た目を似せて動きをつくる考え方が、日本の商業アニメーション全体に広がっていたことがわかります。

アトムの、足と地面が滑りながら立ち上がったり、一直線上をまっすぐに歩いたりというようなことは、実際にはありえないことです。しかし、大雑把に見ればそれで十分という考え方をアトムはしているわけです。その後、そうした目立つ問題を改善していき、似せる精度を上げて、日本の商業アニメーションはテレビシリーズを主戦場に、本物に似た自然な動きの表現に磨きをかけていったのです。

実際にありえない動きをつくってしまうのは、むしろディズニー・アニメーションのほうです。ミッキーマウスやドナルドダックの動きの表現を、「ネズミやアヒルの身体があんなにゴムみたいにグニャグニャになるわけがない」と日本の商業アニメーションのアニメーターたちは笑います。まさにそうです。ディズニー・アニメーションの動きの表現は、物の重さを前提にした動きの仕組みを踏まえることで、本物とは似ても似つかない動きに現実味を与え、この世に存在しうる本物として視聴者に信じ込ませることを得意としていきました。

ところで、五〇年以上前の、予算、スケジュール、そして環境もまったく違うなかでつくられたそれぞれの表現が、まるで、その後の日本とディズニー・アニメーションの表現を決定づけたかのように、私は書いています。しかし、これにはそれなりの根拠があります。

初期のディズニーにおける動きをつくる考え方と、虫プロダクションにおけるアトムの動きをつくる考え方は、その後のアニメーターの人材育成の中に継承されているからです。

C　日本の商業アニメーションとディズニー・アニメーションの歩きの描き方

図5-7は、日本の商業アニメーションでアニメーターが教わる歩きの描き方を説明したものです。歩いているキャラクターの、前に出した足と後ろに残した足に乗る体重が五分五分になっている瞬間を、一歩ごとにまず描き、これを原画（キーポーズ）とします。そして、頭のてっぺんの軌道を描き、その軌道に沿って頭と胴

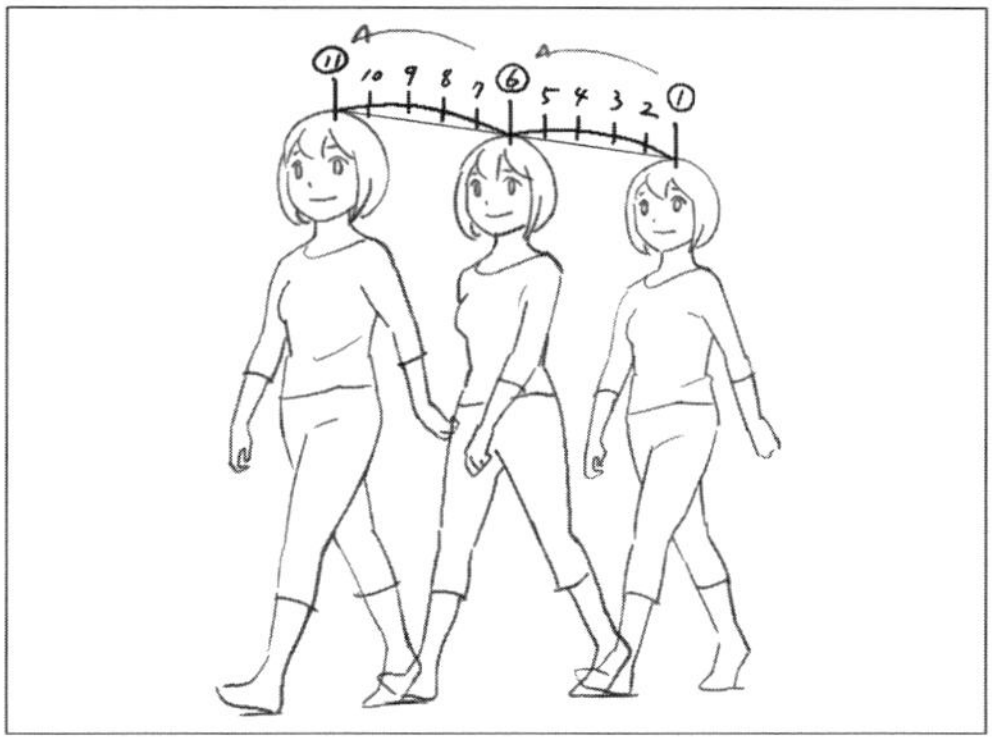

図 5-7　日本の商業アニメーションで教える歩きの描き方

体の中割りを進めます。その胴体に手の振りと、足が後ろから前に運ばれる動きを描いて完成です。

これは、アトムの歩きで、足が開いて両足が着地している、歩きのわかりやすい絵を起点に動きをつくる考え方と同じです。

この場合に用いられる頭のてっぺんの軌道は、見てのとおり、足の長さに基づいた円弧として描かれ、それが連続するとき、原画のところで軌道が下方にとがって折り返します。足の着地から、蹴って地面を離れるまでの間、足先から腰までの長さが変わらないことを前提にしているわけです。しかし、実際の人の歩きでこれもありえません。私は人の歩きの実写映像から軌道をトレースして確認したことがありますが、実際には、上下動の軌道の下方のとんがりは丸まって滑らかです。よく観察すると、足が着地した直後、膝が曲がって体重が吸収されることがわかります。

私は若い時代に何度か、そうした本物に迫る軌道で歩きを描こうとしました。しかし、それはなかなか難しいことでした。キャラクターが大股で歩く場合などにうまくいくことはあるのですが、少なくとも日常的な自然な歩きではうまくいきません。円弧を描いた軌道で下方の折り返しがとがっているほうが、小気味よい印象でうまく歩いてくれるのです。原因の一つとして、日本の商業アニメーションが前提とする三コマ撮りの表現がもつ限界があります。一秒

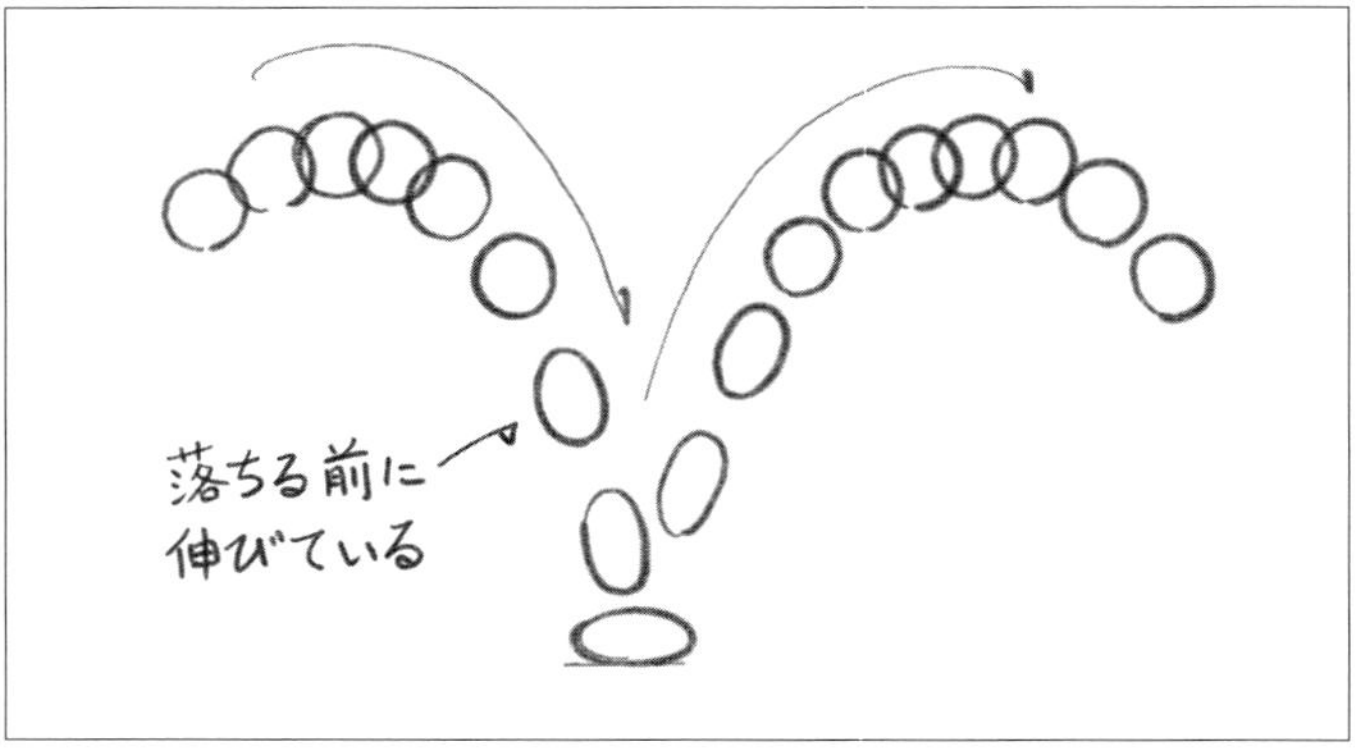

図 5-8　バウンシング・ボールの考え方①（文献４を参考に作成）

あたり八枚程度の絵の情報では、凝った軌道を描くには限界があり、わかりやすい軌道のほうがうまくいくのです。このことは、作業の手間やアニメーターの能力とは関係ありません。例を挙げれば、ベルリン国際映画祭で金熊賞をとったスタジオジブリの傑作、宮崎駿監督『千と千尋の神隠し』（2001）でさえ、**図5-7**の歩きの描き方がほとんどです。スタジオジブリの原画マンに聞くと、歩きの軌道の折り返しを滑らかにして描く場合もあるそうなので、カットごとの工夫はあるようです。

しかし、いずれにしろこの歩きの描き方からは、足が身体を支えて体重を運んでいく「歩きの仕組み」を学ぶことはできません。この描き方でつくる歩きの動きとは、身体の移動する軌道が先に決まっていて、後から足の動きがついてくるというもので、アトムと同様、直線上をまっすぐ歩くことを前提にしています。実際の作画では、まっすぐ歩きすぎないように変化をつけたり、上下動の仕方を微調整したりするのですが、考え方の原則は変わりません。そのため、平坦な床の上を歩くならよいのですが、坂道や階段やでこぼこ道を歩くとか、途中で角を曲がるなど歩く向きを変える必要に迫られるだけで、途端に難易度が上がってどう表現してよいかわからなくなるというのが、日本の商業アニメーションのアニメーターの平均的な力量なのです。

図5-9　バウンシング・ボールの考え方②（文献5を参考に作成）

それに対してディズニー・アニメーションでは、歩きの描き方をアニメーターにどのように教えるのでしょうか。その基本は、**図5-8**に示す「バウンシング・ボール」の表現にあります。

先述の『生命《いのち》を吹き込む魔法』[4]や、元ディズニー・アニメーターのプレストン・ブレア著『アニメーション・イラスト入門』[5]など、アメリカの古典的なアニメーションの教科書に必ず登場するこの「バウンシング・ボール」は、私の同世代のアニメーターや、親しい先輩たちの間でも謎でした。着地の瞬間および直後にボールが潰れて伸びる「スクオッシュ・アンド・ストレッチ」は理解できるとしても、着地する前にボールが延びるのはなぜなのか？　さしあたって、アメリカ人の感覚は日本人の想像を超えて漫画っぽいものなのだろうということにして、思考停止を決め込むのがお決まりです。確かにこの「バウンシング・ボール」が、跳ねるボールの描き方を教えているのだとしたら、そうとしか言いようがありません。しかし、この見方は間違っています。

「バウンシング・ボール」は、跳ねるボールの描き方を教えているのではなく、キャラクターの歩きや走りの描き方を跳ねるボールにたとえて教えているものです。いくら感覚が違うといっても、あの質の高い動きをつくるディズニーのアニメーターたちが、物理現象をねじ曲げて理解しているはずがありません。**図5-9**と見比べればわかるとおり、「バウンシング・ボール」が示すのは、キャラクターが歩いたり走ったりするときに、身体を縮めて体重を吸収したり、逆に伸ばしてはね返したり、着地の前に重力に引っ張られたりと、むしろ物理現象の表現を前提に動きの仕組みを教えるものです。この考え方が、キャラクターの重さにこだわったバンビの表現を生み出しています。

私は「デジタルコンテンツ・エクスポ 2009」の、元ピクサー・アニメーション・スタジオのアニメーターであるカイル・バルダによる「アニメーション・マスタークラス」を聴講しました。その中でバルダは、3DCGキャラクターの歩きの動きのつくり方を、膝を曲げて一歩ごとに伸び縮みを繰り返し、右足と左足に交互に大きく体重を移す考え方で教えていました。足のポーズは終始ガニ股で、まるで関取のように、左右に身体をのっしのっしと揺らして歩くのです。

ピクサーの長編第一作のジョン・ラセター監督『トイ・ストーリー』(1995) には、子どもたちが歩いたり走ったりする動きがたくさん出てきます。さすがにガニ股で歩く子どもは登場しませんが、つねに膝を曲げて体重を吸収しつつ動作する印象が目立ち、子どもといえども、しっかりと体重が感じられます。

手間はかかりますが、「一歩ごとに体重を持ち上げて降ろす」この考え方であれば、坂道や段差でも例外なく応用できることに、日本でアニメーターを育てる立場の皆さんは気づくべきです。

日本のアニメーションの識者は、ディズニー・スタイルのアニメーション・キャラクターの、大げさな身振り手振りの芝居を国民性で説明します。日本人が平坦な言葉を淡々と話すのに対し、アメリカ人は抑揚のある言葉に身振り手振りや表情の変化を交えがちだからです。しかし、私はこれだけが理由ではないと考えています。ディズニー・スタイルのアニメーションが、キャラクターの重さを意識した動きの仕組みに基づいている以上、結果的に、大げさな仕草をキャラクターに与えることにならざるを得ないからです。

『トイ・ストーリー』の動きの表現はディズニー・スタイルを継承したものですが、過去のディズニー作品や最近のピクサー作品に比べると、動きの表現に硬さがあり、動きをつくる方法に制約があるなかでつくられている印象があります。細かく見ていくと、キーポーズ（手描きアニメーションでいうところの原画）からキーポーズへすばやく動き、動作がわかりやすいキーポーズでは止めも生かす、といった工夫で乗り切っている箇所があるのです。これはまさに『アトム』で用いられていた表現スタイルです。叶精二の『アナと雪の女王』の光と影』[6]によれば、『トイ・ストーリー』の監督のジョン・ラセターは、八〇年代の若き頃、宮崎駿監督『ルパン三世　カリオストロの城』（1979）の演出を同世代のアニメーターたちと研究し尽くしています。のちのピクサーの動きの表現にも影響を与えたと考えるのが自然です。

といいますか、ディズニーやその考え方を継承するピクサーが、物の重さにこだわって動きの仕組みから表現を導き出すといっても、見た目の観察や、見た目を似せてつくる考え方をしないわけではないでしょう。バンビの鹿の骨格や筋肉の表現は見事ですし、『トイ・ストーリー』で部屋の中をドタバタと走り回る動きの表現はまさに子どもそのものの動きだと思わされます。動きの仕組みの原則を押さえつつ、ギャグ表現や観察に基づいた見た目のそれらしさも追求しています。

それに比べて日本の商業アニメーションでは、ギャグ表現や子どもらしさが必要なとき、キャラクターの体重を無視した誇張に走りがちです。たとえばスタジオジブリ作品であっても、走りは二コマ撮り（一秒間に一二枚）で一歩三枚のサイクルで描かれてきました。なんとたったの三枚です。走りであっても両足が地面から離れた空中ポーズがないのです。これでは体重は表現できません。大人がゆったり走るときなどで枚数を増やす例外はありますが、子どものキャラクターなどではほとんどがこの枚数です。このほうがトコトコと軽く、テンポよい印象で走ってくれるのです。

２-Ｄで紹介した、優れたアニメーターの磯光雄が監督した『電脳コイル』（2007）では、走りが二コマ撮りで一歩四枚のサイクルにほぼ統一されていました。そのことで子どものキャラクターであっても体重を感じさせる動きの表現になっています。日本の商業アニメーションであっても、才能あるアニメーターたちは、重みがある理にかなった仕組みを備えた動きの表現を追求しています。その末に押井守監督『GHOST IN THE SHELL／攻殻機動隊』（1985）のような、世界のアニメーターが注目するような高品質な作品も生まれているわけです。

しかし、人材育成の場では、前述した歩きの描き方の例のとおり、見た目の印象だけで動きをつくる考え方に偏ります。デッサンにたとえるならば、目での観察だけで描いて終わるようなものです。デッサンにおいて、ある段階からは解剖学の知識を得なければ実在感のある肉体表現に迫ることができないのと同じように、アニメーションにおいても動きの仕組みを教えなければいけないはずなのです。

制作会社によっては、キャラクターが椅子に座る、または立ち上がるというような芝居を通じて、体重移動の原則を教えています。立ち上がる前にいったん前かがみになり、椅子の上のお尻から、地面に接地している足に体重を移してから、立ち上がる、といった具合です。しかし、この類の課題はどちらかというと基礎ではなく、応用段階に位置づけられています。バウンシング・ボールを教本のトップに載せているディズニーの技術体系とは、明らかに違うのです。

日本には日本の良さがある、という向きは確かにあります。ディズニーが確立し、そのうえディズニーだけのものに終わらない世界標準のスタイルに対し、あえて違うスタイルで臨む日本の商業アニメーションが文化として価値が高いという考え方に、異議を唱えることはできません。しかし、日本の商業アニメーションを産業として捉えるならば、アニメーターの平均的な力量を、品質を安定させられるレベルに維持できない考え方はまずいでしょう。

D 「動きをつくる手段＋動きの造形」でつくる、アニメーションの呼び名

実は、日本の商業アニメーションが漫画原作を元につくられることが、この傾向に拍車をかけてきました。止め絵でストーリーやキャラクター表現が成立している以上、アニメ化に際して、その漫画の絵の表現を生かし、後から動きを加えていく「絵を動かす」考え方に偏るのは当然のことです。アトムに見られた、動作がわかりやすい、止めの絵を軸に動きをつくる考え方は、止め絵で表現される漫画原作と相性がよいわけです。

それどころか日本の商業アニメーションは、動きの表現だけでなく演出スタイルさえも、漫画のコマ割りの影響を受けています。日本の商業アニメーションのスタイルがそこまで漫画の影響を受けている事実があるならば、いっそのこと「漫画（コミック）アニメーション」という名で呼べばよいでしょう。

これは思いつきで言っているのではありません。アニメーションの呼び方には**表5-1**に示すとおり、媒体や目的や、表現形式そのもので呼ぶものなど多々ありますが、その中でも「動きをつくる手段＋（動きの造形を意味する）アニメーション」の言葉の組み合わせで呼ぶ形式が昔から一般的です。たとえば、人形で動きをつくると「人形アニメーション」、粘土（クレイ）でつくると「クレイ・アニメーション」です。しかも、動きをつくる方法はそのままアニメーションのルック（画風）のことでもありますから、たとえ仕上げがデジタル化されてセル（ロイド）画が使われなくなったとしても、セルシス社のRETAS STUDIOのようなアニメーション制作アプリでセル画のルックが再現されれば、それはセル・アニメーションと呼ばれるのです。なので、漫画（コミック）のルックでつくられるなら「漫画（コミック）アニメーション」でよいわけです。

ただ、漫画のアニメ化といっても、漫画の絵がそのままアニメーションになるわけではなく、動かす都合に合わせてキャラクターデザインが加工されますし、そうして生まれたアニメーションの絵を逆に漫画の側が吸

表 5-1　アニメーションの呼び方

動きをつくる手段（ルック）＋動きの造形	備考（※は著者の新提案）
人形 アニメーション	
粘土（クレイ） アニメーション	
砂の アニメーション	
3DCG アニメーション	
セル アニメーション	近年デジタル化されセルロイドは使われていない
漫画（コミック） アニメーション	※いわゆる日本アニメのこと
イラスト アニメーション	※短編アニメーションに目立つスタイル
絵画の アニメーション	※短編アニメーションに目立つスタイル
目的 ＋動きの造形	
商業 アニメーション	
実験 アニメーション	
教育 アニメーション	
アート アニメーション	芸術表現目的というニュアンスか？
媒体 ＋動きの造形	
テレビ アニメーション	
劇場 アニメーション	
CM アニメーション	
つくった国や会社 ＋動きの造形	
日本 アニメーション	著者は「漫画アニメーション」と解釈する
ジブリ アニメーション	
ディズニー アニメーション	
表現形式 ＋動きの造形	
しりとり アニメーション	
メタモルフォーゼ	
フル アニメーション	
リミテッド アニメーション	

収し、長い目で見れば漫画とアニメーションの間にはスタイルの循環があります。なので、その点は精査が必要です。しかし、こうしたルックの工夫やその多様性を無視して、日本でつくられたからすべて「日本アニメ」と十把一絡げにしてしまうよりは、はるかにマシでしょう。

それでなくとも「日本アニメ」という呼び方に対して、「自分たちは一緒にされたくない」と異議を唱える声が、短編アニメーションの当事者たちからあります。ここでいう短編アニメーションとは、いわゆるアート・アニメーションと呼ばれる作品や、自主（インディペンデント）制作、あるいはＮＨＫの幼児向け番組枠で放送される作品のことです。これらの分野には、漫画のルックとは関係なく独自に多様性を追求しているスタイルが多いのです。

実は本章で、私が自分の出自を「日本アニメ」「日本のアニメーション」と書かずに、「日本の商業アニメーション」と長ったらしく書くのは、そのことを意識しているからです。できれば短編アニメーションの分野の方からも、「人形アニメーション」や「砂のアニメーション」と同様に、「イラスト・アニメーション」「絵画のアニメーション」などと、ルックを具体的に表す言葉で自らを呼んで反撃を期待したいところです。

ところで、「日本アニメ」という呼び方を私が避けている理由がもう一つあります。この「アニメ」という「アニメーション」を省略した表記はもはや広く根づいていますが、メディアで「アニメ」という言葉が使われ始めた一九七〇〜八〇年代前半にかけての時代を直接知る私としては、広義のアニメーションとは別の、まさに「日本の商業アニメーション」の一ジャンルを呼ぶ名、というニュアンスが感じ取られるのです。このことは、私と同じ世代から上であれば、ご理解いただけるでしょう。

つまり、この「アニメ」という言葉がさす表現スタイルを紐解くと、アトムの止まった絵を生かす表現スタイルの意味合いが現れてきます。ですので、「動きの造形」を論じる本章の立場としては、止まった絵を生かす動きの表現の意味合いが強い呼び方を、スタンダードな呼び方として用いるわけにはいかないのです。

E　アニメーションは本当に動いているのか？

実は、私は自身が監督した映像を見ながら、これはもう動いて見えない、アニメーションとはいえない、と憤ってしまうことが度々あります。

仕上がった映像の最終チェックを、ラッシュチェックといいます。色の塗り間違いや絵の描き間違いを見つけるために、スタッフ数人で、目を皿のようにして繰り返し映像を見ます。

たとえば、たった一枚だけでも、色の塗り間違いがあれば、リテイクにして直さなければなりません。そんな些細なミスを、動く映像の中から探し出すのは大変のように思われるかもしれません。しかし、慣れるとこれが結構簡単に見つけられるようになります。いわゆる目が肥えてくるということなのですが、たとえば中割りが下手な絵になっていたりすると、「今、変な絵が一枚あった！」と見えてしまいます。動きの流れに乗っていない絵は悪目立ちして、「止まっている絵」として見えてしまうのです。

困ったことに、こうして目が慣れてくると、とくにミスのない動きの中でも、止まっている一枚一枚の絵が見えるようになります。色の塗り間違いや、絵のミスが見えるのは仕方ありません。しかし、取り立ててミスはないのに「止まっている絵」が見えてしまうというのは、動きをつくる立場としては深刻な問題です。「止まっている絵が見える」ということは、「絵が動いている」とはいえないからです。

アニメーションの動きの表現の中で「止まっている絵」が見えてしまうケースは、絵の動く幅や色のコントラスト、絵の質や、動きをつくる技法などの諸条件によって起こります。二コマ撮りより三コマ撮りのほうが見えやすいですが、一コマ撮りでも見えるときは見えます。映像を投影するディスプレイの特性にもよりますし、画面に近づいて見るほうが見えやすいということもあります。

打撃の神様と呼ばれた川上哲治は、調子のよいときには投手の投げたボールが止まって見えたそうですが、なにも私は、そんな神レベルの話をしているわけではありません。そもそも、アニメーションは止め絵の連続でつくられていますから、むしろ止まっている絵が見えて当たり前なのであって、逆にアニメーションがなぜ動いて見えるのか、研究者にとってもいまだに説明するのが難しいくらいです。

なので、読者の皆さんもそのつもりで、お好きなアニメーションを目を凝らして見てみてください。じっと見ていれば目が慣れて、絵が見えるどころか、「この動作は中割りが二枚入ってる」「五枚でボールが落ちてきた」と見破れるようになります。

ただ、「木を見て森を見ず」という言葉があります。細部にとらわれると全体が見えなくなるのと同じように、「止まっている絵」が見えるのは、「止まっている絵」を見ようとするゆえに、動きを見ないようにした結果に過ぎないのかもしれません。「木を見て森を見ず」の逆をたどって、止まっている絵を見ようと意識せず、ぼんやりと全体を見るように努めれば動いて見えてくるということもありますので、この境目をどこに置くかも難しいのです。

しかし、どんなに目を凝らしても止まっている絵が見えない、優れたアニメーションもあります。前節で述べた『もののけ姫』のシシ神の足下から生える草の動きや、本節で紹介したバンビの動きがそれです。アニメーションの技術がめざす目標は、止まっている絵を見えないようにするところにある、ともいえるのです。

以上の考察を頭に置いて、**表5-2**をご覧ください。これは私が、認識レベルで動きの表現を分類したものです。

まず「a：動いている」という分類があります。しかし、アニメーションがフレーム単位の止め絵の連続である以上、実際に絵が動いているはずはありません。「動いている」は事実をいう言葉ですから、現実に動いている演劇のような表現を指すのであって、アニメーションはこの分類には入りません。

表 5-2　認識レベルでの動きの表現の分類

<table>
<tr><th></th><th>動きの分類</th><th>動きの認識レベル</th><th>事例</th><th colspan="3">表現の種類</th></tr>
<tr><td>a</td><td>動いている</td><td>事　実</td><td>演劇や実写映画の撮影現場</td><td rowspan="2"></td><td>演劇など</td><td rowspan="5">動きの造形</td></tr>
<tr><td rowspan="2">b</td><td rowspan="2">“動いている”ように見える</td><td rowspan="2">知　覚</td><td>実写映画</td><td rowspan="4">映画</td></tr>
<tr><td>質の高いアニメーション</td><td rowspan="3">アニメーション</td></tr>
<tr><td>c</td><td>動いて見える</td><td>知　覚</td><td>アニメーション</td></tr>
<tr><td>d</td><td>動きを感じる</td><td>感　覚</td><td>リミテッドアニメーションなど</td></tr>
<tr><td>e</td><td>動きを想像できる</td><td>想　像</td><td>止め絵による動きの表現</td><td>絵画・イラスト・漫画など</td><td></td><td></td></tr>
</table>

しかし、前述したように、どんなに目を凝らしても止まっている絵が見えない、質の高いアニメーションもあります。どう見ても「動いている」ようにしか見えない場合です。

絵が実際に動いている事実がない以上、「a：動いている」とは言えない代わりに、「b：『動いている』ように見える」と言うことにします。

ちなみに実写映画も、この「『動いている』ように見える」の分類に入れるべきでしょう。カメラの向こうの役者の演技は、現実に動いているのですから、「a：動いている」です。しかし、撮影されて映像に焼きつけられた時点で、止め絵の連続に置き換わるわけです。なので「『動いている』ように見える」と言い表すべきです。

先ほど論じましたが、実際に動いている被写体を素材にしてつくられる実写映画と違って、動かない素材でつくられるアニメーションは、どうしても「止まっている絵」が見えてしまいがちです。ミスなく丁寧につくられたアニメーションであっても、見る条件によっては、止まっている絵が見破られてしまう宿命にあり、こうしたアニメーションがむしろ多数派です。こうした動きの表現は「c：動いて見える」と言い表すのがしっくりきます。実際、この「動いて見える」という言い方が、アニメーションを指す言葉としてポピュラーです。三コマ撮りでつくられる日本の商業アニメーションの表現はその典型例といえます。

しかし、それ以上に、止まっている絵の印象が強く残る動きの表現がアニメーションにはあります。たとえば、日本の商業アニメーションでも時おり使われる、四コマ撮り（一秒間に六枚）以上を使った動きの表現がこれに当たります。また、短編の技法のピクシレーション（実写の人間をコマ撮りして動かす技法）のような、フレームごとにガクガクと引っかかる動きの表現もこの典型例でしょう。これらは、私としては「動いて見える」とも言いがたいのです。

いわゆるリミテッド・アニメーションにはこれが多く、高く評価されているものもあります。仮現運動の概念を説明するときに例に出されるところの、踏切の信号の明滅が左右に交互に動いて見える現象といえばわかりやすいでしょうか。

また、日本の商業アニメーションにおいてアクションの神様といわれた金田伊功が得意とした表現もこの分類に入ります。爆発やアクションを得意とした金田は、絵の大胆な変化による表現を得意としました。金田のアクションはあまりに大胆なので、何がどう動いたか認識できないのですが、確かに具体的な動きを感じさせてくれました。

止まっている絵が目に残り、絵と絵の変化が大きくかけ離れている――そんな、動いて見えるとはいえない表現でも、その絵と絵の意味や、変化の関係が、具体的な動きを感じさせてくれるわけです。

こうした動きの表現は「d：動きを感じる」と分類して表すことにします。

F　アニメーションの動かない起源

問題は、この「d：動きを感じる」からもこぼれてしまうアニメーション表現があることです。たとえば、躍動感のある止め絵を、一秒以上の長さで紙芝居のように時間軸に映し出して物語る表現スタイルがあります。たとえば、『あしたのジョー』（1970）で有名な出崎統監督は、そうした止め絵をさらにパンさせたりズームをかけたりして、劇的な効果を狙うのを得意としました。より前の事例では、高畑勲監督『太陽の王子 ホルスの大冒険』（1968）でネズミの大群が村を襲うシークエンスが有名です。止め絵といえども、動きの表現の確かな技量に裏打ちされている絵で魅力があります。

こうした止め絵による動きの表現の魅力を、私は重々承知しています。そもそも、絵で動きをつくるときにも必要とされる絵が、そうした動きがわかる絵であることは、前節でも論じました。たとえ止め絵であっても、そのキャラクターのポーズの躍動感によって魅力ある動きが表現されます。

こうした動きを表現した止め絵を、誰もが知る古典絵画から例に挙げるならば、ドラクロワの『民衆を導く自由の女神』の国旗を掲げて進む女性の表現がそれでしょう。この絵を描いたドラクロワと、アニメーターがもつ動きを表現したいというモチベーションは、時と場所を越えてつながっていることは私も認めます。

しかし、これらはあくまで絵画（漫画、イラストレーション）表現であって、具体的に動きをつくっているわけではないのです。このことは、ドラクロワの自由の女神の絵を写し取って、何人かのアニメーターに動きをつくってもらえばわかることでしょう。アニメーターの想像力次第で、何通りでも違う動きが生まれるはずです。このことは、日本の商業アニメーションで監督の経験をされた方なら実感で理解できるでしょう。絵コンテの止め絵でいくらキャラクターの芝居を緻密に描いても、担当するアニメーターによって、監督の意図とは違う動きの表現が生まれてくることは日常茶飯事です。ドラクロワの絵画や絵コンテの絵が動きを表現しているといっても、具体的な動きをつくっていない以上、これは当然のことであって、こうした表現は切り分けさせていただきたいのです。

私はこうした止め絵による動きの表現は「e：動きを想像できる」と分類して表すことにしました。以上、a〜eの分類のうち、アニメーションと呼ばれるのは実写映画以外のbから、絵画やイラスト・漫画などを除くeまでです。しかし、「アニメーションとは動きの造形である」と定義する本章の立場では、具体的な動きをつくらないeの表現をアニメーションと認めることはできません。止め絵による動きの表現は、動きの造形ではないと、けじめをつけさせていただきたいのです。

ディズニー・アニメーションの教科書といわれる『生命を吹き込む魔法』(4)の冒頭には、アニメーションの原初的な表現としてラスコー洞窟の壁画の動物の絵が引用されています。また、アルタミラ洞窟の壁画でバイソンの足が八本描かれている事例も、走る足の動きを表現したアニメーションの起源として論じられます。時代が下った、日本の絵巻物や浮世絵もアニメの起源として論じられます。そうした動きを表現する絵は、日本の漫画に引き継がれ、漫画を原作にすることが多い日本の商業アニメーションは、こうした絵の表現抜きにはつくれない、という論調に私も反論できません。

しかし第1節で私は、どんなに絵が上手くても動きをつくれない場合があることや、絵を描く前に動きをつくるプロセスがあることを指摘し、絵画表現と「動きの造形」が違う表現形式であることを論じました。その意味からも、「動きの造形」と止め絵による表現を、はっきりと切り分けたいのです。

アニメーションの研究者がその文化的価値を高めようとするとき、絵画や伝統芸術と紐づけて、そのありがたさの裏打ちによって遠回しに価値を証明しようとする論法があります。ラスコー洞窟の壁画や絵巻物との共通性を論じた例がそれです。しかし、繰り返しますが、絵画表現に「動きの造形」はありません。形式の違う表現分野と同列に並べられてしまうことによって、結果的に、アニメーションの「動きの造形」が見落とされ、それどころか「絵の表現抜きにアニメーションはつくれない」といった論調によって、その本質的価値が貶められることを危惧します。

真にアニメーションの起源を論じるなら、それは一八〇〇年代のフェナキスティスコープやゾートロープの発明まで時代を待たなければいけないでしょう。

叶精二著『漫画で探検！　アニメーションのひみつ3』[7]によれば、一八七七年に動画の映写機がフランスで初めて発明され、プラキシノスコープと呼ばれたそうです。その同時期の一八七八年には、アメリカでエドワード・マイブリッジが馬の走りを連続写真に記録しています。連続写真それ自体は動きませんが、具体的な動きの記録である点で、動きの造形にかぎりなく迫る表現といえます。アニメーションの起源を求めるなら、むしろこれらの事例が妥当ではないかと、山村浩二監督『マイブリッジの糸』(2011)を観ながら思いました。

4 さまざまな「動きの造形」の競合

A　実写映画のＶＦＸの「動きの造形」

表5-2にはもう一つ、重要な論点があります。それは「a：動いている」についてです。

もしも私が信じたとおり、アニメーションを「動きの造形」と定義するならば、実際に動くものも含めた、あらゆる動きの表現がアニメーションであると言わなければなりません。

実写映画の、カメラの前の役者の演技はもちろん、ダンスや演劇、サーカスや大道芸もアニメーションですし、操り人形や、ゼンマイ仕掛けで回転するオルゴールも立派なアニメーションというわけです。たとえばシルク・ドゥ・ソレイユの演者たちに「あなたたちはアニメーションだ」と言ったらどんな顔をするでしょうか?

アニメーションを「動きの造形」とシンプルに定義できない理由がここにもあります。実写や演劇のような実際に動く表現との関係です。

世界四大アニメーション・フェスティバルの一つ、広島国際アニメーション・フェスティバルの応募作品の条件には「一コマずつつくられた作品であること。ただし、コンピュータによる作品を含む」（第17回広島国際アニメーション・フェスティバル大会規約3の（1）から）とあります。演劇はおろか実写映画も入れません。

しかし、そのように区別されたとしても、「動きの造形」の観点で見れば、アニメーションの表現が実写映画や演劇と競合することは避けられません。実写映画や演劇は、アニメーションとは呼べなくても、「動きの造形」として捉えることはできるはずだからです。ここで間違わないでほしいのは、この論点においては、絵画や漫画と競合するわけではないことです。アニメーションを「絵を動かす」と捉えるなら別ですが、「絵で動きをつくる」と捉える本章の立場では、同じく動きの表現である実写映画や演劇と競合するのです。

そこをあくまで差別化するために、「アニメーションにはアニメーションにしかできない動きの表現がある」とよく聞きますが、この言葉こそが、実写映画や演劇との競合を意識したものです。

そうした競合の中で、自分はなぜアニメーションをつくるのか、と自問自答することがあります。その問いかけはアニメーションをつくり始めた高校時代に、すでに始まっていました。それは、『ガラスわり少年』を一緒につくった仲間が「これからの時代は特撮だ」と言って実写映画をつくり始めたときです。ちょうどジョージ・ルーカス監督『スターウォーズ』（1977）が登場していました。モーションコントロール・カメラを使って宇宙空間を自由に飛び回る映像には迫力がありました。

しかし、そうした宇宙船やカメラの動きの表現は、あくまで「移動」に過ぎないと私は考えていました。「移動」には、動きの「変化」の魅力は備わっていません。「変化」の魅力とは、たとえば前節で例に挙げた『もののけ姫』のシシ神の足下から草が生える植物の動きの表現など、自然現象には豊かに備わっています。そして何より、カメラをかすめるようにして飛ぶ宇宙船の動きの表現は、すでに松本零士監督『宇宙戦艦ヤマト』(1974)やりんたろう監督『銀河鉄道999』(1979)で描かれていました。そうした日本の手描きアニメーションの変化に富んだ動きの表現に、私は魅せられていました。アニメーターが手描きの絵によってつくりだす変化は、特撮では当分真似できないだろうと楽観的に考えていたのです。

私がアニメーターになった八〇年代後半には、すでに3DCGソフトウェアを搭載したパソコンAmigaが秋葉原で売られていて、CGによるアニメーションの進化は十分に予見されていました。それでも、どんなに映像表現が進化しても、究極の進化の末には「動きの造形」はアニメーションに回帰するはずだと、私は確信していました。それは、手描きのアニメーションに回帰するといった狭い意味の話ではありません。アニメーターの想像力によって動きをつくる「動きの造形」に回帰する、という意味です。アニメーションは第1節で述べたとおり、頭の中の想像力で動きをつくる以上、映像をつくる技術さえ伴えば、つくれない動きはないはずですから、最先端の「動きの造形」は、将来必ずアニメーションと交わると考えていたのです。

その後、CGの目覚ましい発展によって、特撮やVFX(ビジュアル・エフェクツ)を擁する実写映画とアニメーションは互いに近づいて交わっていきます。この点で私の予測は当たりました。しかし、その後のCG技術を取り入れたハリウッド映画の映像表現の進化が、私の想像を超えるものだったことも事実です。

B　3DCGアニメーションの「動きの造形」

スティーブン・スピルバーグ監督『ジュラシック・パーク』(1993) の恐竜の映像には、当時多くの映像の作り手たちが驚いたと思います。その3DCGアニメーションは、目の前に本物の恐竜が出現しているようにしか見えなかっただけでなく、その実在感のある動きの表現に目を見張りました。とくに、悠々と歩くブラキオサウルスのお腹の筋肉が動いているように見える表現は、手描きの絵では真似できない芸当です。

念押ししますが、当時の映像の作り手たちは、恐竜の絵づくりに驚いたわけではありません。リアルな恐竜のイラストレーションやミニチュアはすでにありました。『ジュラシック・パーク』が成し遂げたのは、そうした絵によってつくられた、精密にコントロールされた動きの表現だったのです。太古の恐竜の動きという想像でしか描けない「動きの造形」は、人形アニメーションや手描きアニメーションでしかつくれなかったのに、3DCGによって実写映画の中に本物と見まがう質をもって出現し、競合する時代に入りました。

ただし、厳しい見方をすれば、現存する動物の動きを参考にしてつくられたその動きは、創作性に欠けているともいえました。その後の『トイ・ストーリー』を皮切りに発表されていく、ピクサー・アニメーション・スタジオの作品にしても、ディズニー・スタジオの動きをつくる技術を3DCGで解釈したアニメーションであって、「動きの造形」としての目新しさはなかったわけです。

しかし、マイケル・ベイ監督『トランスフォーマー』(2007) の動きの表現を見たときに、私は決定的に度肝を抜かれました。

実写のスーパーカーが、複雑な変形を経て、ロボットに姿を変える3DCGアニメーションです。パーツが機械的な構造を備えつつも自由に動いて、まったく違う形状のロボットに組み立てられてしまいます。それも、路上を高速で走行しながらであったり、空中で変形して着地したりなど、さまざまな状況で描かれます。部品の材質、構造、重さや慣性といった物理法則を踏まえていながら、いつの間にかありえない大きさに膨張し、生命力までも感じさせます。繰り返し例に挙げますが、『もののけ姫』のシシ神の足下の草の生命力にも負けない驚きを与えます。表現全体の枠組みが、古典的なアニメーション技法の一つ「メタモルフォーゼ」であるところも、非常に創作的です。

こうした事例に出会っても、所詮ハリウッドは違うからと、あくまで別物として分けて考える向きが日本の作り手たちにはあります。実写映画のＶＦＸを、アニメーションの競合相手として見られない気持ちもわかります。しかし、このトランスフォーマーの変形は、日本人アーティストの山口圭二がつくりだしたものだそうです。山口は日本のＣＧ会社・トーヨーリンクス出身です。

これだけの優れた「動きの造形」が登場しているにもかかわらず、３ＤＣＧは味気ない、血が通っていないと、その将来性を疑う声が、この当時でさえもあったことは驚きです。３ＤＣＧアニメーションの動きの表現に血が通わないとしたら、それは３ＤＣＧであるからではなく、あくまで作り手の問題です。近年、私も演出(ディレクター)として、日本の３ＤＣＧアニメーションの制作に関わりました。意外なことに、３ＤＣＧアニメーションの「動きの造形」が抱える課題は、手描きアニメーションのそれとまったく同じでした。

３ＤＣＧアニメーションでは、モデリングによって３Ｄ空間にキャラクターをつくり、その後、動きをつくるという工程を踏みます。キャラクター等のモデルの「立体の造形」と「動きの造形」の制作手順が分かれているのです。人形アニメーションのつくり方と同じといえば想像しやすいでしょうか。なので、モデリングが終了した後、アニメーターは動きをつくることだけに専念できます。絵が下手で、動きをつくるのに苦労が多かった私から見るとうらやましく思われたのですが、ことはそれほど単純ではありませんでした。

モデルにリグという骨を与える「リギング」という工程があります。これは、人形アニメーションにたとえると、人形を動かすための関節を与える作業です。そして骨（リグ）だけでなく、骨を操るコントローラーも施します。つまり、モデルに、動かすための構造がリギングによって定められるわけです。アニメーターは、このリグを操って動きをつくります。

つまり、３ＤＣＧアニメーションは、見た目からつくり、動きを後から付け加えるしかありません。これは、絵を描く前に動きをつくる「動きの造形」の信条に合わないわけです。つくりたい動きがモデルとリグの構造に合わないと、外形に割れ目ができたりします。時間をかければ手直しすることもできるのですが、複雑な手間に追われてつくりたい動きを諦めなければならなくなることは多いのです。この葛藤は、第1節で述べた、手描きアニメの動きと絵の対立とまったく同じです。

ただ、『バンビ』で論じたとおり、動きの仕組みとキャラクターの構造がマッチしていれば問題は軽減します。どうやっているのか私にはわかりませんが、少なくとも『トランスフォーマー』は、その課題を乗り越えているように見えます。形状（モデル）をつくった後で構造（リグ）を与えるのではなく、構造を与えた結果が形状になっていくような工程を踏めれば、３ＤＣＧアニメーションの「動きの造形」も前進するのではと思いをめぐらしますが、ＣＧについての、私のかぎられた知見では、どう手をつければよいかわかりませんでした。

広島国際アニメーション・フェスティバルの応募の条件に「一コマずつつくられた作品であること。ただし、コンピュータによる作品を含む」とあるように、アニメーションをコマ撮りによって定義するという考え方が一般的だったところへＣＧという、コマ撮り以外の技法によるアニメーションが仲間に加えられているわけです。まるで、例外のように書かれていますが、それは先進性の証でもあります。

大袈裟かもしれませんが、私は、かつてアニメーションを仕事に選んだとき、手描きアニメーションが、実写映画や演劇などを含めたあらゆる「動きの造形」の最先端であると思っていました。なので、ＣＧがアニメーションの技法を拡張するならば、その先進性に関わっていきたいという欲があります。

しかし、この五、六年の印象では、「動きの造形」で最も新しさを感じさせるのは、自律して可動するロボットの動きです。

C　ロボットの「動きの造形」

もう数年経ちますが、ボストン・ダイナミック社が開発した、米軍の兵站支援用四足歩行ロボット、ビッグ・ドッグをユーチューブ（YouTube）で見て、その見たことのない動きに非常に驚きました（BigDog Overview [https://youtu.be/cNZPRsrwumQ]）。

山の斜面を、時々足を滑らせたりしながら歩く姿がなんとも気持ち悪くて面白いのです。ロバくらいの大きさに見えますが頭がありません。ブルブルと音を立てるのでガソリンエンジンが動力源でしょうか。悪路で滑って転びかけると、慌てたような様子をしながらヨタヨタ立ち直ります。まるで生きているようです。もはや、映画でも演劇でもない工業製品ですが、特撮の分野にはアニマトロニクスという機械仕掛けで人形を動かす技術がありますから、意外とその開発ノウハウは、特撮技術とつながっているかもしれません。

その後、同社は二足歩行のものも開発しています。ベルトコンベアの上をワイヤーにつながれて、大男がドカドカと大股で歩いているような映像があります（Petman Tests Camo [https://youtu.be/tFrjrgBV8K0]）。腕も頭もありますが、頭陀袋《ずだぶくろ》のような服に覆われていて醜いといいますか、見た目が荒削りで、それでいて生々しく動きます。

私にはロボットの技術についての知識はないのですが、アニメーターとして「動き」については専門家を自負します。なので、映像を通して、ロボットの「動きの造形」を論じる自信があります。

前述の四足歩行ロボットは、倒れそうになった方向に足を踏み出し、体重を支えるという動作を、まずは基本にしているように見えます。自身の移動や傾きをセンサーで感知して足に反応させているのでしょう。そして、目にあたるセンサーによって、進むべき方向を感知し、体重を前へ前へと運んでいく動作が組み合わさっています。

面白いのは、足を踏み出す動作自体は単純で機械的です。しかし、悪路でバランスを崩したときに立ち直る反応がすばやく、各部位の動作全体がまるで生き物のように調和しています。動作を制御するアルゴリズムが大変うまくいっているように見えます。動く仕組みが優れているのです。こうしたロボットの開発の成果は日進月歩で公開されていることから、動く仕組みの進化の順序が、類推できます。四足歩行のロボットの開発を足がかりに、二足歩行の開発が進んだようです。二本足で歩くにはバランスをとるために姿勢の制御も必要になるはずです。近年では、洗練された姿で、ジャンプや、宙返りも可能になっています（What's new, Atlas? [https://youtu.be/fRj34o4hN4I]）。きっと姿勢の制御にも成功しているのでしょう。ジャンプするとなると、足の着地の前に姿勢を制御する必要があるからです。それにしても驚くべき進化です。

一方、日本のロボットは、少し趣が違います。

ホンダのアシモは開発初期から白い可愛らしいボディが与えられ、子どもくらいの背丈でランドセルを背負っているような姿です。腰を低くして上品に歩きます。私は日本科学館で直接見ました（Honda's Asimo 2017 demo at Barber Motorsports Park [https://youtu.be/fQ3EHtEl_NY]）。

昔、私がスタジオジブリにいたとき、本田技研の研究者が講演をしに来てくださったのですが、二足歩行で倒れずに歩くには、つねに膝を曲げて腰を落としている状態がベストとの判断を、開発の初期にしたそうです。このコンセプトで、その後は階段を上ったり、勢いをつけて走ったり、全身の動作もかなり滑らかにできるようになっています。

独立行政法人産業技術総合研究所のＨＲＰシリーズも、膝を曲げた姿勢がアシモに似ています。こちらの背丈は大人並みです。頼もしく見えます。ＨＲＰ‐４Ｃは丸みを帯びた体つきで、女性に似せた頭がついています（HRP-4C & HRP-2 Promet（ROBOFES）[https://youtu.be/EIDuJQL8spY]）。

こうした女性の姿をした、接客アンドロイドともいうべき分野は広がりがあるようです。ユーチューブで探すとたくさん出てくるのですが、Ａ‐Ｌａｂ社製のものと、大阪大学の石黒浩研究室のものが有名なようです。私は、石黒研究室のアンドロイドを二〇一二年に新宿高島屋のショー・ウィンドウで直接見ています。これらの分野はリアルな女性の美人の姿をしていて、座ったままか立ったままのどちらかで、歩いたりはしないようです。ちょっと首を動かしたり、瞬きや小さく口をパクパクさせたりします。

興味深いのは、総じて日本のロボットが、見た目から人間に似せて開発されているように見えることです。前述の美人女性アンドロイドの動きは、実際の人の動きに似せてはいますが、本物と見間違えるような実感は備わっていません。アニメーションの用語でいうところの、「動きのためつめ（英語では spacing と呼ぶ）」ができておらず、パントマイマーがつくる、ちょっとぎこちないロボットの動きそのもの、と言えば、伝わるでしょうか。歩いたり走ったりできるアシモやＨＲＰは、そこのところがうまくいっていて滑らかな動きですが、やはり本物の人間に迫るような生々しさはありません。当分は膝を伸ばせないように見えますし、ジャンプや宙返りはおろか、平坦な床以外で歩く映像すら見つかりません。

３‐Ｃで、日本の商業アニメーションのアニメーターが、キャラクターを歩かせるのに、坂道やでこぼこ道で行き詰まってしまうと書いたのを思い出していただけるでしょうか。その点がアシモにも共通しています。映像を見るかぎり、日本のロボットの開発コンセプトは、日本の商業アニメーションの「見た目を似せてつくる動き」の考え方と同じです。そしてボストン・ダイナミック社のロボットは、「仕組みからつくる動き」であり、体重をかける先を左右の足に移しながら歩くという考え方は、ディズニー・アニメーションのそれと同じです。

アニメーションとロボットというまったく違う分野でありながら、その考え方の比較が鏡映しになっているという発見は、「動きの造形」という枠組みを与えるからこその論点です。

もちろん、アメリカの兵站支援用ロボットの機能重視の開発と、日本のロボットの接客やコミュニケーションを目的とした開発を並べて、アメリカと日本の違いと断ずるのは、こじつけめいているでしょう。アメリカにも見た目が可愛いロボットがあるようですし、日本製も今後の進化が期待されます。しかし、こうしたロボットの事例が「動きの造形」の分野に、多くの刺激を与えてくれることだけは確かです。

軍事用ロボットを「動きの造形」という「表現」として認めてよいのか？　という論点もあります。ボストン・ダイナミック社のロボットは、あくまで兵站支援の機能を追求した結果であって、とくに面白い動きをつくろうとしたわけではないからです。しかし、たとえばラスコーやアルタミラの洞窟壁画をアニメーションの起源として引用するときに、それが表現目的で描かれているかどうか問題にしたことがあるでしょうか？「動きの造形」として扱うかどうかは、それがつくられた目的は関係なく、あくまで見る側の問題です。いずれにしろ、ロボットは芸術表現の道具になっていくことは確実でしょう。すでに、ディズニーの関連企業がキャラクターを模したロボットの開発を進めているというニュースが出ています(8)。

マルクス・フィッシャーのチームによる、セグロカモメをモデルにしたスマート・バードが飛ぶ姿を映像で見ると（A robot that flies like a bird–Markus Fischer［https://youtu.be/Fg_JcKSHUtQ］）、ぎこちなくも優雅に飛ぶ姿に、手描きのアニメーションでは描けないどころか、とっくにアニメーションは「動きの造形」の主役から退場しているのではないか、と思わされないこともありません。

本来、私は動くものなら何でも引き受けたい、という思いをもっています。アニメーションが「動きの造形」であるならば、アニメーターである私は演劇やロボットも含めたあらゆる「動きの造形」に関われるはずと自負しています。それが「動きの造形」の最先端であればなおさらです。

しかし、テクノロジーの最先端が表現の最先端と考えるのも浅はかな話です。実際、「動きの造形」という枠組みで見れば、手描きアニメーションも3DCGアニメーションも、そしてロボットも、動きをつくる考え方の本質において同じであることもわかってきました。

なので、ここは今一度、私の専門のアニメーションというフィールドに戻って、最高峰の「動きの造形」とは何なのか、を考えてみるべきでしょう。

D　自然現象と抽象アニメーションの「動きの造形」

「本物の人間のように動くロボット、すなわち、すでに存在するものをそのままトレースしたようなものを見て何が面白いのか」という考えにも一理あります。私が感じるのは、ロボットの技術によって再現された人間の動きを見ることで、人間を再認識する面白さです。これは「アニメーションで、実写映画でも撮れるような動きの表現をつくって何が面白いのか」という問いかけに対する、高畑勲監督の答えと同じです。高畑監督は、リアリティを柱にした表現を得意としていました。しかし、私が3DCGアニメーションの制作に携わっていたときお会いすると、立体や空間を明確に描きすぎると想像の余地が失われるというマイナス面についても語っておられました。

そもそも、ボストン・ダイナミック社のロボットを、何だかゾンビのようで気持ちが悪い、と嫌う方も多いでしょう。ゾンビとは蘇った死体のことですが、人ではあるけれど命は宿っていない存在です。三木成夫は著書『生命とリズム』(9)の中で、人間を「すがた・かたち」に着目して見れば生きたものとなり、「しくみ」に着目して見れば死んだものとなる、と論じています。解剖学者である三木の、その言葉遣いは独特です。私の言葉で置き換えると、ケガ人を助けようと外科医が手術するとき、まるで人間を物のように扱ってしまうように、人間の科学的分析を突き詰めて行くと、命をもった存在であることが忘れ去られてしまう。そのようなことを三木は論じているのではないでしょうか。

命は、私たちにとってあくまで謎です。もしもその謎が科学的に解けてしまったとき、それでも私たちは、命の存在を感じたり信じたりできるのでしょうか。

そのように考えてみると、表現のゾンビ化を避けるには、動きの仕組みが明らかにされていないほうがよい、ということになります。となると、動きの仕組みの解明はそこそこにしておいて、三木が言うように「すがた・かたち」のみに着目して、見た目を似せてつくる、日本のロボットやアトムのアプローチがちょうどよいということになります。

しかし、どうも私は納得できません。第３節で論じたとおり、仕組みをもたない動きは、どこかで壁にぶつかってしまうのがお決まりだからです。その結果、漫画の絵とストーリーに依存する運命をたどったのが日本の商業アニメーションです。「仕組みからつくる動きの表現」と「見た目を似せてつくる動きの表現」の間に答えがありそうなのですが。

そもそも、アニメーションは長らくコマ撮りでつくられてきたため、本物に迫りすぎてゾンビ化するという悩みを抱えたことがありませんでした。あくまでアニメーションは実際に動くわけではなく、動かないもので動きをつくるところに魅力が見出されてきました。**表5-2**で、「ｃ：動いて見える」「ｄ：動きを感じさせる」と分類される中に、実写映画や演劇やロボットにはない、アニメーション独特の「動きの造形」があると言うことはできます。

二〇〇〇年前後に、自分が描いたアニメーションをインターネットに公開して、頭角を現していったアニメーターの世代がいます。りょーちもや沓名健一、山下清悟らです。彼らはインターネット上でアニメーションを見て一〇代を過ごしました。ただし、当時、ネットの通信速度は遅く、彼らが見ていたアニメーションはコマ落ちしてカクカクしていました。しかし、彼らはその、動きの間の絵がなくなって、動きが飛んでしまったアニメーションが好きだったそうです。DVDを取り寄せて滑らかに動いて見えるオリジナルに、「なんだ普通じゃないか」とむしろガッカリしたとか。止まっている絵と絵の間で、ギリギリ動きが感じられるのが面白いということなのです。

たとえ一コマ撮りで動きの仕組みもきちんと与えたとしても、『バンビ』のように、手描きによる可塑性やノイズによって、バランスがとれてしまうというのも手描きアニメーションの強みです。

たとえば、実際の俳優の動きを撮影したものを線画でトレースしてつくる「ロトスコープ」という技法があります。もとは俳優の動きですから、これをアニメーションの動きの表現といえるのか、という律儀な議論も出るくらいに、実写的な生々しい動きになるのですが、人の手でトレースすることによる線のふるえなどが味になって、やはり実写とは違う表現になります。

線をわざといい加減に描いたり、激しいタッチを描き足したりすればなおさらです。そうして偶然生まれる表現の魅力は、自然現象のそれと同じだと私は考えています。第1節で触れたとおり、コマ撮りから生まれる線のちらつきやノイズは、いうなれば地面を叩く雨のはね返りや、電磁スパークと同種の動きです。そして、水や風、炎の動きを表現する自然現象のアニメーションは、それだけで非常に魅力的なものです。

物理シミュレーションの進化によって、昨今の商業アニメーションでは、自然現象をCGで表現することが多くなりました。しかし、水や海の表現に関しては、今も手描きが上なのではないかと私は思っています。細かい泡や光の反射を追い始めたら、CGに軍配が上がりますが、全体のスケール感や波の量感の表現では、ディズニーの『ピノキオ』(1940)の海と、矢吹公郎監督『長靴をはいた猫』(1969)に始まる日本アニメのスタイルの海の表現は、いまだに最高峰ではないかと思っています。とくに後者は、小田部羊一が編み出したといわれる東映独自の簡略化した絵のスタイルで、波が立ち上がる動きの仕組みがしっかり押さえられていて、実写映画にも劣りません。

ここで、アニメーションでも実写映画でもない、自然現象の「動きの造形」の事例として紹介したいものに、インフレータブル・バルーンというものがあります。有楽町の駅近くのパチンコ店の前に、カカシのような形のチューブに空気を通してフワフワ動くバルーンが置かれています。腕をＹの字に広げたポーズで、その腕の先から空気を逃がして、フワフワと手を振る動きをするのです。この製品はウィングビートジャパンという会社でつくられています。取材させていただいてお借りしたのが**図5-10**です。「ＷＩＮＤＴＵＢＥ」という商品名です。同じ形式の製品を別の業者では、「エア看板」や「スカイダンサー」と称しているものもあります。

私は街中でこれを見つけると、立ち止まってじっと見てしまいます。「動きの造形」論者としては決して無視できない魅力のある動きです。チューブの構造と、その中の空気の流れが組み合わさって、絶妙な動きがつく

図 5-10　“Windtube”
（©Windbeat Japan 株式会社）
インフレータブルバルーンの一種

られています。一見同じ動きの繰り返しのようで、変化を続けています。典型的な自然現象の魅力です。たよりなくも途切れなく、動き続ける様子がなんともいえません。

他業者のものですが、胴体からダイナミックに動くものもあります。ウィングビートジャパンで聞いたところでは、日本よりタイのほうがよく見かけるそうです。いわれてみればアジア的な魅力とも思えます。

私は昔から、動く玩具が好きでした。

小学生のとき、透明なケースに粘性のある水色の油を入れて、電動でシーソーのように揺らして海の波の動きをつくりだす置物が、床屋に置いてありました。髪を切る間ずっと見つめていたものです。今、同じ製品は見つけられませんが、似たものは売られているようです。

八〇年代には、真空管の中でプラズマを発生させるオブジェが流行りました。球体ガラスの表面を指で触ると、プラズマがついてきます。これも見ていて飽きませんでした。

思えば、自然現象を利用した「動きの造形」は身近にいくらでも見つかります。空に揺れる鯉のぼりや旗、子どもが手にする風車や、川に仕掛けられた水車に手持ち花火。より伝統的なものとしては、ししおどしの動きもよいものです。竹に水を通してカコンと鳴ることで、もとは田畑で鳥獣を追い払うために使われていたそうですが、今は日本庭園のアイテムです。水飲み鳥がこれと似た動きをします。

動くものは、それだけで目立って面白いものです。それも自然の力で動くものは、じっと眺めて気を休めた経験が誰にでもあるのではないでしょうか。

ＣＧの表現によって映像の精度が上がり、また動きの自動生成によってコマ撮りによらないアニメーションづくりが拡張している昨今、偶然性やノイズによる映像の補間は限界をもっている気がします。とはいえ、生き物の表現までは踏み込まず、精度を上げたうえでの自然現象の表現に、「動きの造形」の安住の地があると思わなくもありません。

自然現象を見ていて飽きないのは、そこに、生命の原型が見てとれるからです。ヘルマン・ヘッセは私の好きな小説『デミアン』(10)の中で、たき火の炎を観察している少年に次のように言わせています。

自然のつくる非合理な、こみいった、ふしぎな形態に心をうちこんでいると、これらの形象を生み出した意志と、ぼくらの内心が一致しているという感じが、ぼくらの中に生じてくる。

自然現象というつかみ所のない表現分野からさらに歩みを進めて、先鋭的な表現に踏み込んで行くと、抽象アニメーションという究極の表現分野に出会います。これは2-Dで触れた短編アニメーションが得意とする分野です。つかみどころのない絵によるアニメーションは、絵による呪縛がないゆえに、自由な「動きの造形」が羽根を広げられる分野だともいえます。1-Aで紹介した黒坂圭太による、壁面のマチエールをモチーフにした、色や質感の微妙な変化のアニメーションもその典型例です。ただ、色の変化を「動き」と呼んで通用するのかどうかが悩ましいです。「色が動く」というのは、やや詩的に偏りすぎる気がするのですが、律儀に「(色の)変化の造形」と呼ぶのはむしろアニメーションから離れてしまう印象があるので、色の変化であっても、やはり「動きの造形」と呼びたいところです。

抽象アニメーションは、実写映画や演劇では描けない、アニメーターの頭の中に浮かんだイメージを映像にするという点で、実写映画や演劇ではつくれないアニメーションならではの表現です。抽象的な絵画性に依存しすぎると、動きが単調に終わってしまう落とし穴もあるのですが、作家自身の個人的な心象を描き出すところに尊い価値があります。もとより短編アニメーションは、作り手の作家としての個性に重きが置かれる分野です。一見、キャラクターアニメーションの対極にあると思われる抽象アニメーションですが、作家が自身の個人的な心象を掘り下げて、たとえ内側からであったとしても、結局は人間を描こうとすることに他ならないともいえるのです。

E　役者の演技の「動きの造形」との競合

自然現象の魅力をテコにして、アニメーションの「動きの表現」の可能性を開くヒントを探してきました。たしかにコマ撮りが生み出すノイズや、抽象表現がテコになる可能性は大いにあります。しかし、アニメーションならではの表現に固執しすぎては、表現形式の内側に引きこもることになりはしないでしょうか。技法やスタイルにとらわれることなく、いったい何を描き出せば、魅力のある「動きの造形」になるのか、真正面から考えたいものです。

日本のドラマや映画界に多くの脚本家を輩出している養成スクール「シナリオ・センター」を創設した脚本家・新井一は、その著書『新版　シナリオの基礎技術[11]』の中で、「そのシナリオが成功しているかいないかは、人間が描かれているかいないかによって、決定されます」と、述べています。映画をつくるときの核となる脚本の本質について述べた言葉が、そのまま「動きの造形」の進むべき方向を指し示しているのではないかと、私は今、思い至っています。

人間とは、アニメーションの場合キャラクターのことですが、日本にかぎらず、世界の商業アニメーションのすべてがキャラクター・アニメーションである事実、経済的にもキャラクター商品の収益で支えられている事実、そして、たとえキャラクターがモチーフではない短編アニメーションであったとしても、作家の個性を通じてその心象や人間性が現れているかどうかが重要視される事実。これらのことがらが、人間を描くことこそが、あらゆる表現の最高峰なのだと示しています。前述のインフレータブル・バルーンが魅力的なのは、手を振る人の動きに似せているからともいえますし、ロボットの動きが「動きの造形」の最先端ではないかと思われたのも、人間をつくることに肉薄しているからです。

となりますと、生身の人間である役者の演技による「動きの造形」こそが、アニメーションを含めたあらゆる「動きの造形」同士の競合の本丸ということになります。

生身の人間の演技を、「造形」と呼べるのか？　役者の演技が、演じるたびに微妙に変化し、二度と同じ演技の再現がないことを考えると、造形とはいいにくいことは確かです。しかし、演劇でも録画され、ビデオ・コンテンツとなった場合は、映画と同じ造形物です。記録映像となった以降と、それ以前を別物に区別することに、何の意味があるのでしょうか。役者の演技も「動きの造形」と捉えるべきです。

そして私は、本章で論旨を重ねてきた末に、やはりアニメーションこそ「動きの造形」である。そのように定義せざるを得ないと確信をもつに至っています。役者やロボットは、動きをあえて止めたとしても、役者として、ロボットとして存在できます。しかし、アニメーションから動きの表現を取り除いたら、それはたちまち、絵画あるいは人形という、他の既存の表現形式となってしまうからです。

贔屓めに考えるなら、アニメーションを「動きの造形」と定義し、役者の演技や実写映画やロボットの「動きの造形」をすべてアニメーションの仲間として呑み込んでしまいたいところですが、それは乱暴でしょう。なので、動く玩具も含めて、脚本、美術、音楽や声の実演をふくめた総合芸術としての演劇や実写映画やアニメーションの中に、横串でつらぬくように「動きの造形」という表現形式がある、ということにするしかありません。さまざまな動きの表現が競合してひしめき合う、魅力的な「動きの造形」という大きな枠組みがあり、その中にアニメーションが最もピュアな形で存在するということです。

私がかつて影響を受けたアニメーションは、実写映画との競合を意識しても決して引けをとりませんでした。中学生のときに繰り返し見た『カリオストロの城』のカーチェイスシーンや、『銀河鉄道999』のメーテル星崩壊シーンは、劇場映画のスケールを十分に感じさせてくれました。

図 5-11 『猫の恩返し』の塔爆破シーン
(『猫の恩返し』©2002 猫乃手堂・Studio Ghibli・NDHMT)

私の『ガラスわり少年』のカーチェイスは、カリオストロの影響を受けています。同時期に、庵野秀明は大阪芸術大学で、自主制作アニメーション『DAICON3』(1981)で、実写の核爆発の爆炎を模した動きの表現を描きました。同様のアプローチは、山賀博之監督『王立宇宙軍 オネアミスの翼』(1987)にも見られます。それを真似するようにして、私が監督した『猫の恩返し』でも、ビル爆破解体を模した塔の爆破シーンをつくっています(**図5-11**)。

こうしたアクションシーンに関しては、アニメーションは競合する他分野と十分に張り合えます。問題は、役者の演技との競合です。

キャラクター表現は、役者の演技のメソッドの引用なしには語れません。今も風化しないフル・アニメーションの形式を生んだディズニー・アニメーションは、役者の演技のメソッドと、「アニメーションの一二の原則」の融合です。また、能や歌舞伎などの古典芸能の形式が引用される場合もあります。『トランスフォーマー』で、オート・ボットたちがヒロイックに見得を切る立ち回りがそれです。

宮崎駿は「続・発想からフィルムまで」[12]で、マキノ正博監督の実写映画『血煙《ちけむり》高田《たかだの》馬場《ばば》』(1937)の阪東妻三郎の走りの魅力を論じるなかで、歌舞伎の型が現れている点を指摘しています。こうした演技のスタイルを取り込むことは、むしろアニメーションは得意です。

そうした演技の形式をいっさい廃した平田オリザの演劇のような事例もありますが、人間の動作やしぐさまでは、アニメーションはなんとか攻略できるのです。たとえば私の『猫の恩返し』に登場する「SP猫（猫王のガードマン）」は、ハリウッド映画で描かれる大統領のシークレットサービスの動きを真似てつくっています。

しかし、生身の役者の演技とは、さらに奥が深いものです。

映画『男はつらいよ』シリーズの山田洋次監督は、著書『映画をつくる』[13]の中で、映画の芝居に必要なのはその俳優のパーソナリティだけである、と言いきっています。この場合のパーソナリティとは、その俳優が生まれつきもっているものと、山田は論じています。「俳優はそのパーソナリティゆえに貴重なのだ」と。これは、演技をどうこうするといった理屈を超えた話です。

要は、そのキャラクターにしかない個性が表現できるのかという問題です。もちろん、ミッキーマウスを始め、ルパン三世やアンパンマンなど、アニメーションに唯一無二のキャラクターたちは数多あります。問題はその個性が、「動きの造形」によって表現できているかどうかです。

この論点で考えれば、動く仕組みに基づいてつくられたロボットを、ゾンビに見えないようにする方法が、唯一無二の個性を与えることだとわかります。それは今流行りのAIがいずれ与えるのでしょうか。

しかし、人の個性とは、動きから伝わるものでしょうか？　まずは顔、そして声、その話し方ではないでしょうか。

ルパン三世はその絵ばかりでなく、山田康雄の声が印象的なキャラクターです。アンパンマンはやなせたかしの優れたデザインが何よりの特徴です。となると、このキャラクターのパーソナリティを描くという論点では、「動きの造形」は漫画や声とも競合してしまうことになります。人間のパーソナリティの表現に関しては、役者の声と絵のデザインに頼りがちであることが、日本のアニメーターの地位の低さの本質かも知れません。

宮崎駿は、高畑勲監督の『赤毛のアン』(1979)に登場するマシュウ・カスバートの人間味を絶賛します。しかし、残念なのはマシュウがあまり動かないことです。元気な少女のアン・シャーリーに比べても、あまり動かないのが個性であり、マシュウを特徴づけているのは、いつも背中を丸めた絵と声を演じた槐柳二の声です。

宮崎は前掲の「続・発想からフィルムまで」の中で、ジョン・フォード監督の『荒野の決闘』(1946)のヘンリー・フォンダが歩く動きの魅力に触れながらも、それはアニメーションでは描けないと述べています。人間のパーソナリティは、さりげない動作の積み重ねによって表現されます。そうした動きをアニメーションにするのは難しいのです。日本人なら高倉健を思い浮かべていただければ分かるでしょう。

アニメーションのキャラクターで、動きの表現によってそのパーソナリティが決定づけられた事例がいかほどあるでしょうか？　役者の演技に迫るようなパーソナリティの表現はアニメーションには無理なのでしょうか。

いや、そんなことはありません。ディズニーの『ビアンカの大冒険』(1981)のマダム・メデューサを印象づけているのはグロテスクな姿の絵と声です。さらに、その声の演技を脚本が裏打ちしています。しかし、メデューサのつけまつ毛を剝がすグロテスクな芝居は、生身の役者にはなし得ないと思えるような優れた演技で、絵や声を差し置いてとは言わないまでも、そのパーソナリティの表現に大きな貢献をしています。

ユーリ・ノルシュテインの『外套』(制作中)のアカーキイは、息遣いまで伝わってくるような細かな動きの深みは恐るべきものです。しかも、こちらはほとんど台詞がありません。

アメリカのエンターテイメントに目を向けるなら、動きにはっきりとした特徴を備えた俳優は多く見つかります。まるでアニメーションの誇張された動きが採り入れられたかのようなジム・キャリーの動きがそうですが、悲しげな人間味も共存しています。

古くはチャーリー・チャップリンであれば、動きだけで彼だと、そのパーソナリティも含めて伝わるでしょう。彼が、無声映画時代の役者であることは、その動きの魅力と関係があることでしょう。チャップリンのような個性を持った動きの表現が備われば、日本の商業アニメーションの「動きの造形」は、絵や役者の声から自立出来るでしょう。

『ファンタジア』のミッキーマウスの動きを見ていると、過去のアメリカのエンターテイナーの遺産の影響を感じさせます。『ピノキオ』の動きは、それと違う振り付けですが、ミッキーマウスと同じ役者が役を変えて演じているように見えます。ミッキーマウスやピノキオの動きの表現は、我々も見慣れているのでディズニースタイルの典型と思いがちですが、エンターテイナーとして生きてきたであろう共通のパーソナリティに根ざしているのかも知れません。

5　おわりに

本章では、アニメーションを敢えて「動きの造形」と定義して、魅力的な表現形式であることをテーマに書き進めて来ました。実写映画やロボットの動きとの厳しい競合についても触れ、コマ撮りならではのノイズや、自然現象の表現に活路も見いだせますが、キャラクターのパーソナリティを描くことに限っては、どうしても絵や生身の役者の声に頼りがちであり、それが弱点になることに私自身が気づかされました。

私自身、人間のパーソナリティを「動きの造形」で描き出せたことはありません。成し遂げるべき表現の高みに気づいた以上、研鑽に励むのみです。

【引用文献】

（1） 森田宏幸「森田宏幸のブログ（2007年1月1日）」（https://blog.goo.ne.jp/moriphy/e/515f0ec29820cda0e386c24577d54b98）

（2） 黒坂圭太（1990）「アニメーション映画における動きの造形――自身の制作ノートから」『映像学』四二巻、二八-四一頁

（3） 大塚康生（1982）『作画汗まみれ』徳間書店

（4） Johnston, O. & Thomas, F.（1981）*The illusion of life: Disney animation.* New York: Disney Editions.（スタジオジブリ訳〈2002〉『生命を吹き込む魔法』徳間書店）

（5） Blair, P.（1994）*Cartoon animation.* Laguna Hills: Walter Foster.

（6） 叶 精二（2014）『『アナと雪の女王』の光と影』七つ森書館

（7） 叶 精二編（2017）『マンガで探検！ アニメーションのひみつ3』大月書店

（8） 佐藤信彦「アニメのキャラクターを模倣して歩くロボットに必要な技術――ディズニーが特許を取得（2016年9月7日）」（https://japan.cnet.com/article/35088674/）

（9） 三木成夫（2013）『生命とリズム』河出書房新社

（10） Hesse, H.（1919）*Demian: Die Geschichte von Emil Sinclairs Jugend.* S. Fischer Verlag: Berlin.（実吉捷郎訳〈1959〉『デミアン』岩波書店）

（11） 新井 一（1985）『シナリオの基礎技術［新版］』ダヴィッド社

（12） 宮崎 駿（1980）「続・発想からフィルムまで① 走る…はしり」『月刊アニメーション』六月号、六二-六三頁

（13） 山田洋次（1978）『映画をつくる』大月書店

第6章 アニメーションの「感情の谷」

【横田正夫】

1 日本の商業アニメーションにおける感情の谷

日本のアニメーションは広く世界に知られています。伊達勇登監督『NARUTO―ナルト―』(2002)や荒木哲郎監督『進撃の巨人』(2013)など、世界に広く受け入れられた作品も数多くあります。物語の複雑性や世界観、キャラクターの魅力など、世界を魅了した理由はたくさんあると思われます。しかしその中の一つに心を描いているということも忘れてはならないでしょう。

『NARUTO―ナルト―』の漫画とアニメーションについては以前触れたことがあります[1]。そこでは同作がユングの共通無意識を扱っていることを紹介し、影と対峙するありようが、現代の若者の心理を代弁していることを紹介しました。『進撃の巨人』についても前著[2]で、心の深層に閉じこもったときに巨人になり、外からの友人の呼びかけによって意識が目覚めるといった深層心理の扱いを紹介しました。こうした心の特徴を「感情の谷」として説明しました。

日本のアニメーションの特徴は感情の谷を描くことにあったのです。

主人公が危機に遭遇し、心の奥底に閉じこもり、そこから脱するときに悟りを開く、というものです。危機に遭遇し、そこで激情にかられます。この激情が、自我を現実世界から回避させ、心の深層に落とし込んでしまいます。そこから出ることはなかなか困難です。というのも『進撃の巨人』であれば、深層の中で主人公は死んだはずの母親と平和に暮らしている、と実感しているからです。そこから出て行く理由がありません。そうした閉じこもりの深層から出るためには外からの援助が必要でした。それが友達の声かけでした。その声かけに応えるようにして主人公の意識が戻ったのです。こうして巨人に変身していた主人公が、また動き出します。こうした心の変遷を「感情の谷」に落ち込んで、そこから出てくると抽象化したのです。

考えてみれば日本のアニメーションではこの「感情の谷」が広く一般的に応用されています。その始まりは高畑勲監督『太陽の王子　ホルスの大冒険』(1968)でしょう。主人公ホルスは、悪魔の娘ヒルダの手によって迷いの森に突き落とされます。ホルスはヒルダに好意を寄せていたのですが、彼女こそはホルスの住んでいた村を混乱に陥れた張本人でした。そのことを迷いの森に突き落とされるときに、ヒルダの口から、ホルスは知らされます。そして迷いの森の中で、ホルスはヒルダの姿を幻視します。一人のヒルダがたくさんの分身に分かれていくのを見ます。それを目にしたホルスは、分身してしまったヒルダをまた一つにまとめられれば悪魔と戦えると悟ります。たくさんの分身のヒルダは村人たちの象徴で、村人の心を一つにまとめられれば悪魔に立ち向かえると確信するのです。この確信を得て、ホルスは迷いの森を脱出します。この迷いの森のホルスの体験は、彼が「感情の谷」に落ちてそこから脱出するときに悟りを得たことに対応しています。

高畑が「感情の谷」を心の混乱の表れとして描いたのを皮切りに、りんたろう監督『幻魔大戦』(1983)や今敏監督『パーフェクトブルー』(1998)、はては最近の新海誠監督『君の名は』(2016)や片渕須直監督『この世界の

片隅に』(2016) にまで、その応用は続いています。(2)

2 日本のアート・アニメーションにおける感情の谷

上記の例は劇場用アニメーションを中心にしたもので、娯楽を目的にしたアニメーションの中での話でした。しかしアート・アニメーションという非商業系のアニメーションでも同様な傾向は認められます。たとえば、川本喜八郎監督の人形アニメーション『火宅』(1979) があります。『火宅』は能『求塚』を原作としています。美しい娘・菟名日乙女《うないおとめ》は、小竹田男《ささだおとこ》と血沼丈夫《ちぬのますらお》という二人の若者から同時に求愛されます。どちらとも選べない乙女は、生田川のオシドリを矢で射ることを求めると、二人の若者の矢が同時にオシドリを射るのでした。これを目にした乙女は入水して果てます。二人の若者も乙女の塚の前で刺し違えて死にます。地獄に落ちた乙女は、地獄の業火に焼かれていました。五〇〇年もの間、苦しみが続きました。あるとき旅の僧が求塚を探し、若菜摘みの娘に場所を尋ねるも誰も知りません。しかし一人の若い娘が現れて、案内しましょうと誘ってきました。そして塚のところで娘はいなくなってしまいます。僧が塚の前で読経すると、乙女の苦しみから救われた笑顔が現れ、蓮の花びらが見えます。

この物語を「感情の谷」に当てはめることができます。つまり、二人の男に同時に求愛され、どちらとも選べない乙女は激しい感情を体験しました。そのために罪のないオシドリを殺してしまうことになりました。それで入水し、地獄に落ちました。この地獄に落ちたということが、すなわち感情の谷に落ちたことに対応します。そこから自らの力では脱出できませんでした。脱出したのは、僧が塚の前で読経したためでした。読経のおかげで仏の心に触れ、天国へ行くことができたのです。この成仏が、生者における悟りに対応するでしょう。

『火宅』の原作は能『求塚』ですから、感情の谷の元型は古典芸能にまで遡れるでしょう。

3　感情の谷とは何か

アニメーションの感情の谷に対応するような現実世界での体験がないのか、というと、類似したものは見出せます。[2]

一つは、統合失調症の発病モデルです。統合失調症の発病初期には、感情の嵐のような体験が起こります。世界が何か不穏な、破滅的な出来事が起こりそうな不気味な様相に変化し、「世界没落体験」と呼ばれています。しばらくすると、自己の周囲のすべてのものが何かを暗示するようなものに見えてきます。何を暗示しているのかはわかりませんが、重大な意味を秘めているのです。突然、その意味が明らかになってきます。すべての出来事が自分を陥れようとして仕組まれたことだったのです。このようにして統合失調症者の妄想は成り立ちます。こうした発病過程は、激しい感情に見舞われ、感情の谷に落ち込むアニメーションの世界に類似しています。しかし相違しているのは、妄想が生じてしまうと、そこから悟りを得て現実に戻ることはきわめて困難になるということです。アニメーションの世界のように、一気に悟りの境地に至ることはありません。

もう一つの例は臨死体験として知られています。交通事故など瀕死の重傷を負った人の体験談の中には、自分の意識が身体から離れ、自分の身体を見下ろしているという報告が見られます。そして光の通路を通って別のところへ行ってしまい、亡くなった親族などに出会ったといいます。そこで光のような人が現れて、「ここはお前の来るところではない」と告げられ、気づくと病院のベッドの中にいます。この体験を人に話してもなかなか信じてもらえませんが、心理的に悟りを得たように本人は感じます。こうした臨死体験の話は、アニメーションの感情の谷の体験そのもののように思われます。

さらに、宗教的な回心においても同様の体験が報告されています。長く苦しい悩みの末に、それを突き抜けて神秘的体験を経ることで宗教へ帰依することになります。

こうした回心のより図式化されたものがアニメーションで描かれる感情の谷のように思えます。つまり、日本のアニメーションの一つの特色は、感情の谷を描くことで、統合失調症患者の体験するような心の激しい混乱状態や、普段なら起こりえないような死と隣接した体験、さらには宗教的体験を、娯楽という形で安全に提供していることだ、と捉えることができます。しかもアニメーションの主人公たちは、感情の谷に落ち込むことによって、そこでの体験から自身の心を高めるような悟りを得て、現実世界に帰ってきます。悟りを得る体験を視聴者がアニメーションで触れることによって、自身の心を高めることを疑似的に体験することになるというのが、アニメーションを好む日本の特質なのでしょう。

臨床の現場でアニメーションや漫画がクライエントによって取り上げられることが多いのも、こうしたところに理由があるのかもしれません。たとえば、私の接したある統合失調症の患者は、『NARUTO―ナルト―』には死者が蘇る穢土転生という術が登場しますが、その穢土転生で蘇ったと語っていました。しかし感情の谷に落ち込むことで心の奥底に入り込んでしまうこととは、まったく異なる対応を描いた作品があります。『ぼくの名前はズッキーニ』(2016)という作品です。

4　『ぼくの名前はズッキーニ』

この作品はクロード・バラス監督の初長編作品で、人形アニメーションです(**図6-1**)。人形を動かすとい

図 6-1　『ぼくの名前はズッキーニ』

本章の画像はすべて ©RITA PRODUCTIONS / BLUE SPIRIT PRODUCTIONS / GEBEKA FILMS / KNM / RTS SSR / FRANCE 3 CINEMA / RHONES-ALPES CINEMA / HELIUM FILMS / 2016

う手間暇かかる作業で、少年の心の揺れ動きを、繊細な動作で表現している特筆すべき作品です。実際、「第98回アカデミー賞長編アニメーション賞」と「第74回ゴールデン・グローブ賞長編アニメーション賞」にノミネートされ、「アヌシー国際アニメーション・フェスティバル」の最終作品賞にあたるクリスタル賞と観客賞をダブル受賞し、「東京アニメ・アワードフェスティバル2017」の長編コンペティション部門優秀賞（このときの作品タイトルは『ズッキーニと呼ばれて』）も受賞しているほどです。公開に先駆けてバラス監督が来日し、日本大学芸術学部映画学科の授業で片渕須直監督と対談しました。その中で、高畑勲監督『アルプスの少女ハイジ』（1974）に影響を受けたと語っています。授業で作品を鑑賞した学生は、感想文でその感動を語っていました。

A　ズッキーニ

さて、この作品の主人公は「ズッキーニ」という奇妙な名前の九歳の男の子です。本名はイカールといいます。しかし、彼はその名前で呼ばれるのを好まず、自らズッキーニと名乗っています。なぜでしょうか。その由来がわかる出だしのシーンが秀逸なのです。

ズッキーニは天井部屋で、絵を描いています。凧に絵付けをしているのです。空を飛ぶ格好をしたヒーローの姿をしています。よく見ると、彼の部屋の壁のあちらこちらに同じ格好のヒーロー像が描かれています。同時に、牝鶏がたくさん描かれていることにも気づかされます。ズッキーニは最後に笑顔の口を描き加えて、凧の絵付け作業を終えました。この凧を窓から飛ばすと、よく晴れた空を高く飛び上がります。彼は階下に行き、母親の様子を覗きます。母親はビールを片手にテレビドラマを見ていて、その内容に不機嫌に反応し、罵詈雑言を浴びせています。彼はそこら中に散らばっているビールの空き缶を拾い集めます。母親の寝室のビール缶も集めます。そのとき、タンスの上に飾ってある写真が見えます。赤ん坊の彼を抱いた母親の写真であり、傍らに立つ父親の顔は切り取られています。彼は部屋に戻り、集めた空き缶を積み上げ始めます。何段も積み重ね、椅子を使って、自分の身長以上の高さまで積み上げるのですが、最後の一つを積もうとして崩してしまいます。階段から缶がガラガラと転げ落ちていきます。その騒音に怒った母親が、がなり声を上げげながら階段を昇ってきます。ぶたれることを恐れた彼は、母親が階段を昇りきろうとするその瞬間に階段の下げ蓋を激しく閉めました。母親が階段を落っこちる音がしますが、少年は身体を丸め、身をすくめているだけでした。そのとき凧が部屋の中に舞い戻り、空からは激しい雨が降り注いできます。ズッキーニの心の混乱を、激しい雨が代弁するかのようです。

これだけの出だしで、少年の置かれている状況がものの見事にわかります。しかも、母親の姿をあからさまに見せることをしていません。彼女が落下する様子は、少年が耳にする音で知るしかありません。観客は少年と同じ立場にいるわけです。

ズッキーニという少年の特徴はいったい何でしょうか。まず絵が好きです。孤独を慰めるために絵を描いています。しかしそればかりではありません。ビールの空き缶を使って塔を建てていました。そこら辺にあるものを使って創造する力をもっています。

シーンが変わると、そのズッキーニは警察署で、警官のレイモンに聴取されています。年齢や母親との仲を聞かれます。父親のことを聞かれたズッキーニは、父親は牝鶏が好きなのだと母親に言われたと語ります。父親が若い女のところへ行ってしまったという意味だったのですが、ズッキーニは牝鶏をそのまま絵で描いていました。彼が凧に描いていたヒーローの姿は父親を表し、その裏に牝鶏を描いていた理由がここで明らかになります。ズッキーニは父親の喪失感を絵で描くことで補償していたのです。そして母親のことを聞かれたズッキーニは、「ママはいる」と答えます。レイモンは「ママは出かけた」と返し、彼のことをイカールと本名で呼びかけます。しかしそれに対し彼は、母親からズッキーニと呼ばれていたことを明らかにします。

「ズッキーニ」という名前は母親に与えられたものであり、その愛情を感じられる唯一のものだったのです。それゆえ、イカールと呼ばれることを彼は拒否します。

レイモンは、ズッキーニという彼の名前を尊重し、そう呼ぶことにします。レイモンはズッキーニを、フォンテーヌ園という何らかの理由で両親が不在の子どもたちのための施設へ連れて行きます。レイモンは、そこの園長に、本名はイカールだがズッキーニと呼ばれたがっていることを伝えます。園のスタッフのロージーは、彼の使用する棚に「ズッキーニ」とためらいなく名前を書き込みました。園長は、他の子たちに紹介するときにイカールと最初に言いますが、ズッキーニに袖を引っ張られ耳打ちされて、ズッキーニと紹介し直します。

このように大人たちはズッキーニの名前を、彼の言うとおりに尊重し、そのまま採用しています。棚の名札にもその名前を書き込んでいます。個人の尊重ということがここまで徹底されるのかと驚かされます。日本にも、主人公が本名ではなく別の名前で呼ばれるアニメーション作品があります。宮崎駿監督『千と千尋の神隠し』(2001)です。異界に迷い込んだ千尋は、湯屋を仕切る湯婆婆に千尋ではなく「千」と名づけられ、そこで働くことになります。千尋の個性はまったく尊重されることがありません。名前を勝手に変えられ、ハクという少年に本名を忘れないようにとアドバイスされます。ここでは、あくまで本名を忘れないことが大事なのであって、「千」という名の個性は仮の姿です。仮の名の「千」は、異界で、本体に対する影のように仮の生活を過ごした、ということになるのでしょう。これに対してズッキーニは、イカールという本名のほうを実体と見なしていません。本名が実体ではなく、仮の名のズッキーニが実体となっていました。なぜかといえば、彼自身が母親の愛情を感じるその名を好んだからです。つまり、ここでは彼の自我が明確です。そして明確な自我が選んだ名前を周囲も尊重する、というように、子どもであっても尊重すべき自我をもっていると認められています。この大人の対応がすばらしいと思います。

さて施設で暮らすいじめっ子のシモンは、ズッキーニの持っていた凧を勝手に持ち出して遊びます。激怒したズッキーニとケンカになり、後ろ手をとられて倒されてしまいます。ケンカの理由を園長に尋ねられたシモンはサッカーで転んだと嘘をつきますが、ズッキーニは母のところに帰りたいと答えます。園長の問いに母親のことで答えるズッキーニは、母親にとらわれているといえるでしょう。つまり、現実よりも自身の心の問題にとらわれています。このことは、彼が感情の谷に陥っていることを示しています。

園長はシモンを退出させ、ズッキーニに「それは無理なの、お母さんはお空でしょ」と語りかけます。元気なく園長の部屋を出るズッキーニに、隠れていたシモンがズッキーニと呼びかけます。いじめっ子の第三者に、自分の名前が認知された瞬間です。自称していたズッキーニという名前が、シモンが使ったことで、パブリックなものとなりました。つまり仮の名前であったものが、本物になったといえるでしょう。

この後ズッキーニはシモンと木の根元に座り、園の仲間の過去をシモンから聞かされます。シモン自身の両親は「アルコール中毒」と語られました。これを聞いてズッキーニは、自分が園に連れて来られた理由を「僕はママを殺したからかな」と打ち明けます。ズッキーニは母親の遺体を見ていないし、レイモンは母親は「出かけた」と言っており、園長は「お空でしょ」と曖昧に語っていました。にもかかわらず、ズッキーニは、自身の母親の死を、自らの言葉で、しかも明確に「殺した」という言葉を使って、シモンに伝えたことになります。ここにきて、感情の谷に陥っていた彼の心が現実に向き合うようになったと見ることができます。ズッキーニは自身の振る舞いを明確に意識し、それを自己開示することで、シモンとの対話が成り立っています。日本のアニメーションの多くは、相手を危機的な問題に直面させないようにと周囲が配慮し、気を配るのを常としています。上記の『千と千尋の神隠し』にしてもハクは千尋のことを、何の説明も加えず援助していました。ハクは千尋に直面化しているわけではないし、それは千尋も同様で、ハクに直面化しているわけではありません。ただ、千尋はハクの善意を受け入れているのです。言葉を使って問題点を明確にするわけではありません。

シモンはズッキーニの話を聞いて、ため息をついて「みんな同じさ」と言い、さらに「誰にも愛されていない」と言語化します。子どもながら絶望感におそわれています。

これまでの経緯をあらためて感情の谷に当てはめてみると、ズッキーニは母親に折檻されることを恐れて、上げ蓋式のドアを急いで落としました。それで階段を落ちた母親を殺してしまったのですから、相当の激情を感じていることと思えます。しかし、その振る舞いは静かであり、どちらかというと弱々しいものです。しかし、彼は施設へ入れられてしまいました。日本のアニメーションでは激しい感情におそわれて異界に行ってしまいますが、かわりにズッキーニは激しい感情を表出せず、そのままの姿で施設という異界へ、警官によって運ばれたのです。あくまでも日常世界の出来事として行動が示されるにすぎません。感情の谷の扱いに、日本との大きな相違が存在します。彼が感情の谷に落ち込んでいるのは、園に連れられてきた初めての夜、彼がベッドに横たわり、寝たふりをして、彼の背後の出来事を音と雰囲気で感じ取っている様子によって知ることができます。園へ入れられてしまった彼の緊張感がよく出ています。ここでも背後の様子をあからさまに見せずに、ズッキーニの全身の様子で、それを示しています。母親の落下をあからさまに見せなかったのと同じです。初めての園での過緊張で身体を硬くしている彼には、それ以外の姿勢はとれなかったのです。母親を階下に落とした彼が身体を丸めていたのと同じです。彼は感情の谷の谷底にあったのです。ここには激情の発露は起こりません。ただ行動が抑制され、ジッとしているだけです。

では、彼はどのように感情の谷を出たのでしょうか。それは日本のアニメーションと同様に、「出会い」でした。

B　カミーユ

カミーユとの出会いがズッキーニを変えました。警官のレイモンがズッキーニを訪ねてきて話をしていました。ズッキーニがレイモンに仕事で会いに来ているんでしょと直接尋ねると、レイモンは好きだから来ていると答えます。ズッキーニを好きでいてくれるレイモンがいることを彼が知ったそのときに、カミーユが叔母の車に乗せられて、園にやってきました。ズッキーニは、車から降りるカミーユから目が離せなくなってしまいました。大人から好かれていることを知ったズッキーニが、カミーユという異性に好意をもったのですから象徴的な出来事です。

カミーユは叔母のことが嫌いで、園に着いてから、大きな衣装ダンスの中に隠れてしまいました。それに気づいたズッキーニも一緒になって隠れました。探しに来た叔母に知られないように二人は密かに隠れていまし

図 6-2　雪山でのズッキーニとカミーユ

た。そのとき、カミーユの手が、ズッキーニの口を被っていました。こうして仲良くなった二人は、園の雪山旅行（**図6-2**）の際に、宿から二人だけ抜け出して凍った池のほとりに行きます。そこでズッキーニは、ビールの空き缶でつくった船を彼女の誕生日プレゼントとして渡します。彼女は、誕生日は三カ月前に過ぎてしまった、と言うのですが、ズッキーニは知っているけどその頃はまだ知り合っていなかったと答えるのです。

ズッキーニがカミーユにプレゼントしたのはビールの空き缶でつくったものでしたが、その空き缶は、ズッキーニが凧と一緒に持ってきた母親の唯一の思い出の品でした。雪山へ来るバスの中でも、シモンにそれを取られて、怒りにかられていたのでした。ズッキーニにとってそれが大切なものであったことは、このような経緯で示されています。それを彼は、船につくり替えてカミーユにプレゼントしました。物語の始まりでズッキーニは絵を描いており、その後で空き缶を使って塔を建てていました。彼は物を創造するのが好きで、しかも創造した物を他者との媒介に使うことができるのでした。これより前に、ズッキーニは園での様子を絵に描いてレイモンに見せていたことがありました。絵に描くことで、自身の周りの様子を客観化することができ、また思い出の品をも加工して作品を仕上げて、他者にプレゼントできるほどなのです。創造を、自身の内面を見つめる道具にするのではなく、他者とのつながりのための方法として使っているのです。この辺は、『この世界の片隅に』で主人公のすずさんが、絵を描いているあいだは時間が経つのを忘れてしまうのと大きく異なります。彼女は絵を描くことで内面に沈潜し、現実を忘れてしまっていました。いわば、感情の谷に落ち込むのです。そしてそこから出てきたときに現実に立ち向かい元気を回復するのでした。[2] ズッキーニの場合は明らかにそれと異なります。あくまでも絵は状況を把握するための方法であり、その状況を人に伝える補助手段なのです。ビールの空き缶も、母親の思い出の品ではあっても、それはあくまで物であり、必要ならば加工し、プレゼントしてしまえる物なのでした。思い入れの対象としてそこにあるのではありません。

さてプレゼントを受け取ったカミーユは、自分の誕生日をどうして知ったのか訝しがります。ズッキーニは書類を見たことを伝えます。すると彼女は、なぜ園に来たのかも全部知っているのね、というのです。ここの会話も非常に重要でしょう。園に来る理由は悲惨なものでした。そうした体験を、日本のアニメーションでは、主人公は知られないように隠すでしょう。恥ずかしい、知られてはいけない出来事として。それを知ってしまった方も、あたかも知らないかのように振る舞い、相手への配慮がそこに入り込むことでしょう。というのも社会学的研究によると両親がいないことは社会的なタブーの位置にあり、触れてはいけないことにあたるからです。[3] カミーユとズッキーニの間にはそれがありません。事実は事実として語られ、語られたほうもそのまま受け取ります。こうした対話が成り立つためには、相互に相手の個性を尊重していることが必要になるでしょう。つまり子ども同士の間でも、対話すべき相手の個を尊重し、出来事に感情を交えずに、相手にメッセージを伝えられるのです。

仲良くなった二人は、レイモンがズッキーニを家に連れて行くときに、カミーユが大きなバッグの中に入り込んで、レイモンの車に隠れて乗れるように策謀します。カミーユが車の中の大きなバッグの中にいたことはすぐに露見しますが、レイモンはそのまま二人を連れ出し、遊園地で遊ばせたりして彼の自宅に着きます。カミーユは叔母が来るので、彼女の家に行くのを嫌がったのでした。カミーユが園にいないことで叔母は園長に怒り狂い、警官も子どもを誘拐するのかと言い放ちます。そして自分で探す、といって出て行きます。カミーユはブランコに乗って、ズッキーニと遊んでいます。雪山から帰りのバスでズッキーニにキスされたのを、眠ったふりをしていたカミーユは気づいていました。カミーユはそのことをズッキーニに伝え、口づけしようとブランコで近づいていきます。と、明かりがよぎり、叔母の車が到着し、カミーユの手を引っ張って無理やり連れて行ってしまいます。この顚末は、ズッキーニの姿に重ねた声のやりとりだけで描かれています。ズッキーニの呆然とした姿だけが映し出されるのは、母親が階段から落ちた場面と園で迎えた初めての夜での姿と同じです。ズッキーニの呆然とした姿で、彼が感情の谷に落ち込んで動けなくなっていることを暗示しています。

日本の多くのアニメーションは、感情が爆発すると動作も過激になってその激情を発散するように描きます。その激情の発露が快感なのです。しかし、ズッキーニの場合は異なります。彼は激情にかられると呆然とします。九歳の少年にとって、激情にさらされたときに、その処理に困惑するならばズッキーニのように呆然とするしかないのではないでしょうか。彼の家庭環境は、感情を表出することを抑えるようなものだったと考えられます。能面のように無表情に生きていかないと、母親の感情がいつ爆発するかわからなかったのが彼の日常だったのでしょう。そうした日常の中で、ズッキーニが生きるために身に着けた方法が、感情を表出せずに呆然とすることだったのでしょう。そうした彼の呆然は、我々観客の共感をよび、彼の心の中での激情に思いを馳せざるを得なくします。ズッキーニの動きを抑えることで、かえって心の内面の混乱を浮き彫りにしているのです。

日本の観客にこの作品をぜひ見てもらいたいと思うのは、大人たちが子どもを個として尊重する様子に触れることができることと、子どもたちが理不尽な出来事の中で呆然としてしまうほどの感情体験をしていることの理解をもつ機会となると思うからです。

C　シモン

シモンは当初いじめっ子として登場します。しかし徐々にズッキーニと心を通わせるようになります。彼が「誰にも愛されていない」と言ったことは、上述しました。その彼が母親から手紙をもらったことがありました。階段下に隠れて、手紙を見ているだけで封を切ることができないでいます。階段の隙間から覗いていたアメッドがかわりに手紙の封を切ってあげます。手紙の中には音楽プレーヤーが入っていました。アメッドと一緒にいたジュジュブは羨ましがりますが、シモンは手紙が入っていなかったことを残念がります。二人は、階段下のシモンに音楽プレーヤーを渡しますが、そのときカミーユの叔母が、来週カミーユを迎えに来ると園長に言うのを盗み聞きし、その彼女の姿を魔女だと怖がるのでした。そして叔母のことをズッキーニに伝えたのでした。ズッキーニは、なぜ叔母がカミーユを引き取りたがるのか尋ねます。するとカミーユは、引き取ると金がもらえるからと説明します。これを聞いたズッキーニはカミーユに絶対阻止すると安心させ、上述の、レイモンの車に潜り込むことになったのです。しかしカミーユを助けようとしたズッキーニの試みは、失敗してしまったのですから、彼が絶望に襲われ、感情の谷に落ち込むのも仕方がないことでした。

ところでシモンは、カミーユの叔母が園に来て、園長に怒りをさらけ出してドアから出て行くところで、ズッキーニのつくった船（カミーユにプレゼントされたもの）をうまく手渡します。そしてその船は、叔母に連れて行かれて行ってしまったカミーユの手元に渡されていました。カミーユはズッキーニからの手紙（**図6-3**）に添えられたたくさんの絵を見て、勇気づけられてもいました。そんなとき、船の底から音楽プレーヤー

図 6-3　ズッキーニの手紙にはハートが

が現れ、中にはシモンのメッセージが録音されていました。カミーユの置かれている状況は切羽詰まっているとメッセージが知らせてきました。

カミーユはその音楽プレーヤーを使って叔母の罵詈雑言を録音し、判事に聞かせることに成功します。こうして彼女は園に残ることができるようになりました。

子どもたちはカミーユが園に残れることになって喜びますが、シモン一人は喜びません。というのも、レイモンがズッキーニとカミーユを家に引き取ると言っていたことを盗み聞きしていたからです。音楽プレーヤーの音量を上げて音楽を聴いているシモンにズッキーニは声をかけます。このまま園にいると言い出したズッキーニに飛びかかって押し倒したシモンは、この年齢の子どもを養子にもらう人は珍しい、だから俺たちのためにも行ってくれ、と言うのです。

感情の谷に落ち込むのは誰にでも起こることでしょう。しかし、この作品では感情の谷に落ち込んでも、自分たちの身近にあるものを使って、身の丈に合った解決策を探し出して実行することで乗り越えていきます。カミーユの落ち込んだ感情の谷は、とうてい一人では解決できないものでした。ズッキーニの試みは失敗しました。しかしシモンのアイディアがうまく機能

図6-4　仲間との連携

して、カミーユの置かれた状況を脱することができました。こうした現実に即した感情の谷の乗り越えは、日本のアニメーションでは目にすることが少ないものです。先に述べたように、日本のアニメーションでは感情の谷に落ち込むと、無意識の底にまで落ち込み、異常な体験をするに至ります。すると無意識のさらの底から大きな力がわき出して英雄的な振る舞いが起こる、とするのです。『進撃の巨人』などで描かれる世界には、そうした無意識の底に潜在する能力への信頼があるように見えます。しかし『ぼくの名前はズッキーニ』には、無意識世界に落ち込んでしまうという、無意識への依存はありません。あくまでも自己の行動が、そして仲間との連携（**図6-4**）が感情の谷を乗り越える手段なのです。

D　周囲の状況

ズッキーニがシモンと語らっていた木には、小鳥の巣がありました。まだ空っぽでした。その巣に、小鳥たちが枝を運んでくるようになりました。やがて卵が巣の中にあり、巣を温めるようになります。卵から雛が誕生し、親鳥は忙しくエサを運んできます。こうした自然の営みが、エピソードの合間に挿入されます。ズッキーニたちが生活する園の中にも生命の営みがあったのであり、それはまた園の中でも生じてきます。園のスタッフのロージーは、子どもたちに勉強を教えているポール先生の子を宿し、お腹が大きくなっていきます。子どもたちにお腹を触らせ、胎児が動いている様子を手で確かめさせることもします。子どもが誕生してからは、乳母車の中の赤ちゃんを囲んで子どもたちが、ロージーに子どものさまざまな行動を挙げて嫌いにならないかどうかを尋ねるのでした。出産と子育てが、園の生活の傍らで、小鳥とロージーを介して挿入されることで、園の子どもたちもそうした子育てのプロセスの中にあることが自然と暗示されます。

警官のレイモンは、ズッキーニとカミーユを自宅に連れて行ったとき、飾られた写真の男の子について親を捨てる子もいるのだよ、と説明します。彼の家の中にはたくさんの鉢植えの植物があり、育てるのが好きなのだとも語ります。大人の営みの多くが育てることにつながっていることが自然と伝わるようになっています。

これに対し、カミーユの叔母は、金のために彼女を引き取ろうとします。そのためカミーユは叔母のところに行きたくありません。シモンたちもそうした叔母のことを魔女のように語ります。大人の振る舞いの背後を鋭く見抜く目を子どもたちがもっていることを示しています。大人も必ずしも子どもに優しいだけではなく、自身の欲望の達成のために子どもを使うこともあることを冷静に示しています。

動物世界と大人世界の様相が、ズッキーニたちの生活を平面的ではなく立体的に見せてくれます。日本のアニメーションのように、子どもならば子どもだけの世界ということではなく、大人と子どもが共存している世界がそこにあります。

5 おわりに

紙数を割いて『ぼくの名前はズッキーニ』を紹介したのは、この作品に描かれた子どもたちが、多くの心の問題にさらされているからです。ズッキーニについては詳しく触れましたが、カミーユの父親は愛人をつくった母親を殺害し、自殺したのでした。シモンの両親は、上述したように、アルコール中毒でした。ベアトリスの母親は授業中の彼女の前から国外へ強制退去させられました。ジュジュブの母親は冷蔵庫のドアを幾度も開け閉めします。アメッドの父親はナイキの靴が欲しくて強盗し、刑務所に入っています。アリスは父親に変なことをされ、父親は刑務所に入れられています。いずれの子どもたちも、家族が崩壊しています。さらには顔に傷を負っている子もいます。シモンは髪を分けている額のところに傷を縫った痕が残っています。ジュジュブの額には絆創膏が十字に貼られています。アリスはつねに左目を長い髪で隠していますが、カミーユが書き上げて見せるアリスの左目を横切るように縦の傷が残っています。これらの傷痕は、いずれも家庭での虐待の痕かもしれません。園での行動にも心の傷が現れてきています。たとえば、アリスは食事中に緊張が高まるとフォークで食器を叩き続けますし、夜には悪夢を見ます。いじめっ子のシモンですら雪山から帰るバスの中で親指を口にふくませて寝ていました。アメッドは夜尿が止まりません。そしてジュジュブは歯磨きを飲み込んでしまい、授業中に嘔吐します。子どもたちの心の傷が深いと感じさせるエピソードです。さらには、雪山へ旅行に行った際に子どもたちは、スキーで転んだ我が子を優しく抱きかかえてキスする母親の姿を目にします。全員が、その様子を凝然と見つめ、瞬きすら忘れているかのようでした。子どもたちの心の中の暗黒がよくわかるシーンです。しかし、こうした子どもたちの心の暗黒は、強調されることはなく、さらりと描かれるだけです。

来日したバラス監督が片渕監督との対談の中で語っていたのは、こうした子どもたちの置かれた状況は、作品だけの世界の話ではなく、どこにでもある話ということです。しかしこの作品は、子どもたちの置かれた状況に関心が向くわけではなく、感情の谷から抜け出しいかに笑顔を見せるようになり、大人との関係を回復するのか、という前向きのプロセスを見せることに関心があります。ズッキーニの硬直し、動きを抑制していた体が、仲間との交流を経て、笑顔を見せられるようになっていきます。彼の感情の谷の脱出には、仲間の存在が大きかったのです。シモンが「誰にも愛されない」とズッキーニに語った台詞は、最後にズッキーニからそんなことはない、僕が忘れていないから、といった手紙を送ることで否定され、感動をより一層深いものにします。ズッキーニは最初に登場した凧の裏側の牝鶏の絵の上に、園での集合写真を貼りつけて空に飛ばし、仲間が大事なことを示します。ここにはどのような状況にあろうとも、皆が幸せになりうる、とのメッセージが込められています。

ズッキーニとカミーユがレイモンの家族になった日、ズッキーニはレイモンの手を握り締めてから自分の部屋に入りました。感謝の気持ちを素直に伝えられたのです。しかし、カミーユは指先でレイモンの手の甲をわずかに触れただけで、自分の部屋の中に入って行きました。この指先の触れ具合に、カミーユの大人へのまだ安心できない気持ちが覗かれます。しかし部屋の中に入った彼女は、肩を震わせています。目には涙があふれ出ています。ボロボロと流れ落ちます。彼女は言います。嬉しくても涙が出るのか、と。安心できない気持ちとは裏腹に、身体のほうは無意識的に涙で反応していたのであり、カミーユは身体的に安全を確信しているのです。

自分たちの置かれた状況を周囲の援助のもとで改善していこうとする、ズッキーニとカミーユの自助努力には感動させられます。このことを一般化して述べるならば、どのような悲惨な状況に置かれ、感情の谷に落ち込もうとも、自己努力と仲間の援助を受け、そこを乗り越えて成長していくプロセスは、人々に大きな感動をもたらすものとなりうる、といえるでしょう。

最後に、感情の谷という視点から日本のアニメーション作品を読み解くことに関心を抱かされた読者には、拙著（2017）『大ヒットアニメで語る心理学――「感情の谷」から解き明かす日本アニメの特質』（新曜社）を推薦します。同書では、大ヒットアニメ『君の名』や『この世界の片隅に』などについて、心理学的な観点からヒットした理由を探り、主人公が感情の谷に落ち込み、そこから抜け出て人格の高まりを体験することに、観客が共感するということを論じています。

【引用文献】

（1） 横田正夫（2016）『メディアから読み解く臨床心理学――漫画・アニメを愛し、健康なこころを育む』サイエンス社
（2） 横田正夫（2017）『大ヒットアニメで語る心理学――「感情の谷」から解き明かす日本アニメの特質』新曜社
（3） 田中理絵（2004）『家族崩壊と子どものスティグマ――家族崩壊後の子どもの社会化研究』九州大学出版会

第7章 アニメーション療法

【横田正夫】

「アニメーション療法」というタイトルを選びましたが、アニメーション療法という確固としたものが存在するということを言いたいわけではありません。可能性としてアニメーション療法がありえるのではないかと考えているということです。

本書に収められている論文は知覚認知の専門家と、アニメーションの作り手の考える動きの創造についてのものが中心となっています。アニメーションの動きが心理学的に見てどのようにできているのかという解説と、それに対応したような作り手側の創造の工夫が述べられていますので、アニメーションの動きに関心をもっている読者には、非常に興味深いものとなっていると思います。しかも、同じテーマを研究者と創作者が論じますので、現場の雰囲気も含めて切実なものがビビッドに伝わってくると思います。

その一方で、アニメーションに魅せられている人たちは、描かれている世界に大きな関心を寄せていることでしょう。とくに、最近のアニメーションでは、心の様相を扱うことが多くなってきています。時代の風潮を受けてそうしたテーマが増えているということもあるのでしょうが、いじめや、いじめを受けたことによる精神的混乱の様相といった心理的な表現が認められることもあります。心の傷つきが、外界を歪めて認知させてしまう様相が、アニメーションを通して描かれます。たとえば今敏監督『妄想代理人』(2004)では、いじめを受けた少年が部屋に閉じこもり、また外に出ると景色が歪んで見える、というように描いていました。こうした心の傷つきとその体験する様相は、現実的にいじめを体験した人にとってはまさに自分の体験の再現でしょうし、外界の見え方も同じように再現されている、ということになるかもしれません。そうでないとしても、いじめを受けるとこのような体験に至るのかもしれないと想像することにもつながるかもしれません。もしそうだとすると、『妄想代理人』という作品について語りながら、実は自分の体験を語っているということが起こるでしょう。そしてそのような語りが臨床現場では起こってきているらしいのです。アニメーションを語りながら自身の体験を振り返る、ということがクライエントとカウンセラーの間で起こるとすれば、それはアニメーションを媒介にした心理療法ということにならないでしょうか。こうした意味でアニメーション療法が成り立ちえるのではないかと考えたのです。このあたりのことは、私が取り立てて言うまでもなく多くの方が心理臨床の場ですでに実践していることと思われます。

1　語りとしてのアニメーション

西村則昭の『アニメと思春期の心』[1]は、アニメーションのヒロインを分析した本ですが、その中では、挿話的にカウンセリング場面におけるクライエントのアニメーションの語りについても触れられています。彼はアニメーションについて「われわれの世代は、アニメという虚構現実によって育てられてきたといえる。アニメという虚構現実は、われわれの体の中に染み込み、自我を構成する一要素となっているとさえいえるだろう」(一九頁）と書いています。アニメーションが「自我を構成する一要素」という発言には、ハッとさせられるものがありました。それは、アニメーションについて語ることに、映画を語ることと比べ、私の中に一抹のためらいがあったからです。私は一九五四年生まれですが、西村は一九六二年生まれと著者紹介にありました。この八年の開きが、アニメーションに対する意識にも大きな開きをもたらしていると感じてしまいました。つまり、私の中では映画はオープンに語られても大丈夫なものですが、アニメーションはオープンで語られるものではなく、同好の士を選んで語る閉じられた世界のものといった意識があり、アニメーションについてオープンに語ることには勇気が要りました。しかし、「自我を構成する一要素」という立場からすれば、アニメーションは普通に語れるもの、語ることに抵抗を覚える必要のないものとなっているのでしょう。そうしたアニメーションに対するなじみ感が、臨床場面でのクライエントのアニメーションについての話題についていける背景となっているということなのでしょう。

西村の著書の中に庵野秀明監督『新世紀エヴァンゲリオン』（1995）について論じた章があります。そこでは「ハナさん」という症例に触れられています。ハナさんの語った内容が『新世紀エヴァンゲリオン』の世界によく当てはまるということなのですが、その中でハナさんが「最近、街をあるいていると、風景がゆらゆら揺れて、民家が怪獣の顔のように見えることがある。大きな口をあけて、私を飲み込もうとしているようで、怖くてしかたがない」（一二二頁）と、自身の病的体験を語ったことが述べられています。そして西村はこの「『怪獣』は、意識に突出して出てきた、ウロボロスのイメージ」と紹介しています。ウロボロスは、尻尾を噛んで丸くなった蛇で神話的な始原のイメージであり、始まりでもあり、終わりでもあり、創造的にも、破壊的にも働くことがあるといいます。そして『新世紀エヴァンゲリオン』の第二六話の世界の終わりと始まりのプロセスを紹介し、巨大化した綾波レイの出現に、ウロボロスのイメージを見出すことができると述べています。

クライエントの語る精神病的世界を、ウロボロスといった元型イメージに関連づけることには、ユングの心理学になじみがないと、抵抗があるかもしれません。それはともかくとして、興味深いのは、クライエントの語りがユングの心理学を理論的な枠組みとしてエヴァンゲリオンの作品理解を深めることにつながっているという相互作用です。こうした作品理解につながるような体験が、クライエントとのアニメーションの語りの中で起こってくる、ということですから、その理解はまたクライエントのより深い理解へもつながってくることでしょう。

心理臨床の専門家の書いたアニメーションについての本で興味深いものに、岩宮恵子の『好きなのにはワケがある――宮崎アニメと思春期のこころ』[2]があります。宮崎アニメを心理臨床家が紹介し、思春期の心の理解を深めてくれる本ですが、この中で心理臨床家ならではの視点があります。『千と千尋の神隠し』(2001)で、異界で両親が豚になってしまったのを見た千尋が、動揺しているさなか、唯一味方と思えるハクという少年に出会います。千尋はハクに、両親は「豚になんかなっていないよね」と尋ねますが、ハクはそれに対して「今は無理だが、必ず会えるよ」と答えたことに、著者は感心します。千尋は両親が豚になったかどうかを知りたいのではなく、頼りにしていた両親にもう会えないのではないかという不安を感じているのであり、その不安に焦点をあててハクが返事をしているところが見事だというわけです。ここに、心理臨床家の視点があるように思います。クライエントの中には、『千と千尋の神隠し』の別の場面の台詞に感情移入する人がいたとのことでした。千尋が橋を渡り終わるまで息をしてはいけないと禁止されたにもかかわらず、途中で息をしてしまう失敗をしてしまったことに対し、ハクは千尋の失敗を責めずに「いや、千尋はよくがんばった」と言います。その「よくがんばった」という台詞です。こうした台詞を聞きたいというのが、クライエントの発することだというのです。岩宮は高校生のころ漫画家になりたかったと自己紹介しています。その岩宮がアニメーションを語るのですから、西村が述べたようにそれが「自我を構成する一要素」であることは、岩宮にとってすでに自明なのでしょう。アニメーションを通したクライエントとの臨床的体験の深まりは、こうした世代以降の心理臨床家の、漫画やアニメーションにドップリつかってきた体験をもつ世代の特権なのだと思われます。クライエントの語るアニメーション体験に、生に反応できる心理臨床家があって、アニメーションの臨床的な利用が可能となるのでしょう。

そして臨床的な視点の深まりは、心理臨床家だけのものではなく、作り手側にも生じてきています。

2 作り手側から見たアニメーション

アニメーションをめぐる状況は大きく変化し、今では大学ないしは大学院でアニメーションが授業の一環として教えられるばかりでなく、アニメーション学科も誕生し、毎年多くの学生が作品を制作してきています。二〇〇一年にインター・カレッジ・アニメーション・フェスティバル（ＩＣＡＦ）の実行委員会が組織され、二〇〇二年にＩＣＡＦ２００２が開催されて以来、学生の制作したアニメーションの上映会が毎年開催されるようになりました。こうして学生の制作したアニメーションを身近に見る機会ができました。

学生のアニメーションを見ると、そこには一つの特徴があることがわかります。それは個人的な体験をアニメーション化する傾向です。しかしそればかりでなく、より積極的に、アニメーションを自己治癒の一つの方法として利用しているような作品も出てきています。そうした作品の例として、東京藝術大学大学院映像研究科アニメーション専攻の修了生キム・イェオン監督作品を紹介したいと思います。

本章で取り上げたいのは、大学院の一年次制作の『私の額縁』(2013)と修了制作の『日々の罪悪』(2014)[3]です。『私の額縁』は監督自身の躁うつ病体験をもとにした作品であり、『日々の罪悪』は美術大学に通う学生として自身の体験をもとにした作品とのことです。

図 7-1　裸婦モデルを前にした女の子は立ったまま涙を流している
（キム・イェオン監督提供）

A 『私の額縁』

まずは『私の額縁』の物語を見てみましょう。

裸婦デッサンの場面から始まります。裸婦モデルを前にした女の子は立ったまま涙を流しています（**図7-1**）。絵の先生は彼女の手に優しく手をそえます。彼女の用紙は真っ黒に塗りつぶされています。治療場面が出てきて、治療者が今の気分について一〜一〇の点数で問う場面が描かれています。女の子は、それに対し二点と答えます。頭がノコギリの歯が生えた三角形のように感じた女の子は雪降るなか外に出て行き、少し落ち着きを取り戻しますが、すぐに外套を脱いで顔を手で覆いながらうずくまり、大声を上げます。部屋の中は汚れたままで、食器も洗われないまま散乱しています。女の子はノコギリの歯のついた三角形の頭をした女の子を描いています。手元には酒でしょうか、グラスがあり、それを飲みます。ドアのイメージが浮かび、そのドアの鍵穴にカギを差し込んで開けると、廊下があり、たくさんのドアがあります。その一つには、ノコギリの歯がついた三角形をした頭の女の子の絵が貼ってあります。あるドアから部屋の中に入ってきた女の子は、手にランプを持っていて、部屋の中が明るくなります。すると、そこに額縁が見えます。額縁には絵が入っていません。その額縁を下から上に視線が移動します。女の子はベレー帽をかぶり、顔には絵の具がついており、衣服にも絵の具がついて汚れています。彼女はランプを上げたまま額縁を呆然と見上げています。ポケットには絵筆が突っ込まれ、使われている様子はありません。彼女はこぶしをきつく握ります。次に、彼女の食べ物に対する欲求が描かれます。食堂で彼女の前にはたくさんの空になった皿が並び、給仕がさらに食べ物を持ってきます。領収書の山には消費した金額が記され、金を乱費したことへの罪悪感が語られます。そして不潔感が語られます。シャワーを浴びて、その不潔感を拭おうとします。しかし全身がかゆくなり、うずくまってしまいます。薬の濃度が濃くなっていると感じる彼女の机の引き出しから、処方された薬が覗いています。鉛筆を置いた彼女は、両手で耳を押さえ、目をつむります。すると絵の入っていない額縁のイメージが浮かび、視線がその額縁の下から上に移動します。想像から現実に戻った彼女が机の引き出しを開けると、そこにはたくさんの薬が飲用されないまま残されています。布団から出てきた女の子は、パジャマの上に下着を身に着けるという珍妙な格好をしています。部屋の中にはたくさんの紙が散乱しています。机に向かって鉛筆を持った彼女は、異常な体験を語ります。それは、昨日肉がネズミに見えて食べられなかった、という体験であり、自分の指がネズミの指に見え、顔もネズミの顔に見えた体験でした。その体験を思い出している女の子は、鉛筆を手にして高笑いします。別の体験も断片的に語られます。満員電車の中でもみくちゃにされている女の子は、大音量で音楽を聴き、神のメッセージを伝えようと考えます。自分が出演するドキュメンタリーで面白いオチをつけないといけないと考え、カメラに向かってポーズをとります。ドキュメンタリーの褒美として好きなアーティストに会えることを考えます。しかし脳内に悪魔のような編集者がいるように感じ、電車がどこに向かっているのか不信感を覚え、新宿行きかどうかを周りの人に必死に聞きます。周りの人が役者になって演技しているように感じ、誰かがカメラで自分を撮影していると感じます。演出に合わせなけ

図7-2　絵を描こうとする前向きな姿勢が出てきた
（キム・イェオン監督提供）

ればいけないと感じ、撮影用の車が自分を眠らせてくれないと感じます。女の子の表情はくすみ、髪も乱れたままとなり、部屋の中はさらに乱雑となります。信じる場所は学校しかないと、夜の二時に学校へ向かいます。

このように大きな混乱が生じている様子が描かれます。背景は水彩で描かれ、淡い色遣いであることで、語られている内容は重いものがありますが、陰惨な印象を与えることはありません。主治医はついに入院を勧めます。まだ大きな絵が描けていませんとそれを拒否します。そして女の子の顔のアップとなり、先ほど登場した額縁が下から上に向かって眺められていきます。女の子の目の閉じられた表情は非常に柔らかなものとなっています。こうしてアニメーションは終わりタイトルバックが流れます。タイトルバックの後に、最初に登場した黒く塗られた用紙が取り払われ、その下に白紙が現れます。女の子は、対象にしっかり目を向けており、手にした鉛筆の芯はよく削られています。絵を描こうとする前向きな姿勢が出てきたのでした（**図7-2**）。

この作品については、『二〇一三年度東京藝術大学大学院映像研究科アニメーション専攻修士小論文／制作記録集』[3]の中で一部触れられています。それをまとめてみますと次のようになります。描かれた体験は監督自身のもので、人生で最も強烈なものでした。この体験から五年ほど経って、『幻聴妄想カルタ』という精神障害者の体験をカルタにしたものがあることを知りました。幻聴妄想体験がカルタの一句にまとめられており、その言葉の感覚を面白いと感じました。同じように、自身の体験も面白く語れるのではないかと思いました。そして、この作品をつくったことに対して監督は、自身の行為の記憶をユーモラスに捉えている自分に気づきました。どのような実体験をもったかはもはや問題ではなくなっており、奇妙な衣服を身に着けた主人公が示す一連の行動を目にしながら、それを楽しめるようになっていました。このとき、病気から自由になったと感じました。しかしその一方で、自分の病気の体験を作品にすることで、作品が永遠に残るので、本当につくってよかったのか疑問に思うこともありました。

B 『日々の罪悪』

『私の額縁』の翌年、大学院の修了制作としてつくられたのが『日々の罪悪』です。

この作品では留学生として美術大学に入学した女の子が、勉学から離れて、日々怠惰に過ごし、その生活の合間に感じる罪悪感を描いています。勉強しなくちゃと思いながら、楽なほうに流れてしまうのは誰しも体験したことがあることでしょう。作品内容が、躁うつ病の病的体験から一転して美大生の日常生活といった比較的なじみのある世界に変化したわけです。ただ共通しているのは、監督自身の体験を、一部創作も交えてはいますが、そのまま描いているということです。『日々の罪悪』で創作した人物と実在の人物の割合は半々で、実在の人物がそのまま登場するのは監督の両親だということです。

『日々の罪悪』における父親とのやりとりは、娘に向かって父親が「お前には知識と一般教養がない」と言うというものです（**図7-3**）。発言は事実に即したものですが、アニメーションでは韓国人の父親が日本語の台

図 7-3　父親は「お前には知識と教養がない」と娘に向かって言う
（キム・イェオン監督提供）

詞を使いますので、現実への加工が行われています。そして娘のほうは心の声で「知ってる」と反応します。この「知ってる」は後から付け加えられたもので、「一般教養がない」ことを「知ってる」とも受け取れるし、知識や教養を身につけてそれらをすでに「知ってる」と言っているとも受け取れるように、オチをつけるために入れられたものでした。

『日々の罪悪』で描かれるエピソードは、父親の発言のように、心にチクリと刺さるようなもので、本来ならば隠しておきたいものでしょう。それを作品として、自分の経験を、表に出すことにはどのような意味があるのでしょうか。『二〇一三年度東京藝術大学大学院映像研究科アニメーション専攻修士小論文／制作記録集』の「実体験に基づくアニメーション」という論文[3]の中で、父親の言ったことについて説明しています。それによれば父親の言葉が嫌なものになってきていて、その嫌なものを消化しようとする行動が起きたのであり、「知ってる」という言葉は、実際にはできなかった行為とのことでした。アニメーションの制作は、嫌なものとなっていた記憶にケリをつけ、オチをつけることで、そのような現実が再現されたときにどのような行動をとるべきかを自分自身で決められるような、主体性の回復につながると考えられています。

キム・イェオン監督の二つの作品は、自身の中の負の記憶をアニメーションとして形にすることで、「記憶を消化し、自分の力で記憶を解釈できるようになった」（一八八頁）ことを意味しています。アニメーションの制作には非常に長い時間が必要です。一つの動きをつくるために何枚もの絵を描かなければなりません。何枚もの絵を描く過程で、本人の記憶を、アニメーションの一コマ単位に分割する作業していることになるでしょう。さらには色をつけ、音をつける作業なども行われます。そのたびに本人の記憶と向き合う過程が繰り返されます。記憶の解体と再構成が行われ、再構成が行われる過程で、負の記憶が負でなくなっていることに気づき、最後には、第三者の体験を観察するようにおかしみを伴って体験されるということがキム・イェオン監督の体験したことのようでした。この過程は躁うつ病の病的体験であっても、ユーモラスに解釈できるように、記憶を受け入れられるように働いています。

＊　＊　＊

アニメーションの制作プロセスが、キム・イェオン監督にとって自身の心の問題を処理する、芸術療法的な効果をもっていたと見ることができるでしょう。先に述べたように、大学生の制作するアニメーションには個人的体験に根差したように思われるもの、それもいじめのような体験を再現したようなものが散見されます。そうした作品のもっている効果は、キム・イェオン監督が語っているように、自身の負の記憶に向き合い、負の記憶を再構成し、自己に親和的なものに変えるといったことではないでしょうか。そしてそれは、そうした作品に接する同時代の学生たちにとっても、自身の同様な体験を受け入れやすいものとするのではないでしょうか。アニメーションを制作するプロセスに潜む心理療法的効果と、それを同時代の者が見ることによって生じる心理療法的効果があるように思えるのです。

3 おわりに

アニメーション療法という大それた試みは、現実に行われていませんが、アニメーションが心理臨床現場の話題として取り上げられることは多いでしょうし、アニメーションを媒介にしてクライエントが自身の心を伝えようとすることはあるでしょう。そして、そうしたクライエントの心に寄り添い、アニメーションの話題を取り上げながら、クライエントを理解しようとするセラピストもあるでしょう。その意味ではアニメーション療法と呼んでよいようなものがあるようにも思えます。

一方で、アニメーションの作り手は、自身の負の体験を、アニメーション制作の流れの中で解体し、再構成し、長い時間をかけて咀嚼するなかで、おかしみのあるものに変化させていくことがあるでしょう。この過程は、アニメーションを心理療法の手段として自己利用していることになるのではないでしょうか。また観客は、作り手の、そうした負の体験の受け入れ過程を目にすることによって、自身の同様の体験を受け入れやすいものとするようなこともあると思えるのです。

作り手の制作過程で生じる心理過程に関連していると思われる研究発表がありました。二〇一六年にシンガポールで開催された28th Annual Conference of the Society for Animation Studiesで、グラハム・バートンとブリジッタ・ホセアが発表した“Animation as Mindful Practice”という報告です[4]。彼らによれば、アニメーションで動画をたくさん描くこと、そしてそれに伴う触覚的な過程は短期のマインドフル瞑想の効果をもち、芸術系大学の学生の心の健康に貢献している、とのことでした。このことは、アニメーションを制作する過程そのものに、瞑想と同じような効果が期待できることを示唆しています。つまりキム・イェオン監督の作品に見られるように、その描かれた内容ばかりでなくその制作過程にマインドフルネス瞑想の効果があるのかもしれません。

【引用文献】

（1）西村則昭（2004）『アニメと思春期のこころ』創元社
（2）岩宮恵子（2013）『好きなのにはワケがある——宮崎アニメと思春期のこころ』筑摩書房
（3）キム・イェオン（2014）「実体験にもとづくアニメーション」『２０１３（平成25）年度東京藝術大学大学院映像研究科アニメーション専攻修士小論文／制作記録集』東京藝術大学大学院映像研究科、一七四-二〇〇頁
（4）Barton, G. & Hosea, B. (2016) Animation as mindful practice. *The Cosmos of Animation: 28th Annual Conference of the Society for Animation Studies, 60.*

■ヤ行

■ラ行

■ワ行

索　引

【第 4 章】

中村　浩（なかむら　こう）

1979年　日本大学大学院文学研究科心理学専攻博士課程単位取得退学

現　在　北星学園大学短期大学部教授，博士（文学）

主　著　『テキストライブラリ　心理学のポテンシャル　第 2 巻　ポテンシャル知覚心理学』サイエンス社 2017年（共著），『新編　感覚・知覚心理学ハンドブック Part 2』誠信書房 2007年，『美と感性の心理学――ゲシュタルト知覚の新しい地平』冨山房インターナショナル 2007年（以上 分担執筆）

【第 5 章】

森田宏幸（もりた　ひろゆき）

1987年　福岡大学工学部機械工学科卒業

現　在　アニメーター，監督

代表作　劇場映画『猫の恩返し』監督 2002年，TV シリーズ『ぼくらの』監督 2007年，劇場映画『GODZILLA 怪獣惑星』副監督 2017年，劇場映画『PERFECT BLUE』原画 1997年，劇場映画『ホーホケキョ となりの山田くん』原画 1999年，劇場映画『AKIRA』動画 1988年，『魔女の宅急便』動画 1989年，TV スペシャル「ONE PIECE エピソードオブルフィ ～ハンドアイランドの冒険～」共同監督 2012年，TV シリーズ『シドニアの騎士』ストーリーボード 2014年

【第 6 章】

横田正夫（よこた　まさお）

〈編者紹介参照〉

【第 7 章】

横田正夫（よこた　まさお）

〈編者紹介参照〉

■編者紹介

横田正夫（よこた　まさお）

1982年　日本大学大学院文学研究科心理学専攻博士課程単位取得退学

現　在　日本大学文理学部教授，博士（医学・心理学），臨床心理士，公認心理師

主　著　『描画にみる統合失調症のこころ――アートとエビデンス』新曜社 2018年，『大ヒットアニメで語る心理学――「感情の谷」から解き明かす日本アニメの特質』新曜社 2017年，『ポテンシャル臨床心理学』サイエンス社 2016年（編著），『メディアから読み解く臨床心理学――漫画・アニメを愛し，健康なこころを育む』サイエンス社 2016年，『アニメーションの臨床心理学』誠信書房 2006年

■著者紹介

【第１章】

野村康治（のむら　こうじ）

1996年　日本大学大学院文学研究科心理学専攻博士課程単位取得退学

現　在　松蔭大学コミュニケーション文化学部講師

主　著　『心理学基礎実験と質問紙法』培風館 2007年，『アニメーションの事典』朝倉書店 2012年（以上 分担執筆）

【第２章】

吉村浩一（よしむら　ひろかず）

1980年　京都大学大学院教育学研究科教育方法学専攻博士課程単位取得退学

現　在　法政大学文学部心理学科教授，博士（教育学）

主　著　『運動現象のタキソノミー――心理学は“動き”をどう捉えてきたか』ナカニシヤ出版 2006年，『知覚は問題解決過程――アーヴィン・ロックの認知心理学』ナカニシヤ出版 2001年，『心のことば――心理学の言語・会話データ』培風館 1998年

【第３章】

佐藤隆夫（さとう　たかお）

1982年　ブラウン大学大学院心理学部博士課程修了

現　在　人間環境大学総合心理学部教授，東京大学名誉教授，博士（実験心理学）

主　著　『岩波講座マルチメディア情報学５　画像と空間の情報処理』岩波書店 2000年，『バーチャルリアリティーの基礎１　人工現実感の基礎――臨場感・現実感・存在感の本質を探る』培風館 2000年（以上 分担執筆）

心理学叢書《しんりがくそうしょ》
アニメーションの心理学《しんりがく》

2019年 9 月15日　第 1 刷発行
2022年 9 月25日　第 3 刷発行

監修者　日本心理学会
編　者　横田正夫
発行者　柴田敏樹

発行所　株式会社　誠信書房
〒112-0012 東京都文京区大塚 3-20-6
電話　03-3946-5666
https://www.seishinshobo.co.jp/

印刷／製本　創栄図書印刷㈱
検印省略　落丁・乱丁本はお取り替えいたします
ISBN978-4-414-31123-5 C1311　Printed in Japan

心理学叢書

日本心理学会が贈る、面白くてためになる心理学書シリーズ

◉各巻 A5判並製　◉随時刊行予定

医療の質・安全を支える心理学
認知心理学からのアプローチ

原田悦子 編

医療安全の問題について認知心理学の視点から迫る第Ⅰ部と、医療に関わる健康・死・ケアといった概念に関する心理学的研究を紹介する第Ⅱ部から構成している。よりよい医療を目指し、さまざまな方法で研究された成果と今後の展開がまとめられている。これからの医療のあり方を考えるための必読の書である。

定価(本体1900円+税)　ISBN978-4-414-31126-6

認知症に心理学ができること
医療とケアを向上させるために

岩原昭彦・松井三枝・平井 啓 編

超高齢社会となり、認知症の人が増加するなか、心理学や心理職が認知症を取り巻く課題にどのように向き合い、そしてどのように貢献していけばよいのかについて論じる。診断・医療、支援・ケア、保健・医療という３つの部で構成し、多様なテーマから認知症の姿に迫っていく。共生と予防に向けた新たな視点を得るのに好適である。

定価(本体1900円+税)　ISBN978-4-414-31125-9

思いやりはどこから来るの？
──利他性の心理と行動
髙木 修・竹村和久 編　定価(本体2000円+税)

なつかしさの心理学
──思い出と感情
楠見 孝 編　定価(本体1700円+税)

無縁社会のゆくえ
──人々の絆はなぜなくなるの？
髙木 修・竹村和久 編　定価(本体2000円+税)

本当のかしこさとは何か
──感情知性(EI)を育む心理学
箱田裕司・遠藤利彦 編　定価(本体2000円+税)

高校生のための心理学講座
──こころの不思議を解き明かそう
内田伸子・板倉昭二 編　定価(本体1700円+税)

地域と職場で支える被災地支援
──心理学にできること
安藤清志・松井 豊 編　定価(本体1700円+税)

震災後の親子を支える
──家族の心を守るために
安藤清志・松井 豊 編　定価(本体1700円+税)

超高齢社会を生きる
──老いに寄り添う心理学
長田久雄・箱田裕司 編　定価(本体1900円+税)

心理学の神話をめぐって
──信じる心と見抜く心
邑本俊亮・池田まさみ 編　定価(本体1800円+税)

病気のひとのこころ
──医療のなかでの心理学
松井三枝・井村 修 編　定価(本体1800円+税)

心理学って何だろうか？
──四千人の調査から見える期待と現実
楠見 孝 編　定価(本体2000円+税)

紛争と和解を考える
──集団の心理と行動
大渕憲一 編　定価(本体2400円+税)

アニメーションの心理学
横田正夫 編　定価(本体2400円+税)

消費者の心理をさぐる
──人間の認知から考えるマーケティング
米田英嗣・和田裕一 編　定価(本体1900円+税)